當生命墜落時，沉潛吧！

When You're Falling, Dive

Lessons in the Art of Living, With New Preface

生不如死又別無選擇，倖存者如何活下去？

Mark Matousek

馬克·馬圖塞克 著　　謝佩璇 譯

各界推薦

「本書是引人入勝的小百科……馬圖塞克展現巧妙的技能，融合靈性、科學與常識，為生命這件事提供實用解答。」——《出版者周刊》（*Publishers Weekly*）

「在這本關於如何在生命輪盤中，保持完好精神狀態的全新指南中，作者和倖存者們，以及腦神經可塑性與心理韌性的專家對話，觀察到他們經歷重大困境時，不僅是重新找回平衡，還包括控制『對即將到來的潛在危險之直覺』——這樣的未知恐懼影響著許多人，即便在他們未遭遇重大創傷之時。」——《O：歐普拉雜誌》（*O: The Oprah Magazine*）

「在這本生動喧鬧的真實故事集中，馬克・馬圖塞克帶領我們從喜馬拉雅山峰到與安迪・沃荷的面對面談話、從無家可歸的收容所到瓊・蒂蒂安的上東區公寓。作者認識不少人且知無不言、言無不盡，並寫出如禪宗開示寓言般引發迴響的句子。本書巧妙的風格有別於他人撰述的『倖存者回憶錄』，馬圖塞克就是你在雞尾酒會遇到的人裡，最會說故事的高手——健談、迷人且深具智慧。」——帕岡・甘迺迪（Pagan Kennedy），著有《首位人造的男人》（*The First Man-Made Man*）與《黑色李文斯頓》（*Black Livingstone*）

「記者兼回憶錄作者馬圖塞克繼一九九六年的回憶錄《性、死亡、頓悟》（*Sex Death Enlightenment*）後，探索了綠色生命力（viriditas），一種從看似不可能的來源中汲取熱情、美麗與智慧的現象。愛滋病為作者提供一個舞臺，探討某些人在面對悲劇與創傷時所展現的韌性……」——《圖書館雜誌》（*Library Journal*）

「美麗又真實。」——蕾貝嘉・沃克（Rebecca Walker），著有《寶貝之愛》（*Babylove*）

「這本寫得極美的書，充滿驚奇的故事、照亮人心的洞察與持久的教誨，為不可能的事情帶來轉化的力量。馬圖塞克找到一種生活方法，他帶著傾聽的耳、去到最黑暗與最美麗的地方，最令人感謝的是，他帶著我們與他同行。」——V（伊芙・恩斯勒，Eve Ensler），著有《陰道獨白》（*The Vagina Monologues*）與《終於不再安全》（*Insecure at Last*）

「閱讀馬克・馬圖塞克的著作，猶如發現一位偉大藝術家遺失的素描本。此書充滿讓你改變看待事物方式的小奇蹟。馬圖塞克透過新聞工作者的眼光，觀察當今最具挑釁性的思想家，帶領我們進入他們的世界，對於永恆又嶄新的迫切問題提供全新建議。」——馬克・伊普斯坦（Mark Epstein）醫師，著有《沒有思想家的思想》（*Thoughts Without a Thinker*）與《分裂卻不崩潰》（*Going to Pieces without Falling Apart*）

「本書揭露一個只有少數人知道的祕密，這些人都經歷過艱苦逆境，終在另一端找到生命光芒。馬圖塞克將這樣的智慧告訴我們所有人……這是一部傑作。」——瑪莉亞・郝斯登（Maria Housden），著有《有翅膀的小紅鞋》與《解謎》（*Unraveled*）

「如同但丁的《地獄篇》，馬圖塞克的書向我們呈現經歷身體、心理與政治等各種地獄中的折磨，以及曾在烈火深淵生活，最後凱旋歸來的一群真實的人。馬圖塞克是位值得信任的生命嚮導，他也曾和天使與惡魔搏鬥，為讀者提供了一份肯定生命的禮物。書中的聲音與影像飄至空中，成為我們呼吸的空氣，也成為我們的一部分。」——絲納．潔特．娜斯蘭德（Sena Jeter Naslund），著有《亞哈的妻子》（*Ahab's Wife*）與《豐盛》（*Abundance*）

「馬克．馬圖塞克是名完美嚮導，帶領我們追尋危機時刻所需的智慧。」——丹．韋克菲爾德（Dan Wakefield），著有《回歸》（*Returning*）

目錄

上篇 天堂的距離

下篇 看不見的饗宴

獻給姊姊

瑪夏・黛爾・賀洛薇姿

（Marcia Dale Horowitz）

1948～1978

你所飲為何？是水還是浪？

Utram bibis? Aquam an undam?

——約翰·福爾斯（**John Fowles**），

《魔法師》（***The Magus***）

作者序

生命就是一場冒險。不論是誰、住在何處，或享有多少特權，不安全感標記了人類存在的價值，痛苦、危險與失去隨時會降臨，即便是在人生中最好的黃金時光。

這些致命危險在當今充滿恐慌的時代，更是有增無減。中文用「願你活在趣味橫生的時光」來詛咒他人，以這句話來描述我們所處的時代也十分貼切，彷彿光是活在這個神祕星球（愛默生稱之為「野氣球」）還不夠有趣。我們被末日將至的新聞轟炸，加上急遽上升的憂鬱症、自殺率與成癮率，許多人的生活方式都像準備好隨時面臨衝擊，有如遭遇劫機的旅客屏息並祈禱奇蹟出現。

儘管當代危險倍增，長期以來困擾人類的問題卻幾乎未曾改變。我們如何在一個萬物都將瓦解且無法避免痛苦的世界存活，又不失去理智、勇氣或盼望？要如何從困難中形塑力量，面對逆境時更有韌性？反敗為勝的意思是如同斯多葛派所說，翻轉不幸、讓嶄新的可能出現嗎？一個人如何透過危機的轉化，變得更有智慧、更快樂、更真實，對活著這件事抱持更多的感激與喜悅？

以上問題是促成本書出版的緣由，曾經有段時間我亟需這些問題的解答。二十八歲的我在曼哈頓某間雜誌社擔任編輯，當時我被診斷出疾病末期，醫師的宣判讓我震驚，將我從安逸且平凡的生活，推向尋求超凡的洞察，探索如何為死亡的到來做出最佳準備。我花了近十年的時間漂流世界各地、向人請益，對象包括心靈導師，以及經歷苦難後浴火重生且活得更燦爛的人。也許我無法根治己身疾病，但我深信，若能問對問題，開拓我對人類潛力的想像，並創造使其他面臨危機的人可以仿效的事情，我便能得醫治。我渴望為克服災難編寫一份智慧地圖，當中包含任何人都能遵循的座標、觀點和路徑。我告訴自己，這樣做會讓我的死亡有意義，並讓我做好面對未來的準備。

《當生命墜落時，沉潛吧！》是這趟探詢之旅的紀錄，記載我與許多非凡之人的相遇，他們教會我醫治生命的課題。自出版以來，我被那些在需要時刻接觸到本書的讀者深深感動，他們在醫院、監獄或靈魂的黑夜中迷失，而從本書中人類精神力量的見證得到養分。他們當中有許多人學到反敗為勝，一位哀慟的母親告訴我，她認知到不論生命多麼痛苦，還存在另一種真相。意料之外的禮物通常也以未曾想過的盒子包裝起來。我對於自己仍活著感到驚訝，甚至滿心歡喜，我接受醫治但並未痊癒，總是為嶄新的每一天感到敬畏與無限感激。我希望本書能為你帶來安慰，讓書中眾多人物大聲且清楚地提醒你，即使情況對你不利，生命總是值得大膽一試。

馬克・馬圖塞克

二〇二一年五月於紐約加泉

前言

某日午後，大姊瑪夏來到我家門前，想問一個重要問題，那年我二十歲。

「怎麼了？」我被她的外表嚇到，如此問她。當時洛杉磯出現不尋常的燠熱，瑪夏身穿厚重的墨西哥圖騰針織衣，繫了腰帶（我心想，跟個瘋子一樣），亂糟糟的深色頭髮、眼睛布滿血絲，她數個月前還是一名三十歲銀行家，相較於那迷人風采，真是天壤之別。我帶她到廚房餐桌坐下，倒一杯熱茶，在後口袋找到一把梳子，梳理她凌亂的頭髮，如同她在我還是小男孩時，事事為我操心一樣。她會在睡前會為我讀伊索寓言、幫我準備午餐、解釋謎語給我聽（關於鳥、蜜蜂，還有我們消失無蹤的父親）、在我失戀時安慰我，一直以來如同母親——我們的母親並不稱職。這回輪到我來安慰瑪夏，她的心情有如跌落至深水般。我吻了她的臉頰，請她告訴我究竟發生什麼事。瑪夏似乎無法言語，只是搖著頭，心神飄至無人能及的方外。

瑪夏遭遇丈夫無情的背叛，經歷訴請離婚的過程，接著就精神崩潰了。她住院治療了一段時間，因保險公司拒絕繼續負擔醫療費用，而被迫提早出院。現在孤伶伶一個人，失去重心，處在一個帶給她壓力的世界裡擔心害怕。瑪夏生長於流氓惡棍的家庭，但如歹竹出好筍般，是個溫和順服的乖女兒，人家說什麼她就做什麼，從不質疑，也總是把照顧他人擺在自己之前。報紙上悲慘的社會新聞，會讓她心情低落到想躺在床上平撫情緒。她會為不認識的人落淚，我從未見過她的殘忍。

瑪夏情緒極度低落，無法找到可靠的立足之地。我拜託她開口跟我說話。終於，她看著我，然後問我，「你是如何辦到的？」

「姊，辦到什麼？」我感到困惑。

「你是如何活著？」

這個問題頓時讓我們之間的空氣凝結。每個人的生命中都有「危險徵兆」，在日常心滿意足的柔焦中突然出現，警告我們有大事要發生。瑪夏說出這句話時，我聚精會神地看著她，完全不知道該如何回答。我在當時的年紀也還處於不穩定的階段，她所欣賞的意氣風發充其量只是張面具，用來隱藏苦澀的自我懷疑。我家有四個小孩，我是唯一的兒子，在父親缺席的成長環境中，經濟來源是靠社會福利金，我相信否認和無以倫比的抱負是我唯一能掌控的工具，助我克服如此不利的起跑線；悲觀似乎是得勝者必須不計一切代價避免的邪惡符咒。當然，失敗更不在選項當中。而我摯愛的大姊在人生遭難後，問了一個連我自己都不敢問的揪心難題。

我告訴瑪夏她得繼續奮戰，無論如何都要這麼做。

她說，「我沒辦法。」

「妳沒有其他選擇……」

瑪夏想回話，卻欲言又止。廚房變得很安靜，她癱坐在椅子上，我們的對話就此結束。我摸摸她的雙肩、想轉移注意力時，她的心思又飄走了。當她起身準備離開，我一邊暗自鬆了口氣，一邊感到內疚，陪她走向她那臺破舊不堪、慌亂停在路邊的別克汽車。瑪夏摸索著皮包裡的車鑰匙，然後坐在那裡動也不動，緊握著方向盤。我問她是否能開車，她望著我不發一語。

我彎下腰向她吻別，並承諾：「妳會沒事的。」她摸摸我的臉，想擠出笑容，那一絲微笑帶給我一點希望。她發動引擎、向我揮手道別，慢慢駛離我住的那條街。

接下來幾年裡，我遭遇到某些極度失落或失望的時刻，還有某些意想不到的厄運，這一切多到讓我不禁想起一直在心頭盤旋的問題——「你是如何活著？」瑪夏這樣問我。一個人在生命裡遇見無止境的驚奇、不確定性與困難，在離奇惱人的方向中不斷重新導航後，如何存活下來？究竟是什麼力量，讓一個跌倒的人重新站起，能在災難後重建自己，並助他超越原本的極限，從而戰勝挑戰？是什麼樣的神奇力量，讓我們能比「內心的恐怖分子」（一名心理學家曾對我這麼描述），以及那些具破壞性、在人生跑道上阻礙我們前進的「內心狂人」，包括憤世嫉俗、絕望、放棄與恐懼感等更勝一籌？最後，在經歷人生最艱辛的障礙後，要如何不僅活著，還要戰勝那些威脅我們無法繼續的環境挑戰？

對我個人而言，在某次經歷了意外的死亡事件後，更加深這個困惑。一九八四年某日下午，我和大學死黨約翰躺在亞買加一處海灘上。我發現他前腳掌出現前一天還沒有的傷口。人的生命就像建築物一樣有地基作為基礎，一旦移除這些重要支柱，就會全盤崩塌。我一看到約翰的傷口，頃刻之間就了解這傷口對我們代表的意義，即便當時是單純的友誼，我所認知的生命卻已開始產生裂痕，一路從煙囪裂到地下室。我曾住過的屋子、曾深信的自我、曾以為的未來，剎那間，一切被宣告終止。

約翰在三個月後離世，我的生命在接下來的十年，處在近乎持續性焦慮中，等待死亡的來臨，每天早晨看著鏡中的自己，害怕看到什麼致命的病徵。許多時候，我無法呼吸。西蒙．韋伊（Simone Weil）在她關於苦難的知名散文裡，把這個嚴重懼怕的狀況，比喻成強迫一個人花上數小時盯著將取自己性命的斷頭臺，全身發抖，等待最後時刻，還得在眾目睽睽下忍住不尿褲子。

但是，沒有人可以永遠處在驚慌狀態，在任何可行的答案出現前，腳下的階梯彷彿每爬一階就消失一階，而人被迫在恐懼中找到一條出路。這步伐走起來失序、蹣跚，亦不完美，你不像平常的你，經歷災難之後，尚未準備好適應地震級改變帶來的落塵，該有的肌肉還沒長出來，也未開始重新打造自己的故事走向，反而像常見的美洲螯龍蝦（Homarus americanus），每年會有幾天潛到海底，讓舊殼脫落；一團粉紅赤裸的蝦身等待新殼，在第二層殼重新長回時，努力躲避外力重擊。

對我而言，我以追求靈命的方式來進行這樣的沉潛。約翰離世時，我擔任普普藝術家安迪．沃荷旗下一本名為《訪問》雜誌（*Interview*）的編輯，從洛杉磯調到紐約，埋首於工作，卻發現一心想成功的狂熱路上，全然忽略了內在生活。如今，想著離世時還沒摸索出自己是誰、這個人生到底有什麼意義（如果有的話）？我信仰的是神、靈魂，還是相信自我超越？這都像在傷口上灑鹽，也像夢遊者在步履蹣跚間走上懸崖。我辭掉工作、離開紐約，將人生追求從加長型禮車轉換到真誠（姑且不論那是什麼），以及面對我長期逃避的問題——儘管我在世間有各種好運，為什麼內心還是感到悶悶不樂、空虛？為什麼早在被診斷前，就感覺自己像個騙子？為什麼我很少感受到真正的快樂？不論我是生是死，找到這些問題的解答相當急迫。我成了居無定所的強迫型追尋者，十年裡過著勉強餬口的日子，全世界跑透透（只要那個地方接受刷卡付費），從不同的精神導師身上尋覓智慧，在絕望中有什麼就吸收什麼。

那些年我過得很痛苦，卻也大開眼界。我的皮夾中有張紙條寫著：「在一個充滿亡命者的世界裡，往不同方向去的人總會被說是逃跑者。」這個說法似乎讓我得以卸責。我需要為自己找到解答，人除了這一身臭皮囊，是否還存在些什麼。身為凡事懷疑的不可知論者，我小心翼翼地深入探討，是否有任何形而上的存在，或人類只是無情創造物螢幕上的無數小亮點，如同數以百萬計瀕死的動物一樣，生來吃喝拉撒睡、然後死去，就像我從小被灌輸的那樣。這個哲學問題在我七歲時浮現腦海，當時我掀開垃圾桶蓋，生平第一次看到逝去的生命——一隻被人用塑膠袋和報紙包著的冠藍鴉。我站在那裡好一段時間，凝視著這隻鳥被貓咬殘的身體，想著牠是這團沾血的羽毛，或者是已經脫離的另一個存在？而現在與我更切身相關的是我屬於哪一個？

那些年裡我得到的主要洞察都與宗教無關。事實上，在所有閱讀、冥想和修行的過程中，唯一最具轉化性的想法，簡單來說是：恐懼可以成為通往頓悟的一道門。一直以來，各種傳統文化都了解，恐懼與傷害可以賦予人們能力的面向，如同通過儀式的雙刃，刺激並深化靈魂，我們太常受到保護而無法認知到這個奧祕。普遍來說，現代人認為痛苦與失去是不計代價都要避免的困難，事實上，這不僅是誤解，而且要命地落伍。恐懼是燃料，傷害帶來力量，黑暗裡埋藏救贖的種子。真實的力量並不在我們的盔甲，而在每一個人倖存後的傷口疤痕上。有名寡婦對我說：「力量的內涵不是在每件事上都直挺站立，而是再次站起來之前，能在一段漫長時間中維持爬行狀態。」轉化痛苦是我們與生俱來的能力，頻頻回顧的人根本是在浪費時間。本書中有名英雄這樣說：「你要不就如純金般從另一頭走出來，要不就永遠走不出來。」

這可不是波麗安娜（Pollyanna）[1]的樂天想法。得益於近期功能性磁振造影技術的突破，神經學家首次觀察到人類大腦裡感覺的作用，揭露稱為神經可塑性的現象，澈底翻轉對個人改變的看法，智者長久以來的說法，終於得到科學證明。從前認為大腦就是一團在雙耳之間籌劃思考的灰色物質，後來發現比較像是環環相扣的Wi-Fi章魚，身上看不見的觸手無時無刻朝許多方向滑游，不

1 譯註：美國暢銷童書中的主人翁，以其樂觀態度感染周遭的人。

斷在我們沒有意識到的情況下讀取訊息，並採取包括生病等行動，以未能被理解的方式回應。人體每天都產生十萬個新的腦細胞，並非像傳言所說，大腦細胞的數量在出生時便已固定，並且會隨時間遞減。事實上，大腦細胞會一直分裂直到我們死亡。人類的大腦具有極高的可變性，總是規律地不斷自我再造，原是有利於進化，但也是不讓痛苦發揮作用、白白浪費了苦難的原因。儘管苦難讓人心生苦、變得自私、感到悲慘，並且產生防衛機制，我們還是能以全然迴異的方式運用困苦：它可以是人相互連接的主要幹道、作為與其他受苦的人之間的橋梁，或是如同肌肉裡的血液推動著我們。危機將人引領至個人極限，力促我們向前邁進。當人在絕境時，會稱絕境是種祝福，形容的正是這樣的矛盾。也因此，男性會在戰時大展才能、女性常因分娩而改變，他們因著經歷危險與痛苦的刀刃，變得比以往更有活力。人生的逆境蘊藏著生命力，這逆境包含自己的生死。危機讓人走得更寬闊、更快也更深，開闊心胸，喚起自己未察覺的勇氣潛力，就像母親解救孩子時，血液裡飆升的腎上腺素。只不過你是那個孩子，要解救的就是你的生命，也就是你的靈命。

這個矛盾很難令人接受。我曾經半開玩笑地告訴朋友，愛滋病毒其實救了我一命，他們很難理解我的意思。我這麼說不是要為一個可怕的病毒背書，或是宣稱得了這個病感到開心，更不是假裝因為可能提早離世而狂喜，我只是單純坦白些許的真實——若非我的生命如此戲劇化，我也無法相信自己；若非因為死亡威脅，我永遠不會有那股信念或驅動力，成為我想成為的人；又或者經歷無比的恐懼後，找到戰勝這股恐懼的強大力量。

○●

一九九六年愚人節那天，我如雲霄飛車般的人生又出現另一個轉彎，醫師向我宣布病毒治療方案終於出爐。保羅．貝爾曼（Paul Bellman）醫師的外表可說是布魯克林猶太神學院的梵谷，有著紅髮和落腮鬍、熱情專注的他說，即使無法永久保證，但我（以及其他數以千計的人）很有機會享有長壽。換句話說，我不會死，至少時候未到，即便死了也不會是因為這個疾病。

我踉蹌地從貝爾曼診間走出來，感覺像個跌落至地球的人，面對一片廣袤大地，感到混淆暈眩。大多數倖存者無論經歷的風暴為何，回憶起這段重生時刻，都是詭異又混亂地被送回曾以為要離開的地球。他們感到麻木、興奮、難以置信，以及痛苦與快樂交加的喜悅。亞里斯多德將好運比喻為在戰場上飛箭射中旁人那一刻，這樣的比喻很正確。那是一種抽象、有如外太空，被撕成兩半的感覺，一半感到破碎，另一半又感到莊嚴。敬畏是唯一適合的字。

重生的禮物顯得加倍珍貴，它帶著切勿浪費的命令。我決心留住生死關頭學到的事情，並將日常大小事的奇蹟銘記在心。對我而言，這一切都成為活著的嶄新原因，證明我「值得所受的苦」，如同杜斯妥也夫斯基描述他的重生時刻。這位生活貧苦交加並患有癲癇的作家，二十八歲時因反對尼古拉一世的革命活動被捕，單獨監禁了八個月後被判死刑。一八四九年十二月二十二日，他與二十三名死刑者走入聖彼得堡的喜米諾也夫斯基廣場，在被帶上斷頭臺前等候半小時之久。他後來寫給弟兄的信中描述：「他們舉刀在我們頭上揮舞，要我們穿上被處死刑之人的白衣。我們每三人被綁在一根柱子上等候（死亡）。」

就在最後一刻，這位作家被告知他獲得減刑；事實上，這是一場特意安排的嚇唬手法。一群人突然重獲自由，其中一名獄友在此次事件後發瘋，杜斯妥也夫斯基的瘋狂則以不同形式展現，與死亡擦肩而過，讓他活得更光明、更有生命力。他對一人遭處決、另一人緩刑的畫面深深著迷，這名小說家做出會珍惜這份禮物的終生承諾，以「被判決之人所知曉的事」過日子，成為一名倖存的技藝家。「當我回看過往，想著自己浪費多少時間。」他在同一封信裡坦承：「生命是一份禮物……每一分鐘都可能是幸福的永恆。我的舊頭腦已被斬下……但我還有我的心、肉體與血液，一樣可以去愛，經歷痛苦、渴望與回憶。我們看見了陽光！[2]」

當我回顧過往，想了解這樣的翻轉，腦海浮現瑪夏的問題，久久未能散去。在一個被不確定性統轄的世界裡，如何活出完滿人生？我們如何在不幸事件發生後，存活並度過每一天？我們在面臨危機前，如何帶著「被判決之人所知曉的事」過好每一天，以便活得光明？最後，我們要如何在困境中仍展現慈悲，正如達賴喇嘛形容，痛苦之所以存在是要人將心「在地獄中敞開」？

我開始了解，存活與逃離死亡無關，而是盡可能活得精采（你認識的人當中，有多少人呼吸著氧氣卻沒有真實地活著？）在這個顛倒混亂的世界中，看見與活著都有嶄新的方式，將毒藥轉化為良藥也是種藝術。即便在最糟的時刻，當我陷入恐懼的風暴中，總會莫名出現一股不請自來、無理的浪，在未知的時間點捲起。其他時候，戰役本身帶來滿足感，那是一種頑強的生存渴望，即便環境艱困，我單單因為在這裡戰鬥或參與其中而感到高興。

每個情況都有這種生氣蓬勃的力量，一種綠色生命力（viriditas），在痛苦的惡臭中帶來美麗、洞察或醫治。我們被神祕放肆、閃爍又無窮大的力量壓垮後重建，被剝奪後重新長出翅膀，並為我們所處的真實世界帶來能量。儘管我們每個時刻都沉浸在這股力量中，但存活下來的人意識到，生活品質取決於一個人如何熟練並快速地將自己與事物核心的常青力量連結。正如我們能辨認美麗事物，我們也能回應那些足以運用這個祕密的人。這些人似乎更大器與活躍，就像是使用更具生命力

2 譯註：原文為法文，On voit le soleil!

的調色盤創作。這群熱情激昂、富有創造力的人經常承受比平常更大的痛苦，這並非偶然。在逆境與生命力的交會處，存在著一種美妙的潛力，也存在於生活中運用這項潛力的可能性。我們不見得都是大師，卻可以向這些受啟發的靈魂學習，見證他們身為倖存者，生機蓬勃的自我更新能力。

我舉個例子，百歲詩人史坦利・庫尼茲（Stanley Kunitz）告訴我，「我的人生觀就是打掉重練。」這與畫家雷諾瓦向學生保證「痛苦會逝去，但美會留下」何其相似。因疾病與痛苦相處五十年的醫師瑞秋・萊蒙（Rachel Remen）很肯定地告訴我，「治癒並不需要樂觀。」聽見那些最有權利放聲尖叫，卻努力保持笑臉的人這麼說，是多麼令人感到頓悟？我尋求擁有這項技能的大師，在每個獨特的迷宮中追隨著他們的腳步，然後我看見將這些歷程編織成一首曲子——原住民稱之為「歌徑」的可能性，作為黑暗中的聲音地圖，讓穿越人生曠野的人們有地圖可循。詩人迪奧多・羅賽克（Theodore Roethke）提醒我們：「人在經歷黑暗時期，眼睛才開始看見。」當我們對安全感的幻覺遭到破壞，超出「正常」生活的範疇（遠超過李爾王在原野上經歷暴風雨），這樣的人確實會出現新的潛能，對那些生活過度受保護的人而言，價值觀、直覺、技能、觀點可能都顯得不自然，甚至反常。

但凡人如我，有什麼可以教導他人的？我想傳達的是理性思考的侷限性、人類無以倫比的適應力、震驚非常短暫的保鮮期、曾經歷巨大失喪的兄弟情誼[3]、因悲劇而擴大的自我、罪惡感的缺席、危險中矛盾性的刺激、每個人為自己生命建構敘事內含真實的薄弱性，相信這些點終將連結（實際上，它們不過是數個不同的點）、不帶靈魂的生存毫無價值、活力和想像力所扮演的角色，即法國人稱之為「我才不在乎」（je mén foutisme）的態度；這是一門以毫不在意來表達勇敢、走投無路之際仍選擇繼續前進的技藝。

敬畏的力量遠比快樂來得寬廣，它無邊無際，超越各種陳腔濫調的想法，包括善與惡、快樂與痛苦、成功與失敗，以及救贖與失喪。好運和壞運之間的界線變得模糊；兩極的命運女神旋轉著她的輪盤，往反方向轉後停頓，接著再次開始，令人瘋狂的輪盤隨之加速。生存需要注入一劑瘋狂，憤世嫉俗者稱為「為對抗希望而懷抱希望」，就如同藝術的作用。你在白色空間召喚未來，找到隱藏的自己，在這個陌生背景下，透過悲傷與失喪，看見更偉大之事。一位研究猶太大屠殺的專家觀察到：「倖存者比大多數人更迫切地扎根於生活中，他們存活的意願就是推動生命本身的動力，如同萬物在春天蓬勃生長那股頑強，一股奇特的狂喜充滿了（他們的）靈魂，一種最終戰勝最糟情況

3 譯註：原文 anawim 為希伯來文，原指《舊約聖經》中的弱勢族群。

的感受。」

我自己曾經歷這種奇特的狂喜，雖被摧毀卻又超越其上。聽起來可能很玄妙，即便是我遇過最頑固的無神論者也得同意這層認知的某些部分，那是一種重新尋回的神聖感，甚至可以說是超越，滿溢在生存的真空中，在那裡連慣用的保護方式都被剝奪。恐怖確有其目的，瑞秋．萊蒙提醒我，「我若割傷你，你整個醫治系統……」，包括身心靈「會立即啟動，在你體內更有活力，活化程度也比過往高。」因此，在日益受到恐怖威脅的世界裡，倖存者是我們的最佳老師。

美國人遭蓋達組織重度打擊後，在一夕之間從一個愛打瞌睡、一切放輕鬆的巨人，轉變成在面對生命困境時，如神話裡被砍掉一個頭會生出兩個頭、九頭蛇般的倖存者。湯馬斯．傑弗遜總統預見權力與舒適的危險，曾主張每十年革命一次，以便吸引人民對國家的注意力。美國人現在被迫要問自己原只有倖存者每天必須面對的問題，即便不想成為英雄，也必須英勇地思考。這種英雄主義與約翰．韋恩那種受拓荒個人主義影響而自然流露的男子氣概，並無太大關連，而是拋棄被恐懼的束縛，藉由深化一般人所稱的弱點、臣服於超越我們所以為的自己（以及我們的能力範圍），「那帶有羽毛的東西」[4]必將我們從永久的麻木中喚醒。

我們花費許多時間在清醒時的恍惚之間回顧、遺憾、分心、閒散，透過各種成癮行為以求暫時脫離軀殼，當一切崩塌時，原本處在迷霧中的生命，突然出現與直覺相反的豐盛和清晰度。我們被侷限於現在式，停留在一個神祕星球上，驚奇地望著存在這件事。生與死的交會處就是靈光乍現的地方，我們親手建立保護生命的圍牆，也隱蔽了生命的完整光輝。這事說來真實又詭異，人因著為自己好而將自己囚禁當中，人類的心智也是如此被建構，而我們否認的力量又以各種奇怪的形式出現，也只有災難才能將人從恍惚狀態中喚醒。普魯斯特如常地將這樣的異常做了最好的描述：「我想生命對我們而言，會突然變得很奇妙。」這名極其敏感的法國人寫道：

> 當我們如你所說，被以死要脅。想想有多少計畫、旅行、戀情、學業，被生命遮掩起來，因著己身的懶惰而被隱藏，這股懶勁在未來仍將繼續，將一切計畫無止盡地推遲。
>
> 但就讓這一切化為永遠不再可能，這樣又將變得有多美！啊！如果這次在沒有發生災難前，我們就去參觀羅浮宮的畫展，敗倒在心儀已久的女孩裙下或出發至印度旅遊。
>
> 地殼劇烈變動的災難未發生，我們什麼也沒做，因為我們已回到正常生活的中心，忽視壓

4 譯註：出自艾蜜莉・狄金生（Emily Dickinson）詩作〈希望是那帶有羽毛的東西〉（Hope is the thing with feathers）。

抑了欲望。然而我們原不需要災難來珍惜今日的生活，懷有身為人、死亡可能於今夜降臨的念頭足矣。

正視自身的無常便是通往祕密生活的萬用鑰匙。卡洛斯・卡斯塔尼達（Carlos Castaneda）曾在靈境追尋中死裡逃生，在重回日常生活前，他的雅基族老師唐望建議，將死亡扛在肩上。死亡成為靈感來源，恐懼會消失的念頭顯得荒謬。但如何能對抗心中的恐怖分子？環境開始動盪時，我們該如何生活？這是瑪夏想知道的。今日，我會告訴她有一種技藝存在，還有歌徑、原則、路標、訣竅、捷徑等各種方法。柏拉圖將這種挽救生命的智慧描述為「生存的技藝」（techne tou biou），也因此，我以結合藝術與技藝等智慧的精神，將此書劃分成一系列課程，讀者可依序或隨性閱讀。有人說一則故事能勝過千條規則，因此我選擇寓言體、詩歌、真實生活故事與自傳，來說明這套生存的技藝。每一章節如同整幅馬賽克拼貼畫的其中一塊，也可作為自我實現技藝的獨立課程。

世界愈是危險，我們對這類學習的需求只會更迫切。我們當中有偉大的倖存者技藝家，他們的人生能為這種翻轉性的力量作見證。在接下來的章節中，讀者將會發現這些技藝家蘊藏著寶貴的更新力量，分享給任何願意學習的人。

上篇

天堂的距離

「人生變化如此之快，
轉瞬之間人事全非。」

——瓊・蒂蒂安

奇想

每個人都會遇上不在自己控制範圍內的事，且在意想不到之時。上一秒還是原本認知的自己，下一秒瘋狂之事出乎意料從天而降。

轉身一變，已成經歷災難後的人，安全網全然消失，無處可逃，躲避也成了幻影。你在反覆思索中尋求慰藉，鏡中的你輕聲地說，要不得適應，要不死路一條。在黑暗中摸索前進，想像著新生，身上逐漸長出新的附肢，眼睛眨也不眨地看著世界和周遭環境。

想像一對住在紐約的夫妻，兩人都是作家，在聖誕節後的某日漫長工作後，喝杯雞尾酒紓壓。四十二年來不變的生活與工作模式，兩人形影不離，從事編輯工作，是彼此的好友也是事業的好伙伴。在這個特別的晚上，大雪急襲著窗戶，約翰坐在壁爐旁看書，瓊忙著在廚房準備沙拉，輕飄飄的她體重只有四十三公斤。這對夫妻累壞了。獨生女琪恩達娜在住家附近的醫院，因感染處理未果而導致敗血性休克，正接受治療。約翰和瓊現在先吃頓飯，好好放鬆心情，稍晚還要回醫院。

瓊把沙拉端到客廳，約翰闔起書本，等著瓊上菜。瓊在例行工作中最能發揮潛力，秩序是讓她免於恐懼的解藥。日常裡的各種單調細節形成一面方格網，瓊相信如果自己夠謹慎，就能築起一道隔柵，擋在家庭與她少女時期瞥見的混亂之間，而這些混亂潛伏在許多事情之下。瓊是拓荒者的後代（她的天祖母那代帶著玉米麵包食譜與馬鈴薯搗碎器，從阿肯色州穿越平原至內華達山脈）。瓊從小就被教導要堅強，她的內心總是比纖弱的外表強大，卻被某種超敏感的恐懼箝制，這股恐懼彷佛是種直覺，能嗅出逼近的潛在危險。瓊倚賴寫作馴服這樣的不安，在行文風格緊湊與銳利的筆觸下調節自己的恐懼，在可怕的世界裡保持冷靜。很久以前她這樣寫道：「我們靠著說故事給自己聽來存活。」而現在，瓊點著餐桌蠟燭，心裡可能想著（已想過千百回）她眼前這位結識多年的良人，以及他對她的了解，願意收下她的不安全感，不論發生什麼事都深愛著她。

坐在餐桌旁的約翰抬起頭來，發現妻子望著他。瓊遞給他第二杯飲料，約翰拿起叉子正要開動，卻往桌邊滑下去，在妻子面前心臟病發而死。

這一切發生得如此突然，瓊原先以為是場玩笑，等著先生張開眼睛，但約翰一動也不動，瓊開始尖叫，急忙奔向電話撥打緊急號碼九一一。她將先生的頭放在大腿上、開門讓急救人員進到家中、看著電擊板壓向先生的胸口、拎著簡單行李跟著他們搭乘貨梯下樓。然後，搭上救護車，瓊將約翰冰冷的手放在自己腿上，看著後方車門玻璃窗外的車流。

三週後的告別式上，瓊望著女兒琪恩達娜追悼父親，渾然不知二十個月後將參加女兒的喪禮。瓊坐在教會裡，像戴著一副過大太陽眼鏡的精靈，淚水使她的視線模糊，她的心思時而飄離時而回神，一切太突然了，連棺材都顯得不真實。她感覺彷彿地殼因結構改變，讓她的前世一分為二，接下來如鬼魅般的數個月裡，她在如被幽靈侵占的昏暗公寓走廊踱步，胃口如小鳥般只能喝清湯，她顯得執著卻又極度不安，失神如夢遊者，瘋狂地將那一晚每分每秒的細節記錄在紙上，彷彿只要製作出一份精準的時間軸，就能將約翰帶回身邊。

人生變化如此之快
轉瞬之間人事全非
來不及吃過晚餐，你即棄我而去

而自憐

這四句寫在那段薄暮之際的話語，將成為瓊重拾生命故事的足跡。她在工作上培養的理智與追求細節的渴切，顯然成為一種魔法，讓她知道這些事情（例如她無法把約翰在鞋墊上的鞋子移走，以免「他回家的話沒得穿」）不可能成真。

「當時非常奇特。」瓊如今這樣告訴我。經歷那場考驗三年後的某個十二月，我們兩人在她寬敞的上東區公寓裡，窗檯依舊如當年覆蓋一層雪。這位在我大學時期名符其實的風雲人物，打扮有如剛進中學的清秀少女，寬鬆的薰衣草色毛衣、印花圖案裙、黑褲襪和及膝雪靴。瓊說話有如神槍手般，伴隨著輕盈的笑聲，語氣誠懇不特意奉承，應答大方又字字簡潔到位。

她說，「我有陣子和精神患者接觸。」她淺灰色的眼睛與我四目交接，「但我從未想過一個外表看起來不像瘋子的人，會有瘋狂的舉動。」瓊整理了一下裙擺。「你知道我這一輩子都過著循規蹈矩的中產生活，一個有秩序的生活，這破壞了我的中庸之道。」

瓊後來寫道，那件事使她放掉原來對於「死亡、疾病……婚姻、子女和記憶……以及理智的膚淺，還有關於生命本身」的固有想法。她在先生離世的一年裡，吃力地在瀰漫及肩的悲傷中前進，解開各種幻想的循環，找回原來的踏實地面。「我學到，人不是忘懷過去，而是將這些事件納入，讓它們成為你的一部分。」她解釋，「我指的並非老是哭哭啼啼，而是要改變。」

我問，「妳當時如何改變？」我拜讀過她的幾本著作，知道她如暴風雨般的情緒起伏。「我在某些方面沒有耐性。」她將腿擺正，身體向前傾。「我不是最有耐心的人。」瓊像孩童般笑開，「但我相當看重愛。」

難道瓊之前不重視愛嗎？我曾一度以為，愛是她少數相信的幾件事。感受似乎是這名作家的一切，《滾石》雜誌這麼形容她：「脫序的典型女孩，以偏頭痛和比基尼之姿面對戰後時代精神中的每個驚人觀點。」冰冷的散文背後流露著火熱般情感，那曾是瓊給大家的印象。愛對她來說如此神聖，不是這樣嗎？

她巧妙地躲掉這個問題，並說，「每當我想到每個人生命中浪費的那些時光，在你失去某人後變得不同。這些時刻因無法複製，而變得特別寶貴。」她在回憶錄《奇想之年》道出與先生複雜艱辛的結合，還原婚姻生活未經修飾的模樣，日復一日的轉換、沉默、爭吵、過往生活中的起落，以及無論如何仍持守的婚姻。曾經有一度格瑞格・鄧恩（Gregory Dunne）[1]夫妻檔在全美文壇享有盛名。她淘氣有魅力；他出身名門世家，性格抑鬱，忠實愛妻。他們曾經攜手打造一段傳奇，如今獨留她一人。儘管如此，她大致已恢復正常。

「約翰離世約六個月後，我聽到夫妻發生口角都會生氣。」瓊說，「我會告訴他們，時間不多了。」她看著餐桌上的緞帶裝飾說，「他的心臟不好，但如果我早知道他可能因此喪命的話會怎麼樣？你若是意識到隨時都可能失去某人或自己會喪命，活著也就失去意義了，這樣又有何好處？」

「這樣活著很辛苦。」

「我這才發現，我為了無法控制那些無法控制的事而苛責自己；同時發現，想著自己應該可以控制一切，某種程度而言，是自大狂的表現。我以前很愛掌控一切。」

「以前？」

「現在好多了，我比較能接受事情原本的走向。預期最糟糕情況會發生的心理狀態就是，一個人會相信一旦有這樣的心理準備，糟糕的事就不會發生。」瓊再次笑開。

「然後，那件最糟糕的事情終究發生了，之後就再也不會預期。以前的我經常有恐懼感，但現在覺得沒什麼好怕的。」

1 譯註：瓊．蒂蒂安的夫姓。

「妳心中毫無恐懼？」我問她。

「噢，老天爺，不。我不是指當可怕的事情發生時，我不會全盤否認。在急診室時，我理智上應該要接受約翰已離世，但我當時仍試圖將他從醫院帶回家，彷彿這樣就能多少改變情況！這一切都很超乎我的理解。」

「否認之所以存在有其原因。」我說。

「我不曉得若無否認，人會如何運作。當然，我們都得按照事情的原貌來接受它們，但事情糟到根本無法處理，就必須以其他方式度過那一天。」

「或是那一年。」

「當有人提到要堅強時，我一直都不是很了解這麼說的意思。」瓊有些不悅地說，「我還活著，生活還是得繼續，我有什麼選擇？我還有個在病中煎熬的孩子，我別無選擇。」然而，對於是否要好好利用所經歷的折磨，在這件事情上，瓊便有所選擇。她藉著剖析那段瘋狂時光，意識到自己的故事可能會幫助他人——那些她稱為以「美式悲傷」（將逃避假扮成勇氣）踉蹌前進的人。她告訴我，「幾乎沒有人在談論悲傷。失喪帶來各式各樣對生理與心理層面的影響，但沒人承認這些事情的存在。我甚至認為若有人能說，『嘿，經歷這些事會讓你變得有些瘋狂，很正常，別驚慌。』這樣就很好了。」

創傷有個比較令人費解的副作用，就是它對時間所施的鏡像戲法，我們認知的時間似乎被按下暫停鍵，同時還快轉，將你拋出事情流動的順序之外，這樣的扭曲導致一種奇想。「我學到的是，婚姻（關乎的）不只是時間。」她坦言，「矛盾的是，它也和否認歲月有關。有四十年的時間，我是從約翰的眼中看自己，沒有意識到自己變老。」

我告訴她，她有多美（這是事實）。接待我的女主人勉強接受這個讚美，並承認自己「愈來愈好了。」話說有天，瓊想都沒想就決定清理掉約翰辦公室裡的架子。她嘆口氣說，「這是第一步。」然而，當我將話題轉到琪恩達娜的離去時，她面無表情的臉告訴我，現在談論這個話題還太早。對此她只提到，「親子關係完全是另一種層次的失去，非常深刻，但又不及伴侶間的親密程度。」

客廳光線逐漸轉暗，瓊面露倦容。我還有一件事想問，又擔心這個問題顯得俗氣。瓊伸直腿，向前門走去。她的個子大概到我下巴的高度。我終於開口。「妳可以想像自己談戀愛嗎？」

瓊停下來，望著我。我腦海裡閃過她會賞我一個耳光的念頭，但她笑了，「我不會再婚，我想不會。」她站在門口，用女牛仔般拉長的音調告訴我。「但是關於談戀愛？」她收起下巴，說道「肯定會。」

吼出自由之聲

我很喜愛一則蘇非派的故事。森林裡一群老虎不小心遺失一隻幼虎，這隻幼虎被綿羊帶大，綿羊教導牠的行為舉止，讓牠走路、叫聲都像羊，還以吃草為生。

多年後，一隻大老虎經過，看到這隻尚未長成的小老虎，舉手投足都像隻羊，覺得很荒謬，感到震驚又不免覺得好笑，將小老虎拖至森林裡的水池旁，小老虎看到水中倒影後，意識到自己的真實身分。

大老虎教小老虎如何大聲吼嘯。一開始，小老虎只能咩咩叫。慢慢地，牠從喉嚨發出聲音。經過數週練習，牠已掌握訣竅，吼出自由之聲。

這就是倖存者做的事情。作為被馴服的生物，我們被迫相信自己的本性安全且特別。不料森林裡走來一隻老虎，真實並充滿野性，經過長期激烈爭鬥，顯示我們也是野蠻一族，只是在想像中認為自己非常膽怯。

人在覺醒後所發生的事，令人感到神奇。他們的力量增加、視野拓寬，你在他們眼中看到如符咒般的魔力。也因此，被迫之民最終戰勝的故事總是非常具有吸引力。一九八八年某個酷熱午後，我在佛羅倫斯車站某節三等車廂裡，等候離站的汽笛聲，門突然開啟，走進一名我這輩子看過長相最怪異的人。棕褐色、濕淋淋，外表如刷過奶油的馬鈴薯，穿了一身的牛仔布（藍色單寧布網球鞋、連身工作服、腰帶、肩包與皮條客常見的浮誇羽毛帽），這名渾身有如充滿高壓電活力的人，兩手掛滿用膠布補過的低廉行李包，在燠熱中如女孩般以義大利文細聲尖叫：「大爛人！」然後進到我原本安靜的車廂，撲地一聲在我對面坐下。

「嘿，老兄！」他喘著氣，一手當扇子，另一手拿著義大利奶油甜餡煎餅捲，臉帶微笑，斑黃的牙齒上沾著蛋糕。他用義大利文夾雜英文說：「今天真累！」他像在購物中心裡閒逛、清涼打扮的胖女孩，牛仔褲緊繃到跨下顯出如駱駝蹄的形狀，閃亮亮的假鑽外套、不俐落的口紅、暈開的睫毛膏，額頭上長著一顆顆發亮的青春痘。

「天氣真熱。」我回應。

他伸出手，聲調愉悅地說：「我是馬利歐。」

人生有時會遇上一些事情，稱離奇都不為過。這班到巴黎的夜車是場驚奇。他在火車座位上下彈跳，開心的程度就像懷孕婦女快要卸貨般，馬利歐看起來像人妖妓女，或說是變裝女僕，但他真正的職業是世上稀少的男性天生女高音，他們生來自帶女性聲帶，是歌劇世界的金雞母，歌劇狂迷戀他們的獨特嗓音，馬利歐向我解釋，「他們的私處被割掉（曾經一度是將小男孩去勢來扮演）。」他拍著自己的那個地方，「我可沒有！」

這一切的發生已經很不可思議，我這位同車伙伴當晚要在巴黎歌劇院發表他的「首顏」[2]。用興奮兩字並無法完美詮釋馬利歐歇斯底里式的聲調，他欣喜若狂到不能自已，隨時準備好要大叫……我是說開始高歌一曲。雖然他這些年來到處演出，但明天將是正式上場。他的歌唱老師柯威爾女士堅持他得扎實地花上八年的時間準備，才讓他具備的獨特「樂器」登上世界級歌劇舞臺。因為好玩，馬利歐在義大利各省演過不同的小角色，但從未是主角，他邊說邊捲著千層麵上的錫箔蓋，而明日會是他人生的重要首演。

「老師希望我能省著用。」他拉了拉脖子上的藍牛仔領巾。「我從十六歲就被她收入門下，而現在……」馬利歐將叉子插入麵裡告訴我，「我準備好了！」

我不知如何接話。

「我是被人發掘的。」他聲稱，「他將我介紹給柯威爾老師，我因此到了義大利。」

「他在哪裡發現你？」

「寶貝，你不會想知道的。」馬利歐回嘴，語調中等不及要告訴我祕密。我向他保證沒什麼事會讓我驚訝，同時將手伸向袋子裡找錄音機。接著，窗外景色從亞平寧山脈延伸至托斯卡尼平原，馬利歐狼吞虎嚥地吃著一個接著一個的點心，繼續滔滔不絕，在長篇人生故事裡加油添醋，到後來坐上這班義大利火車，他在胸口劃十字聖號，超越了自己，往巨星地位邁進。

他來自巴西東北邊、靠近薩爾瓦多的叢林小鎮，家中有十個小孩，不識字的父母以務農為業。馬利歐一邊細嚼慢嚥、一邊說，「窮得要命。」沒學校、沒醫院、沒電，他家一個月吃一次肉，其中五個手足沒能活下來。

「你有一半的兄弟姊妹都死了？」

馬利歐說，「只能以悲慘形容。」我猜他的意思是疾病或營養不良所致。「我和他們很不同，常

2 譯註：音同「首演」。

常在唱歌，不論去哪裡。我一直是個『很娘的底迪』，個兒高、胖嘟嘟又娘娘腔的男孩，我身上就是有一層肥油。」馬利歐抓起腰間贅肉，笑了笑，接著挖起一大匙千層麵。「但是啥事都不重要，美最重要，我需要有美。」他將做過美甲的其中一隻手放在胸口。「爸比，我在天堂長大。」他用義大利文說，「伊甸園。」

馬利歐十四歲時，有天和姊妹們在井邊打水，他跟平常一樣唱著歌，一對開著吉普車的白人男女來到他們當中，想向當地小孩要水喝，馬利歐用歌唱回應，如同瑪莉亞·卡拉絲般的女高音把他們嚇到目瞪口呆。講起這段回憶仍讓他津津有味，「這兩個陌生人要我像正常人說話。」馬利歐咯咯地笑，「我告訴他們，這就是正常，我的姊妹也跟著這樣說。他們到我家找我父母談，那名男子說他認識一位老師，會很想認識我。我媽一開始嚇壞了，她以為這兩個義大利人想把我當奴隸買走。他們說不是，那位老師是教歌劇的。臨走前他們留下名片，上頭有聯絡電話。」

我藏不住心中的懷疑。馬利歐發誓，「以上帝為證。」手再次劃十字聖號。然後他拿出相本，裡頭有幾則新聞剪報，包括「叢林男孩打破音域限制」等標題，宣布他被「發掘」的故事，裡面還夾了一張土氣的宣傳照，他穿著燕尾服，散發的陽剛氣比塗口紅的女同志少一些。我為自己的難以置信向他道歉。

「沒人相信我。」馬利歐說，「我去小鎮裡找有電話的朋友，撥了號碼，那名義大利人在聖保羅，他要我等柯威爾女士從佛羅倫斯拜訪他們時，到聖保羅唱歌給她聽。他們從聖保羅派了計程車來接我，我從來沒有搭過正常的車子。我和這位好好女士見面，她說我是萬中之選。她用義大利文說『珍寶』。我告訴她，我一直都知道。六個月後，她寄了一張機票給那名男子，讓我到義大利跟名師學習！」

「真是不可思議的故事，馬利歐。」

「上主真偉大。」他親吻著有耶穌像的十字架，「我身無分文，柯威爾女士幫我在一位年邁的女伯爵家裡找到工作，這位女士曾經很風光，後來孤家寡人。我在女伯爵家學到許多事情，她老在喝酒，整個人悲傷孤單，從白天到黑夜只有我陪著她，除了煮飯以外的事情我都一手包辦。」馬利歐告訴我，「她被家人遺棄。這位有錢老太太沒有孩子、也沒有丈夫。她說朋友只想要她的錢，說我是她唯一的朋友。她這麼有錢，我卻從來沒看過比她不開心的人！我會傾聽這位老太太說的祕密，但……」馬利歐把食指放在嘴唇上、用義大利文說，「不，絕不，我從來不說。我只告訴你這件事，因為你是好人。」他對著我皺起鼻頭。

「這位女伯爵會辦晚宴，她的豪宅很美，是佛羅倫斯聖十字廣場附近染工場街上最古老房子之一。」他接著說，「許多人參加她的宴會，她身穿漂亮禮服搭配珠寶，坐在主位，桌面上盡是美食與笑聲，每個人都笑得很開心，但在桌底下……」馬利歐搗起他的嘴。

「怎麼了？」

「她尿在桌下。」

啊？

「她坐在那兒，被一群光鮮亮麗的人包圍，而她在自己的座位上尿尿。」馬利歐邊說邊做鬼臉。「她醉到站不起來，無法去上廁所，但沒有人注意到，大家忙著享受美食美酒，女伯爵很孤單，我站在桌邊為大家倒酒，她看見我注意到她，也只能內心落淚。」馬利歐停頓了一下，「那時，我便明白了。」

「你明白了什麼？」

「悲慘。」他對我說，「我見到富人有富人的悲慘，窮人有窮人的悲慘。」

他居然將一名酗酒的孤獨貴族與五名死去的幼兒相提並論？

這對我而言，聽起來比較像歌劇，而非事實。

「我曾經親眼見過。」馬利歐擦掉下巴沾到的千層麵，「我跟你說個故事，在我老家能活著就是奇蹟。小時候有個四歲女孩住在我家附近，我整個晚上都聽到她說『餓餓、餓餓』。有天這個女孩看到井裡有小蟲，就把牠們吃了，一直到肚子脹起來才被人發現。」馬利歐像名懷孕婦女一樣拍拍自己的肚皮，「好幾個醫師幫她洗胃，蟲蟲從她嘴巴爬出來……」馬利歐用手比劃著。

「小女孩說不出話，醫師團隊束手無策，我看著她死去。但難道這個小女孩就比伯爵夫人還要悲慘嗎？美國佬，這世上有很多種死法。」

「沒錯，可是，馬利歐……」

「我見過悲慘的兩種面貌。」他插話，「然而，人生還是很美麗！」接著，馬利歐費力地站起來，拉了拉牛仔褲，接著扭動他的腰，即興跳起森巴，一手彈指、一手放在肚皮上。「我超愛跳舞！」他轉著圈、開心地露齒笑著，出奇得優雅。「你永遠都不能忘記跳舞這件事。」馬利歐甩著頭，「你知道義大利還有什麼好康的？」他用拳頭打向自己的手掌。「打砲。那裡是全世界最棒的地方，真的是全世界最棒的地方。噢，那些男人，我愛死那些肌肉男了。」

「他們一定也很愛你。」

「沒錯！他們會用盡各種方式接近我！」馬利歐笑到跌回自己的座位。「但是像你這樣的人不知道如何生活。」他氣喘吁吁地說。

「什麼意思？像我這樣的人？」

「你們美國佬總是很嚴肅！不知道如何生活，總是很緊張，太多壓力，你們總是這樣看周遭的世界……」他抱緊雙臂，像禦寒的人一樣。

「這樣說不公平……」

「冷冰冰的。」馬利歐揶揄我，「女伯爵的內在也冷得像冰，她說她沒有感受，她掉的眼淚不過是水。她說眼淚沒人看到時，就只是水。這真是悲劇，比活在我的國家還悲傷。」

我不想針對這個話題回嘴。

馬利歐雙手握成拳頭狀，「我們有生命力，我們熱愛生命。」

我說，「我們也是，只是有時很難。」

「但還有美這件事！」馬利歐身體前傾，碰了一下我的膝蓋。「愛情萬歲！」

我不知道要說什麼。

「我是這樣告訴女伯爵的，誰在乎人生很難！她說我比不理她的兒子好，她說我是她的新鮮空氣。我和她說，她還沒老到身體狀況不會好轉。我們活在世上不是只為了受苦！有時候我會唱歌讓她開心。」馬利歐說。

「也許你可以為我唱首歌？」我順著他的話提問。

「我還以為你不會問呢！」馬利歐笑著說。接著，他挺直肩膀、閉上眼睛，清清喉嚨後，張開口以高亮無瑕的聲音唱起《蝴蝶夫人》裡的詠唱調〈美好的一日〉。馬利歐的美聲令我驚豔，更別提他震耳欲聾的音量，連列車長都趕緊跑來看是誰把收音機開得太大聲。火車上的工作人員停駐在走道上，聆聽馬利歐詠唱這首關於偉大愛情將在美好之日再度來到的曲子。

他邊唱，眼眶泛著淚光，喉嚨微微顫抖，雙手緊緊交叉在肚子上。後來，列車長悄悄離開。馬利歐唱完時，他再次將脖子上的領巾拉緊，用手指在嘴前往右一劃，讓我知道表演結束了。馬利歐得讓「樂器」休息。明天他要站上的舞臺，就是卡拉絲成為傳奇的地方。他將在「那段極深的黑暗」中唱出自己的聲音，他語帶敬畏地告訴我，若不是那天在井邊唱歌，這名鄉村男孩可能永遠也見不到一座城市的五光十色。

早晨到來，我們在月臺上互擁道別。「祝我好運。」馬利歐親吻我雙頰時這樣說。

我對他說，「你完全不需要。」

「每個人都需要，美國佬。」他肯定地說，然後提起所有袋子，毫不遲疑轉身而去，在巴黎北站晨間喧鬧聲中，昂首闊步走入人潮。

歡笑之日

自我實現不適合膽小鬼。轉化需要代價，在苦難中我們經歷破碎，最終得到自由，但過程中你得願意接受改變。艾略特形容這個脫胎換骨的過程是「完全純粹的狀態（得花上一切代價）」。由於這過程關乎精神層面，因此需要心理上的徹底改變（轉化），從理性自保的心智來看，當中的試煉可能不符合邏輯，甚至違反常理。然而，實際經驗教導我們，儘管身不由己，最具摧毀性的力量將會帶來有建設性的結果。人通常傾向避免的痛苦，也能被當作一股如攻城錘般的衝撞力量，使背後的真實與美麗顯現。這就如同瑜伽（yoga）——源自梵文的「軛」（從陰陽的含意來看，是種結合相反的力量），可以立即作用。

我的一位老師曾說，「歡笑之日的內涵也就在當下。」這位聖者生前曾在南印度一座深山裡生活了五十年。「歡笑之日的內涵也就在當下。」他會在無意間向弟子們重複這句話，一邊用手掌摩擦著剃頭後剛長出的灰色短髮。

他這句話是什麼意思？我心裡納悶。他指的歡笑是什麼？後來我終於明白，他是在形容佛陀的笑，那種使人為之一愣、突然頓悟自己的身分與本質時，不由自主地開懷大笑。後來成為佛陀的悉達多太子，在發現自己的本性時笑了，從而繼續過日子。悉達多頓悟後某天，在鄉間小路漫步，路人叫住他，問他為什麼笑裡透露如此平靜的歡喜。悉達多盡其所能地否認。

「先生，您是魔術師嗎？」旅行者問道。

「不是。」大師回答。

「您是神嗎？」路人再問一次。

「不是。」悉達多向他保證。

「那麼，老師，您是什麼？」這名陌生路人問。

佛陀回答：「我是自覺者。」

柏拉圖稱此為「回憶」（anamnesis）過程，記得自己是誰以及我們的本質，無論每個人的生命如何改變保護色，遠超於能被帶走的事物。「你出生前的本來面目」，禪宗開示小故事裡的這句話，用來形容隱藏的自我、本質，以及超越一切不斷改變的外在情況，屬於你最重要的一部分。他們告訴我們，我們並不是外表看起來的那樣：這個教誨是自最早期的先知與巫師以來，智者們所闡述的內容。當我們瞥見自己的真實身分時，顯然會使我們歡笑。德瑞克・沃克特（Derek Wolcott）在他最美的一首詩中刻劃這樣的認知：

那個時刻會到來，
興高采烈地
你迎接自己
在自家門前、在鏡子裡，彼此微笑歡迎，
並說，請坐。請慢用。
你會再度愛上曾經是你自己的陌生人。
斟酒。獻餅。讓你的心回歸自己，把你的心交給那名曾愛你一輩子的陌生人
你為了另一個熟悉你的人

而忽略他。

自書架上取下一封封的情書、

一張張照片、一則則絕望的留言註記，

自鏡中撕下你自己的肖像。請坐。盡饗你的生命。

我第一次到印度時，還是一名來自紐約、困頓不堪的落難者，原本讓我垂涎三尺的出版業生涯，到頭來讓我恐懼萬分。如之前提到，我在《訪問》雜誌上班，籠罩在安迪．沃荷若隱若顯的名聲陰影下。直至今日，安迪仍是我認識的人裡面，最孤單的一位。他是無庸置疑的天才，但享譽盛名的他也是這星球上的外星人。安迪會飄進我的辦公室，一天數次，幾乎不發一語，伴隨著空虛氛圍。在那之前的數年間，他坦言遭到一名狂熱粉絲瓦萊麗．索拉納斯（Valerie Solanas）槍傷後，他的情緒世界被封閉了，使得他只能像在看電視一樣，一窺這個有血有肉的世界。我前任老闆將這股死寂冰冷的疏離感，如實地注入到雜誌社內每間辦公室裡。

我在《訪問》的最後一個聖誕節，安迪發禮物給員工。他送我的禮物很詭異，是一條白色領巾，上面是黑色金字塔與蓮花坐圖案，潦草模糊地印著「THE ONLY WAY OUT IS IN」[3]。十四個月後，安迪死於膽囊手術的併發症，享年五十九歲。

那時我人在印度，與一位古怪的英國朋友安德魯・哈維（Andrew Harvey）旅行。他出生在英國統治時期尾聲的印度，確切地點在德里附近的康諾特廣場，也是某日晚餐後我們稍作休息的地方。

一顆最接近秋分的滿月低垂在天空。溫暖的空氣中帶著灰塵與芳甜。我們抽著大麻，加添吸氣中的甜香。安德魯是名出色的教授與詩人，正以他宏亮的嗓音暢談他最著迷的主題：消失於世界的神聖性。「直到人們意識到這一切……」安德魯伸出雙手狀似包圍這團偉大混亂、關乎人性的漩渦，同時間我們周圍充滿人力車、牛隻與汽笛聲。他說，「這一切都是神聖的，每一吋都是，即便是最醜陋的部分，直到他們擺脫神聖世界即是沒有苦難的世界，且每個人可以免費入場的大型迪士尼樂園這種想法。沒有擺脫這個不成熟的想法是無法真正了解到，苦難的存在有其原因。」

「巫師，那有可能會是什麼原因呢？」

朋友忽略我的提問。「我們在自己的小小牢籠裡不停打轉，忘了向外看，或是更深地往內看。」他繼續說，「但人若是花時間更深入地看，若是他們大膽探看面具下的自己，會發現這為他們生命帶來永久改變的事情。」

「拜託，告訴我你在講什麼！」

「他們會發現鏡子裡那張真實的臉孔。」

哪張真實的臉孔？我自忖著。在那之前我從未想過，在我完全沒有意識到的事情還有張不同的「臉孔」，也許是某個祕密，甚至更真誠的臉孔。但萬一安德魯是對的呢？在大麻和月光的影響下，我納悶著。

我的伙伴講到與精神相關和神祕主題時變得誇張，但也十分有智慧。萬一我們所稱的正常生活，真的是（或者部分是）弄錯身分的例證？他話裡的真實性，在我心中產生共鳴，如鈴聲般久久無法散去。

隨著歲月推進，我學到各種關於靈性的傳承，各有一套解釋這個陌生自我實現的版本，不過內容卻一致：也就是人根本不了解自己，並且在世上戴的面具只是表象。在接下來的數年裡，每當遇到危機，我都非常驚訝地發現，每一次更加意識到另一張臉以我的雙眼端詳著我，透過原有的表象看著世界，並帶著各種疑問。我很難不注意到，每次自我掙扎的挑戰愈高，這層浮現的嶄新意識也

3 譯註：要進入才能離開。

愈強。

這鐵定是佛陀笑的原因，因為從他身上已經沒有任何能被卸下的東西。他已經認出自己的面孔，從渴望與恐懼中解脫。他看到自我一旦卸防的自由，不追溯過往的背後隱藏著獎賞。當然，他付出代價才得到這份自由，所有人都得付出代價。但想想歡喜、自我認識與無法動搖的力量等「福利」，這些也是我親身經歷雲霄飛車般的過程所學習到的，只有傻子才會拒絕買單。

六字真言

安德魯與我從德里飛往斯里那加，在達爾湖的水上船屋過一夜後，搭長途巴士到拉達克。拉達克省位於印度最北邊，平均海拔超過五千公尺，一個如月球般、令人窒息的荒涼之地，被一座座壯偉的喜馬拉雅山峰環繞。首都列城的街道飛塵漫天又充滿惡臭，匯集了克什米爾伊斯蘭教徒與藏傳佛教徒，女教徒滿面風霜，及膝的頭髮編成辮子，垂墜在硃砂紅粗布衣的腰間，無論到哪，手上都拿著一串念珠誦吟「唵嘛呢叭咪吽（Om Mani Padme Hum）」。這句梵語真言如牆上塗鴉般被刻在牆壁與石頭上，連餐廳菜單上都有，如同美國南方聖經帶到處可見「Jesus Lives」[4]。

4 譯註：耶穌活著。

這句無處不在的佛教禱詞並沒有簡單直白的譯文，有個過度簡化的說法是「一切出自菩薩的慈悲」。這股遠古真言的力量似乎切實瀰漫在此異域。安德魯與我在一座農舍停留三週，那是個玻璃溫室隔成的房間，鋪著稻草床墊。我們的住處外是一片向日葵和蔬菜園，菜園裡可以看到一位與史前時代相當的老嫗撥動著手上念珠，日復一日地工作，一隻體型與拉布拉多獵犬相當的驢子咬著她刺繡拖鞋後跟，一頭大小如獒犬的母牛睡在大門邊。從我們的窗口望出去，可以看到環繞的山峰連連，每一座高達八公里的佛寺如小圓點般點綴其上。我曾在某天和安德魯於晨間辛苦地爬到高生（Gotsang）佛寺時，切身領教了這個高度。我倆抵達時，門口站著兩名僧侶接待，隨後奉上兩碗酥油茶。看著我們努力吞下那碗噁心的東西，他們捧腹大笑，瞇細眼看著兩隻彷彿從國外動物園逃出來的靈長類。

安德魯回美國後，與一位名叫索甲仁波切的喇嘛合作一本書，書名叫做《西藏生死書》。這本書是《西藏度亡經》（*The Tibetan Book of the Dead*，一九三九年出版時造成轟動）較為平易近人的版本。每隔一段時日就有一本新書會衝撞當時的主流精神，《西藏度亡經》曾經有如此深遠的影響，就在西方忙著十字軍東征、文藝復興與工業革命，住在西藏偏遠山區的大師正鑽研與死亡和輪迴轉世有關的理論（並相信有證據為憑），秉持對輪迴再生基本要素的理解，藏人設計出一套複雜系統，追蹤轉換於不同身體間的大師，藉此保護並打磨出流傳世世代代的傳統智慧。

對於輪迴轉世，我無法知悉，也許可以被說服，但未達信服的程度。我同意伏爾泰的看法，出生兩次與一次相比，並非那麼不可能。總而言之，索甲仁波切要我幫忙這本書。索甲身材短小、孔武有力，笑容如學生般，個性頑固。這位受過藏傳古典訓練的仁波切（一種尊稱，「老師」之意），是經歷中國侵略、穿越喜馬拉雅山脈逃至印度的倖存者，後來在劍橋三一學院念哲學，同時擔任客座老師達賴喇嘛的在校助理。如今，索甲是佛教界的巨星，也和達賴喇嘛一樣忙碌，到各地參訪。

某天下午我們坐在露臺上開會，遠眺阿普托斯丘陵上如柵欄般的冷杉。索甲忙著透過手機回覆來自達蘭薩拉、布宜諾斯艾利斯和巴黎的電話。我們開始聊著達賴喇嘛最近遇到一起難解的事件。尊者在紐約一次演講中，有人問到自我憎恨，提問人想知道佛教如何處理孤獨恐懼症這個在美國常見問題，然而翻譯員被難倒了，因為西藏文裡沒有自我憎恨這個字，這也讓達賴喇嘛本尊對於對話的中斷感到困惑。

「我們在西藏幾乎沒聽過這個字。」索甲在兩通電話間的空檔向我解釋。

我問索甲，「無價值感的出神狀態？」這是身為心理治療師的朋友對於流行全美、名為討厭自己的休閒活動之形容。無論我們將這種破壞性的習慣歸咎原罪教義，又或者純粹是（屬於第一世界國家裡特權階級的）自戀症轉化而來，結果都一樣：我們花太多時間厭惡自己的身分。

「我們強調人類出生的寶貴。」索甲繼續說，「佛陀和我們一樣曾經是人，我們的本性仍有待覺悟的過程，你要記住，你的佛陀本性與任何佛陀的佛陀本性一樣好。」喇嘛因自己的冷笑話而呵呵笑著。

「那要怎麼解釋邪惡？」我問。怎麼解釋那些具毀滅性的人，即便與自己的佛陀本性直球對決，他們仍未發覺？

索甲以重擊回應我的問題。「我們的教導是當邪惡充滿世界時，所有不幸應該被轉變為通往善的道路。」

「好吧。」我說，「但這些都是困難時刻……」

「困難的不是時刻，而是人。」他糾正我，引述自一位受愛戴的西藏聖者之言。

「我以為你不認為人會使壞。」我開索甲玩笑。

「那要看日子決定。」他笑著回答。

所謂的佛陀本性激發我的好奇，我到華盛頓特區，與一位西藏尼姑阿旺桑卓（Nawang Sangdrol）見面。這位二十六歲的佛教皈依者於十三歲時被中國當局逮捕，在惡名昭彰的扎基監獄[5]（等同西藏版的伊拉克阿布格萊布監獄）被關了十一年，是西藏女性政治犯服刑最久的一位。我與阿旺桑卓在一間會議室見面，她坐在我對面，隔著一張桌子，上頭有盞日光燈，身著喀什米爾外套的西藏翻譯員坐在我們中間，小心翼翼地保護阿旺桑卓。

坐下後約有一分鐘我們沒有目光接觸，她滿是傷痕的雙手在桌前緊握。阿旺看起來比實際年齡大二十歲。黑色辮子在破舊紫紅梅色刷毛外衣的襯托下，泛著淡淡的藍。她手上戴著菩薩像的紅線串環與三縷精小的象牙念珠。

我想聊些家常話題破冰，但幾乎聽不到她氣如游絲的英文，俊美都會型男翻譯員打圓場說，「阿旺人很害羞。」

「她會把故事告訴我嗎？」

翻譯員還沒開口，阿旺就點了頭，接下來半小時她鉅細靡遺地陳述整個磨難過程。我邊聽邊端詳這位年輕女子，她沒有刻意睜大眼睛，音量也只保持在低語之間，看起來如此脆弱，似乎會被風吹走。

5 譯註：今稱西藏自治區第一監獄。

一九九〇年八月二十一日，那年十三歲的阿旺是名尼姑，住在拉薩。她告訴我，「我的家人很虔誠，而我一直有出家的渴望。」某日下午她與幾名尼姑結伴到羅布林卡參加慶典，那裡曾是歷代達賴喇嘛的避暑之地。這群尼姑被引領者的大愛啟發，感到一股強烈衝動，她們移動到群眾中以避免引起注意，並開始叫喊：「解放西藏！達賴喇嘛尊者萬歲！」

頃刻之間，便衣公安抓住這群女孩的頭髮，將她們拉入卡車上，載運至拉薩市外一處拘禁營。一陣毒打後，她們被關在同一監牢房裡長達九個月。

阿旺停下來啜飲一口水。她的行為與懲罰之間的關聯，實在令我費解。一個十三歲女孩不過喊了與「女王萬歲」沒太大不同的口號就被抓去關？阿旺說酷刑拷打緊接而來。「他們稱我們是『分離主義分子』與反動分子，用鐵管跟電擊棒毒打我們。」阿旺把手拱成爪狀，讓我看燒紅的鐵器在她手上留下的傷痕。「他們把我們綁起來，輪流毒打，還把通電的鐵絲接到舌頭上。」當這群俘虜者攻擊性大發時，會將囚犯的手反綁、吊在天花板上，將之稱為「飛機式」。

「妳只是個孩子。」我無法置信。

「他們不管我們的年紀有多小，也不在乎我們是女性，虐待小孩的方式就和對待大人的方式一樣。」有次，她被人電擊脖子時，本能地扯下電線後丟在地上。「一名衛兵拿槍抵著我的頭說：『妳死定了！』然後開始大笑。」

然而這只是開端。阿旺後來被釋放，回到家中得知母親已離世，父親與兄弟都被逮捕。這名愛國女孩拒絕與中國當局合作，為國家遭迫害持續抗爭中。出獄四個月後，她又被補，罪名是在一場政治抗爭中念誦，這回被送到扎基，在那裡關了十一年。

「我被單獨囚禁。」她眼睛轉向我，我們雙眼初次接觸。「當時是西藏的冬天，非常冷。我在牢裡只穿著一件薄上衣，沒有毛衣。這是我第二次被捕，他們想用我來警告其他分離主義分子，我被迫在下雪天站在院子裡，一有倒下的跡象，衛兵就會扁我。」

「妳如何撐過來？」我問她。

「我在心中為自由抗爭。」她回答我。「牢房很小，天花板被掀開，以便讓衛兵監視我，我就像活在籠子裡一樣。他們不關燈，不讓我睡覺，想藉由心理與生理的打擊讓我潰堤，我的健康開始走下坡。牢裡有蜘蛛，有時還有老鼠咬我。」阿旺將頭轉向一側，讓我看頭上一對如吸血鬼的齒痕。我的表情應該已透露未開口的問題。「我告訴您。」阿旺讀懂我的心，「我這麼做是為了尊者、我的人民、我的國家。」我從她的語調中聽不出一絲殉道精神，也非為了正義，更察覺不到沾沾自喜。這女人對我而言是個謎，大愛令人摸不透，是一種無私給予的慷慨。我不是在暗示阿旺桑卓是名聖者，但她的確是貨真價實的聖者，以任何道德角度來看，她都是高度進化的人類。

「我們不能放棄這場仗。」她說。「人類必須信守著善。」阿旺撥弄著手腕上的念珠，接著拉起讓我看清楚。「這是我用上衣的織線編的。」那幾個字母是「Om Mani Padme Hum」。

阿旺說，「仇恨不能再以仇恨解決。」這些話語源自佛陀。接著她雙手合十，眼睛下垂。翻譯員解釋，阿旺的收養家庭在外頭等她。阿旺透過國際救援組織獲得特赦，而現在她得去學校學英文。「非常抱歉。」她起身時致歉。

「妳現在有自由的感受嗎？」我問她，「在美國？沒有中國士兵？」

阿旺像印度人一樣來回點頭，代表「普普通通」。事實上，她無視風險，想盡快回到西藏。我承認對此難以理解。

「有許多人像我一樣。」阿旺用英文說。

「她是個謙遜的女孩。」翻譯員這麼說。而我第一次看到這位年輕尼姑笑了，面容有些扭曲。

阿旺不帶仇恨，這似乎支撐著她的自由。她的自我價值不是取決於吹捧自己，而是她出生自帶的人權。我事後回想，固然阿旺很勇敢，卻不是為了勇敢而持續奮戰，而是因為她受了菩薩戒，以她尼姑的身分，無論在何處都要為終止受苦出一份力。這樣的承諾看來也讓她得以自由。

她既一無所有，也幾乎無所失去，比多數人更富有、更自由。唵嘛呢叭咪吽：慈悲照亮了通往自由之路。所以，當艱難之事發生時，我們要敞開心迎接，因為深知敵人無法摧毀我們。我們清楚，大愛比恐懼更堅強。認知到這點，將打開另一扇大門。

門邊的巨龍

一九七〇年七月夏日午後，在長島南安普敦海灘上，傑克．威利斯（Jack Willis）與未婚妻瑪莉．波萊雪特（Mary Pleshette）打算衝完那天的最後一波浪。兩人計劃兩個月後要完成終身大事。小兩口是人生勝利組，三十六歲的傑克是紀錄片得獎導演，瑪莉比他小十二歲，在《新聞週刊》擔任記者。傑克有著絕佳泳技，一個大小適中的浪一來，他撲上去。一分鐘過後，瑪莉在海浪中找不著他，突然之間，看見他的頭浮出海面，向未婚妻大喊救命。

「我從小就玩人體衝浪，知道我不該衝進那個浪裡。」傑克告訴我。我們坐在這對夫婦位於曼哈頓中央公園的客廳。傑克七十三歲，坐在扶手椅上，我坐在他對面，瑪莉在另一個房間忙碌。除了單薄斜肩和放在身旁的金屬助行器外，幾乎看不出傑克是名身障者。他雙眼炯炯有神、滿頭銀白髮，很愛開玩笑。若不是因為他的猶太裔背景，來自洛杉磯的他，說故事的方式真會讓你以為自己在某間愛爾蘭酒吧，看他嘴叼著玉米桿菸斗、講到天花亂墜。

「我猛然往下看，只看到海砂。」傑克的眼睛亮起來。「我想要空翻解套，結果撞到頭，頸部以下立刻癱瘓。我的眼前出現紅色閃光，我意識到自己要保持清醒，否則人生就此登出結束。」

瑪莉是位紅髮的性感女人，黑色套頭毛衣搭配牛仔褲，為我們端上水杯，在對面的長沙發坐了下來。傑克說，「我下一個念頭是『死了沒關係』。那是我這輩子最清楚的一件事，我心中有種完全平安的真實感受，再下一個念頭是『無論如何你得要嘗試脫困』。」

「當時妳如何反應？」我把頭轉向瑪莉。

「我試著奔向他。」她回憶，「但就像一場惡夢，想跑卻舉不起雙腿。感謝老天，沙灘上的人跑來幫忙，單靠我一人無法把傑克拉上岸。」

「他們把我從海裡拉上來，讓我躺在沙灘上。」他繼續說著，「我全身動彈不得，很幸運地，現場急救人員去過越南，他們馬上發現我摔斷了脖子，不要任意將我移動。」威利斯夫婦是最佳拍檔，難得一見的真愛組合，能夠忍受健康方面的不便，人生甚至因此更加興盛。他們當然愛慕彼此，但也會挑戰對方，彼此意見不合反而累積出可能是別人想避開的各種人生回憶。傑克告訴我瑪莉是他在心理和生理上能存活下來的關鍵時，我一點也不驚訝。他們如膠似漆的生活，酸楚濃烈又如烈火般耀眼。

「那個寧靜時刻可能是因為甫經歷震驚。」傑克回到稍早的話題，形容他的瀕死經驗。「但我現在真的不怕死，我很清楚會非常平靜。」

「可能對你而言是這樣。」瑪莉不以為然地表示。

「我沒有看到大家說的那道明亮強光。」傑克說，「就是一種感覺，而當時我接著想的是試著活下去。」

事故後幾天，傑克聲稱心中的恐懼感意外地微小。真正令他害怕的是二十一天等待期——確認脊髓是否嚴重受損。「我花了六週作牽引治療。」他緩緩地搖了一下頭。「當時痛到不得了，醫生開的止痛藥讓我惡夢連連，我數度夢到滑雪時撞到樹，脖子『啪』一聲斷了。」傑克在現實世界的景況好不到哪去，他承認，「我無法和瑪莉談論四肢癱瘓帶給我的恐懼感。」

瑪莉聽至此，起身離開房間。

「我會自殺嗎？」傑克壓低聲音說，「萬一要坐輪椅怎麼辦？我是電影導演，我的人生怎麼辦？」醫師在病床前的態度更讓他感到雪上加霜。「一名醫師說：『要是發生在我身上，我真不知該如何是好，我是醫師，靠雙手賺錢。』我說：『幹，你把我當什麼？路人甲嗎？』還好瑪莉拿了一臺錄音機給我，我是因為這樣才沒有瘋掉，我可以對著它暢所欲言，講一些我無法告訴別人的事情，連對瑪莉也無法說。」

傑克被困在劇痛中，時時刻刻與湧上心頭的深切絕望感搏鬥。否認是他唯一的盟友。「在絕望時刻，被騙很有幫助。」

「有道理。」我同意他說的。

「沒有什麼比得上我士氣下滑的速度。」他告訴我，包括瑪莉在內的親朋好友都向他保證一個美麗幻想：船到橋頭自然直，但不見得每次都有幫助。「我恢復愈好，情緒愈糟。」他表示，「似乎是個難以令人相信的悖論……」

「你的意思是？」

「我身體的痛楚愈少，更容易陷入憂鬱，感覺受困。」傑克解釋，「我想睡覺時，會被身困牢獄的恐慌嚇醒。我記得看見格列佛被數以千計的小繩索給綁住，手臂被固定在兩側、脖子被拉長，整個人動彈不得，我就是這種感覺。」

等待期間裡每一次些微進步，都會被對於未來不合理的偏執預言所襲擊。「一旦我可以動，感覺也慢慢恢復，我開始擔心排便、排尿和性慾問題，我與未婚妻本來要步入禮堂，我的老天啊！」傑克往椅子把手拍了一下，「我會自我了斷嗎？我不知道結果出來後我能承擔多少，但決定先等上二十一天再說。」

傑克得知脊髓完好無損的消息後，重獲部分的未來。醫療團隊認為他這輩子將無法走路，但一年後他恢復到可以站起來的程度。他與瑪莉不久後結婚，這對夫妻剛開始很順利地步入正常軌道。傑克一心想回到原來的生活，無視於肢體上的脆弱，在自己與失去的健康之間築起一道否認之牆，瑪莉也予以全心全意的支持。

「我當時很缺乏內省。」他承認。「我遠超過凌駕眾人之上的男性特質，不想被人當殘障看待。為了生存，我要求自己得跟其他身障人士有所區別。」也因此，傑克拒絕繼續復健，因為看到其他相同景況的人令他沮喪。他在工作上展現更多男子氣概。「我很清楚自己在公司沒有優勢。」對於自己輕描淡寫的敘述，他呵呵笑了一下。「開會時，你會看到一群人西裝筆挺、迅速進入會議室，而我是一跛一跛走進去。不過一旦坐下來，和大家沒什麼不同。」

他拒絕讓不自在成為阻礙。「瑪莉和我會否認問題的存在，但其實問題又多又大。」這些他們慣於在家中掩飾的絕望與壓抑的憤怒，在兩個女兒（莎拉與凱特）出生後，更加惡化。「女兒們開始出現問題，而我們竟沒有看出這之間的關聯。」他說，「我們就是擺著不處理。」

傑克去上洗手間的空檔，我問瑪莉，「妳曾經有過離開他的念頭嗎？」

「從來沒有。」瑪莉斬釘截鐵地說，「我深愛著他。意外發生時，我才二十四歲，但我確信可以找回那個我想共度一生的人。我把全部都想過一遍後，選項就在眼前。」瑪莉用手指打了一個勾。「傑克癱瘓了，我能跟他生活嗎？可以。是不簡單，但我們可以熬過去。我的生命中可以沒有他嗎？但願這不會發生。看著他變好，然後跟別人結婚？絕不可能，我無法接受。當時的選擇看似困難，其實很簡單。」

「所以妳從來沒有後悔過？」

「拜託！」瑪莉笑了。「沒人強迫我要留下來，我選擇留下是因為我愛我的丈夫，我們有許多不能做的事，最難以接受的是無法一起散步，但是我們一直以來都活得很精采。」是的，威利斯夫婦仍保有性生活。「傑克不是以身障者的心態過日子。」

不過，他還是得停止否認這件事。一九九〇年，傑克來到人生低谷。他接受明尼蘇達州雙城公共電視臺董事長一職，變得非常沮喪，他一直壓抑的絕望感將他淹沒，他再也無法假裝。「有點像人們說的小兒麻痺後期症候群，存活的患者在數十年後，肌肉開始萎縮，後來得坐輪椅。」傑克從洗手間回來後告訴我。

「跟中年危機有關嗎？」我問他。

「誰曉得？但我變得非常自憐。」他說。「我的人生意義到底是什麼？腦中出現關於這類的問題。我在意外中存活下來，一路辛苦走來，難道就只為了回到原點？」

「許多時候比那次危機還要糟。」瑪莉說，傑克變得容易跌倒，因為他拒絕使用拐杖，也疏於照顧健康，瑪莉很抓狂。「她非常生我的氣。」傑克承認，「我們吵得很兇，她要我用助行器，我感到非常受侮辱，在那之前我可以自己走路，即使走起來搖搖晃晃，像在一艘船上的單腳醉漢。我把助行器扔到房間的另一角。」

「他真可惡。」她一點也不拐彎抹角。

「我太自大了。」傑克跟我說，「瑪莉陪我走過風風雨雨，當時我意識到她有可能離開我，於是我求助心理治療師，處理自己的態度。」

同時，一位家族好友拿了一本書給傑克，那是小說家雷諾斯．普萊斯（Reynolds Price）的《嶄新生活》（*A Whole New Life*），作者因脊椎癌而癱瘓，書中描述儘管他抱持懷疑，但催眠解決他慢性疼痛的問題。傑克把握這一線生機，借助他人智慧，探索身心之間的連結。他找到一名催眠師，教他如何與自己的疼痛共處，緩解身體運作時的不適感。傑克說這個突破讓他開始接觸冥想，並對他所稱的內在生活產生極大興趣。

「對我而言，一路以來都非常特別。」他說，「我原本不是那種會冥想的人！但冥想真的成為我的救生索。」對於一天靜坐兩次、每次三十分鐘帶來的神奇效果，我至今還是感到驚訝。「我面對世界的應對進退在那之後有極大改變，我仍如同以往努力工作，但改變自己面對每日壓力的方式，比較能從客觀角度對待事物，不再像以前讓事情往心裡去，覺得都是針對我而來。」

「這是真的。」瑪莉說，她也開始冥想。

「冥想讓人的內心較平靜，並以此為行動的基礎，我用這樣的方式與人互動，對方也能以較好的方式回應。我現在不太在乎別人如何看待我，也不太迷戀自己的身體，目前的狀態比十年前好，我變得知道怎麼善待自己。」

傑克能更有技巧地與內在各種恐怖分子般的襲擊「脫鉤」。「這是很美的事。」他驚嘆，「這當中有一種不是來自頭腦的智慧，不被想法影響的衝動。無意間你會突然說出很有智慧的話等等。我有時可以放下意念，將意識與想法或情緒分開，不是每次都做得到。我現階段在處理腰痛問題，會一直繼續下去。」

傑克也在計劃退休。「我已經達標了。」他是指電視生涯，「還有其他事可以忙。」瑪莉目前是《紐約時報》自由撰稿人，同時正在寫第二本小說。他們仍過著恩愛的婚姻生活，瑪莉靠在傑克椅把的模樣，看得出她很想坐在他的大腿上。他們與女兒的關係也持續改善中。最近一次的巴黎之旅，傑克甚至願意坐輪椅。

「無論何時，我們都想盡力做好。」他說，「而每次要問的是，最符合邏輯的下一步是什麼？」

瑪莉露出充滿愛意的微笑。

「我在憂慮來到前，從不提前憂慮，即使我現在……」傑克低頭看著他自稱骨瘦如柴的身體，「就算心中還不知目標為何，為了幫助自己走向目標，我們都在找尋工具，大家都一樣，不論所面對的問題為何。」

「你害怕時會做什麼？」我問。

「人的恐懼就好比門邊的巨龍。」他回答，「我們就是面對牠，穿越那道門。」

超人的鬼魂

「每段旅程都有旅行者並不知曉的祕密終點。」哲學家馬丁・布伯寫道。自古將人生比為封閉式迷宮的圖像，其實相當寫實，我們沿著路徑走至叉路、繞圈或是死路，出乎意料地走到沒想過的十字路口或懸崖邊；出門買瓶牛奶，然後在冷凍食品區遇到真愛；驗血結果不如自己預期，所以嘗試針灸還開始學習中醫，接著辭掉銀行工作，最後搬到唐人街，養了條哈巴狗，換了新髮型——曾讓你感到不知所措的狀況就此退去。

我們看著目的地，隨著迷宮的迴路一改再改。昨日看重的事情今日似乎顯得荒謬，而今日的決心也成過去，我們深刻地意識到自己缺乏控制力。有位老師告訴我，「放開方向盤，你就會看到真正的驅動力為何！」我相信他是對的，但是這需要對生命的力量抱持堅定信念，相信它會指引你。要找到抵達目的地的方式，這祕密也包含著如此的信賴。

以運動界神人吉姆．馬克拉倫（Jim MacLaren）為例，他來自加州聖地牙哥，身高一百九十五公分、體重一百三十六公斤，是名體健如超人的藍眼全能選手，以長曲棍球和足球雙獎學金念耶魯大學，畢業後進入演藝圈，搬到紐約，有次深夜排演結束，騎摩托車回家時，被二十噸市區巴士逼車，飛噴二十七公尺高，到達醫院時一度宣告死亡。

經過十八個小時的漫長手術，醫師團隊總算安定馬克拉倫的生命跡象，但必須在他昏迷狀態時自左膝以下截肢。復原過程中先是單腳跳，然後兩腳蹦蹦走，接著用跑的，如冠軍得勝者般恢復全然的活動力，他重回學校念書，開始游泳，並對鐵人三項產生興趣。外界臆測馬克拉倫再次參加競賽項目可能性微乎其微的說法，督促著他內心的競爭性格要排除萬難。他三年內在紐約馬拉松與夏威夷鐵人三項競賽中創新紀錄，甚至在夏威夷的競賽中是與四肢健全的參賽者競爭。

一九九三年六月六日馬克拉倫再次落入迷宮。他在加州米申維耶霍住家附近騎自行車時，交警沒注意到，而讓一輛小卡車通過，導致這位截肢者被輾。這場車禍撞斷了他的頸椎第五節，使得脖子以下癱瘓。這位昔日的全明星運動員信心潰堤，退隱至檀香山，後來幾年開始酗酒，並吸古柯鹼成癮，投入菸酒之深，有如之前對跳遠和標槍的著迷程度。

他的磨難如此艱辛，靈魂在黑夜獨自煎熬時，也是最破碎與深刻的理解開始浮現之時。在戒掉藥物濫用後，他發現最大的痛苦不是那兩場意外，而是來自遠超過他殘障身軀的一個源頭。復健有如某種煙幕，現在馬克拉倫正面迎擊真正的勁敵：征服險些奪走性命的憂鬱症和成癮。有人把酒精成癮比作錯置的禱告，確實，成癮者看來是一群內心指南針故障的人。傑克丹尼威士忌與古柯鹼不再管用時，他被迫要將自己的面具放一旁，好好正視自己。

「我第一件事是辨認出對這一切感到最深切的恐懼。」馬克拉倫這樣告訴作家伊莉莎白・吉兒伯特（Elizabeth Gilbert）。四肢癱瘓者活著最糟糕的事是什麼？他問自己。是懼怕死亡？不全然是。他已有兩次瀕死經驗，「我看到白光、隧道，整個過程。」美妙的經驗幾乎挪去他對死亡的恐懼。

他害怕失去性能力？不是，他再次強調。「我知道只要我有味覺、嗅覺和感覺，我就能有性生活。」他是害怕無助感嗎？不完全是。「自己打理一切很累人，但只要事先做好規劃就可以。」他是害怕疼痛嗎？不，他知道如何與疼痛相處。「那麼，我在怕什麼？」他大聲問自己。「答案很明顯。」他說，「我害怕與自己、自己的心和住在當中的黑暗獨處。懷疑、孤單與混淆，我很怕形而上的痛苦。」

馬克拉倫察看內心時了解到，最大的痛苦來自完整感被破壞。這在我談過話的倖存者裡重複出現，先不談物質上的困難，這是對完整感一種想像式的失落，深深傷害許多人。但完整感到底是什麼？馬克拉倫現在被迫要自問自答。人生很完滿是什麼意思？他真正的障礙是什麼？在他長期深入研究這些問題後，心中出現一個嶄新的認知。馬克拉倫發現，他確實為身體殘障這件事感到挫折（同時羨慕肢體健全的人），但若是他能從輪椅上站起來，走到房間另一邊，還是無法滿足人生中最大的想望。因為如果他夠誠實，房間的另一頭不是他的終點。他的終站是自我認識與覺悟。他要靠走路才能到那裡嗎？還是能找到其他路徑？

最終，馬克拉倫又恢復正常意識。如今，他坐輪椅到世界各地演講談話，帥氣、藍眼、肩膀寬大結實，他總是風靡全場。他助人在迷宮中導航，向人展示他們也可以，甚至在能力所及之時還可以放開方向盤，朝向個人的祕密終點。這樣的生活不是他原有的規劃，絕對不是。但馬克拉倫強調，不管有多曲折（覺得懷疑的人還是要相信這點），這樣的生活最後仍會準確地帶領他到達必須去的地方。

世上的家

活得如英雄般轟轟烈烈是學習而來，不過看到吉姆·馬克拉倫與猛烈的苦難搏鬥，這類故事可能讓我們覺得自己不是英雄。從絕望的淬鍊中所展示出令人屏息的尊貴畫面，總讓觀眾為之精神一振。希臘人用「淨化」（catharsis）形容那種喚醒並更新靈魂的淨化過程，透過因驚駭與憐憫而使人謙卑的鏡中，目睹英勇行為。一八八九年羅伯特·路易斯·史蒂文森（Robert Louis Stevenson）旅行至夏威夷摩洛凱島上名叫卡拉瓦歐的地方，這個嫌惡之地住著一群痲瘋病人，充滿著難以想像的痛苦與不公義。又稱漢生病的痲瘋，不是特別容易傳染的疾病，但痲瘋病患者自古就被汙名化，飽嘗監禁之苦。摩洛凱島居民在毫無醫療理由的情況下，被帶離家人身邊，生活在天堂中的瘟疫式臨時營地。史蒂文森在這趟旅行前，一直過著頗受呵護的生活，這位《金銀島》的作者，在給兄弟的信中滿是驚奇地寫道：「我在這裡的所見所聞實在令人難以置信。然而，我從未如此欣賞過我可憐的族類，（說來奇怪）也從未如此熱愛生命。」

如同美麗的各種樣貌，英雄主義在我們目睹時就改變了我們。的確，我們被教導對某件事的熱愛一定要超過對死亡的恐懼，這樣生命才有意義，馬丁．路德．金恩正是如此相信。有時在嘗到果實前，我們需要冒險才能達到這樣的境界。我所遇過每一名經歷嚴重不幸的人，都在驚慌的瞬間意識到，熟悉的環境已不復見（至少是經過嚴重改變）、原有的安全網破裂，而暴露在不熟悉的環境中。重大改變幾乎必定帶來刺心裂肝的無家可歸感、苦痛錯亂的各種感受。被連根拔起的情緒迫使我們適應，有時我們學習要更快放手，甚至在心中背著象徵性的家，在那裡我們有歸屬感，而且任誰都無法奪走。我們從這種無家可歸的感覺學到，家的意義不只是四面牆與一片天花板，家是讓我們可以找到平衡的地方，與世界連結的中心點。研究遊民的社會學家談論過這種現象，「我們稱這群人為『無家者』，而非『無庇護所者』，不只是因為語意的重要性。」我在某處讀到這段文字：「家有其存在意義上的重要性，首先是反映我們在地球上的不適感。」

我大半輩子都有種無家感，不論有家與否，我為家庭與心理治癒之間的連結著迷，也好奇在街上生活的人如何應對。我拜訪位在新墨西哥州聖塔菲的聖伊麗莎白庇護所，與名叫珍的修女聊起來，滿臉皺紋的她穿著美國歌手愛美蘿・哈里斯（Emmylou Harris）的T恤，眼鏡隨著頸上珍珠點綴的鍊子垂掛在胸前。「許多街友都有美術天分。」珍雀躍地告訴我，「我帶你去看一些作品。」

我跟著她經過一條長廊，上頭掛了幾十支筆刷與超大畫布，若是簽上巴斯奇亞（Basquiat）[6]的名字，掛在紐約藝廊就可以大賺一筆。對我而言，這種未受學院訓練與薰陶的素人藝術顯然稱為倖存者藝術。「許多時候遊民對畫面與聲音的感受，比我們被所謂普通平凡牽絆住的生命還要敏銳。」導覽結束後，珍送我到門口時這樣說，「我們忘記去看、去聽，他們會花時間慢慢欣賞，因為時間是他們僅有的。」

齊克果寫道：「在吵雜與日常工作裡，我們與自己的靈魂分開。但當一切靜止、孑然一身於世上時，有時我們會找到對正義與美麗的願景，為生命注入存在目的。」

教育家喬納森・科佐爾（Jonathan Kozol）在著作《瑞秋與她的孩子們》（*Rachel and Her Children*）探索遊民生活的嚴酷考驗，他相信無家本身是一種藝術。「當然，沒有人會將悲慘作為追

6 譯註：紐約知名塗鴉藝術家。

求目標。」我與科佐爾通電話，他說當時他住在波士頓附近，「但我知道許多家庭因為無家而昇華為尊貴，被迫離開平凡的日常脈絡，使靈魂被神化，本來成天追劇的女性突然開始引述《聖經》詩篇章節。他們因強烈的張力聚集，如此的張力為生命帶來意義。」

「你不是在美化悲慘這件事吧？」我想知道他的回答。

科佐爾向我保證，「完全不是。」他回想自己最近的跨年夜於馬提尼克飯店度過，這裡位於曼哈頓，在聲名狼藉的遊民中途站，因結識了特別的一家人而備受激勵。「這個家庭成了周遭受苦靈魂的牧者。」他說，「他們在醜陋骯髒的房間內，壁爐架上點著蠟燭，做成一個祭壇。我們每個人都拿著一杯葡萄酒，在午夜時分念著禱詞，那種神聖感比我在教會或猶太教堂還強烈。」

就連我想像起來也感到非常深刻。他告訴我，「我在那棟建築物裡時，宗教感急速升騰。」科佐爾將這幅充滿憐憫的畫面，與當時主教約翰．奧康納（John O'Connor）拒絕讓遊民於聖誕節期間在聖派翠克大教堂階梯上過夜的新聞對比，科佐爾認為，「那是對基督信仰的背叛。如果我們不將遊民看待為有缺陷的人類，而是象徵每個人生命脆弱的狀態，有如各種頓悟般……」他的聲音慢慢變小，「唯有到那時，才不會驅離他們。」

很少有人將無家可歸比喻為無常，以及我們從每天都走在曠野的人身上能學到什麼。首先，從慈善廚房某日下午的情況，就立刻知道沒有一群稱做「無家者」的同質群體，只有無家的狀態，一種每個人在某個時刻都會感受到的稍縱即逝、孤立與不安全感（而在危機發生時會更加強烈）。將無家者視為某地所有居民來看，其多樣化有如小家庭般各有不同。從郊區家庭主婦、擁有博士學位的人、健康照護從業人員、吸大麻的青少年、戰後榮民（據統計，美國約有百分之二十五的無家者曾參與越戰）、曾擔任公司老闆等各式各樣背景的人。

在舊金山葛萊德紀念教堂對街的公園，每週供應一千五百份餐點，我與一名來自西印度群島的年輕人坐下聊天，三十九歲的丹尼·威廉斯（Danny Williams）過去十年一直過著無家的日子。他於一九七〇年代末來到舊金山念大學，卻因經歷一場情緒危機而開始酗酒。縱使目前仍有飲酒習慣，他向我強調自己並未感到迷失。

「你覺得無家的人如何存活？」他問我。「什麼都不缺的人不用禱告，我每個小時都會禱告，但我唯一會上的教堂，是我的心。」

「你會祈求什麼？」

「我只是告訴上帝我在這裡！」他輕聲笑著，「我祈求祂不會讓我失去尊嚴，我祈求若是我在償還所有的惡行，祂會原諒我。」威廉斯幾乎熱淚盈眶，他坐在隔壁長椅上的伙伴插話，「這是大多數遊民的生活方式。」他有一隻義眼，頭髮油膩、前臂上有刺青，「你可能會看到一些疤痕，又或許我們的不良態度，但我們一直懷有那股盼望。」

威廉斯告訴我，「我在街上就可以睡覺，而且祂一直陪伴我，我禱告後入睡，醒來眼前就有食物，還有水，祂就在這裡。我根本不在乎世上發生什麼事，因為我知道在天上見祂時，我會在祂的右側。」

「不論發生什麼事？」我問他。

「是的。」威廉斯說。

譚雅剛好路過，分享了她的觀點。「寶貝，我們都只是被囚禁的靈魂。」她是個拉斯特法里教派（Rasta）[7]背景的黑俏妞，穿著橘色夾腳拖，牽著一個正在學步的淘氣孩童。「即使我睡在門口，我不覺得自己無家可歸，因為家是你『所宅[8]』之處。」譚雅告訴我，她擺出一手叉腰的姿態（表示「瞭嗎？」），然後擦掉小孩嘴邊黏黏的冰棒痕跡。「有時我在娘家最有家的感覺。」

譚雅伸手向在排隊拿麵包的老傢伙揮手。威廉・泰瑞・斯泰爾斯（William Terry Stiles）自我介紹，邀我陪他用餐，他正在吃餐包和湯麵，那餐包似乎放得有點久。斯泰爾斯斷斷續續過著遊民生活已二十五年。他有一雙骨瘦如柴的細長雙手，深褐色雙眼因青光眼而泛著一層藍圈。

「神就像空氣。」斯泰爾斯咀嚼著餐包，展開的笑容下已無牙齒。

「你如何知道？」我問。

「祂無所不在。」這名老人告訴我，心思飄向更高層的想法。「我這一生就是一位很棒的老師。幾次進出醫院及醫療與檢驗診間，才讓我知道自己是誰。」斯泰爾斯曾是護理助理，後來因慢性憂鬱症而失去工作。「人生就在那裡。」他指街上，「若沒有把人擊倒，至少也讓人學到謙遜。」

「什麼讓你沒有瘋掉？」

「我知道我是誰。」斯泰爾斯解釋。看著他，這答案似乎很明顯。「多數人不知道街友都是很棒、教育程度高的人。」

「那你為什麼待在這裡？」我問他。

「過去的我跟現在的我不盡相同。」他如此回覆，「我以前浮誇自大，而且遠離神，所以跌得很慘。」

「現在呢？」

7 譯註：一九三〇年代於牙買加興起的宗教。

8 譯註：音同「在」。

「我以公園為家。」他呵呵笑，「是不是很瘋狂？」我順著他的目光朝草皮望過去，一群美麗少女笑鬧著，一家人正在烤肉。

「今天天氣很好，但這人生可不容易！」我說。

「流浪在外有時很難信任人。」斯泰爾斯說。

「到哪裡都很難有信任。」我回答。

這位老人想了一下，然後說：「若是沒有我的靈魂撐著，我會瘋掉。」

我跟他握手道別，再回頭看時，他已開始在長椅上打盹。譚雅坐了我的位子，點起一根抽過的菸。小男孩用冰棒枝搔斯泰爾斯的癢，斯泰爾斯笑著作勢打他、把他趕走。你可能會問，斯泰爾斯找到在世上的家了嗎？家是否為一種形而上的東西？一個固定的地址和郵箱？或是說，家像一直存在的身體，只要我們費心注意就會看到？只要我們在這世上，我們就總是在家？若是如此，我忍不住想，為什麼在自己軀體下常覺得被驅逐家園？如此強烈的無家感，是否因為我們還沒找到打開內在城堡的鑰匙？又或者，我們已習慣感覺失落，總在尋覓下一個新處？

失去的藝術

在一個秋日早晨，維克多．弗蘭克（Viktor Frankl）與妻子於維也納公寓自宅被突襲逮捕，並帶到捷克德蕾莎市死亡營。他與妻子緹莉（Tillie）在火車月臺上被迫分離，之後在集中營度過可怕的三年，經歷大家熟悉不過的生活。弗蘭克擅長研究人性（他的專長是自殺學），他在集中營裡觀察獄友的行為，有最底層的墓斯人[9]，他們如「行屍走肉」般喪失生存意志，也有在光譜另一端，同樣慘遭惡劣命運，卻依舊維持尊嚴的人。

9 譯註：德文俚語，專指納粹集中營裡瘦骨嶙峋的人。

對弗蘭克而言，這份尊嚴與他切身的存活是以他對緹莉的愛為中心，以及對他們將重聚的盼望（事實上她也可能在營中死去）。弗蘭克後來以意義治療學派，成為歐洲著名的精神病醫師。意義治療源自理法（logos），或說是「意義」，主張生存能力很大一部分與找到我們存在的意義有關。在弗蘭克經典研究著作《活出意義來》描述辛苦得來的尊嚴：

> 在集中營生活過的人，仍記得到各個臨時營房裡去安慰他人，並給出手上最後一塊麵包的那些人。他們也許為數不多，卻提供足夠的證據證明，你可以從一個人身上奪去自由與任何事物，唯有一件奪不走，那就是不管在任何環境下，選擇抱持何種態度，以及個人的獨特方式。
>
> ……每一天、每小時都有機會做決定……決定是否要降伏於各種權勢，那些威脅奪取真實的你、屬於你的內在自由；決定你是否會因環境而受制約，放棄自由與尊嚴……

因此基本上，即使身處於如此惡劣的環境中，每個人都還是能選擇自己在心理與精神上如何面對，即使在集中營裡，依舊可以保持人性尊嚴。杜斯妥也夫斯基曾說：「我只怕一件事：那件事不值得我付出的痛苦。」

這句話乍聽之下有些古怪，遇上的壞事要能值得我去受苦。然而，我們抗拒被邪惡摧毀的那股力量，恰恰能讓我們免於被環境操控。弗蘭克認為，若沒有這份尊嚴，我們還不如當動物就好。這樣的尊嚴是恩典的一種形式。即使是最勇敢的人，在經歷大屠殺時，也需要靠它來避免被打敗。

一九八六年蘇丹東部內地的收成初期，名叫弗朗西斯・巴克（Francis Bok）的七歲男孩與兩個姊妹，在離家裡農場不遠的市集賣花生、雞蛋與其他自家農產品。父母經營的農場位在山谷裡最肥沃的地區，小男孩有八個兄弟，而他最身強體壯，也是父親的最愛。父親暱稱他「muycharko」，丁卡語的意思是「十二個男人」。他已被父親揀選為死後繼承人，要成為家中之首。

這群孩子坐在深紅氈子上，周圍滿是自家商品，上方有粗麻布與桿子架起的披棚，他們笑聲不斷。雨季還沒開始，空氣裡有些燠熱乾燥，瀰漫著撲鼻而來的魚腥味和新鮮菸草味，擁擠的攤位上掛著數排泛油光的肉塊。生意很好，巴克開心地將錢收進母親為他外衣內側縫製的錢包。

突然間一陣騷動，巴克聽見槍響與馬匹疾馳，群眾四散，包著黑色纏頭巾的一群人衝進市集。這群令人心生恐懼的朱兒人（juur）屬於阿拉伯部落北方的一族，誓言要滅絕南方的黑人基督徒，巴克與家人就是他們的目標之一。他看著這群朱兒人在市集所經之處趕盡殺絕，心裡恐懼萬分，五歲的妹妹躲在他背後。鄰居八歲女孩無端被人用槍從頭部射殺，她的姊妹看到情緒激動萬分，待在屍體旁不願意離開，竟被人斬斷一條腿。婦女與嬰兒被刺刀劈刺後，在爛泥中痛苦扭動而死。

心中十分害怕的巴克領著姊妹，還來不及逃脫，就有一名騎馬男子居高臨下地望向他，用槍抵著他的頭，命令他騎上馬鞍坐在背後。接著馬疾奔經過巴克家農場的路上，朝向往卡士穆[10]的沙漠公路。十四個小時後，名叫吉馬·阿卜杜拉（Giemma Abdullah）的男子帶著巴克抵達他的農場。巴克被銬上腳鐐、關在豬圈中，有人告訴他，他已成為「abeed」（阿拉伯語的奴隸），要與動物同吃住。巴克若抵抗或企圖逃走，阿卜杜拉保證絕對殺他滅口。

一個被綁架、捲入一場惡夢的七歲男孩，心裡到底歷經哪些想法？首先是麻木，接著無法置信，如犰狳般捲縮起來的自我保護，內在「全都死了」，巴克在會面時這樣告訴我。驚恐之後是痛不欲生的悲傷、孤獨與羞辱。阿卜杜拉的妻子某天早晨毫無理由地將他拖進廚房，拿槍抵著他的頭，邪笑著說：「若是可以，我會在這炸轟你的頭。」阿卜杜拉的孩子被允許拿石頭和棍子打他，像在玩遊戲。「我心裡納悶，怎麼沒人幫我？」巴克如此告訴我，「大家都站在那當旁觀者，為什麼要這樣對我？我才七歲。」

他在猪圈裡的每個深夜，望向天花板上的洞，策劃從農場脫逃，失敗後仍不放棄。他下定決心，「當奴隸，不如不要活。」

他看起來像極了一尊出自賈科梅蒂（Giacometti）[11]之手的作品，浸染於藍黑墨水後擦拭打亮。兩百公分的身軀異常薄瘦，彷彿鑿痕累累，又被過度延伸得奇特。我是透過華盛頓特區反奴隸團體認識現年二十四歲的巴克，他住進該團體為他安排在波士頓附近一個小鎮的住所。他邀請我到公寓進行採訪，想告訴我經過十年的奴隸生活，如何成功逃脫，重返自由。

他翹起高蹺般的細腿觀察我，臉上似乎沒有太多表情。小小的公寓裡擺放著購自慈善機構的二手家具、籃球海報與一臺彩色電視，家中裝潢與大學生沒兩樣（他正在附近的大學修課），但這樣的生活與之前在家鄉古利安村附近、和兄弟玩「alweth（捉迷藏）」的鄉村田野，有著十萬八千里的差別。

「我內心已經到了發生什麼都不在乎的地步。」巴克壓低聲音告訴我，「我不在乎自己是死是活，我只知道必須再試一次。」

距離劫持發生的十年後，經歷幾次死裡逃生，巴克終於在十七歲那年，趁著放羊時成功逃離農場，然後搭便車到附近小鎮，經過幾番輾轉後抵達卡土穆，因疑似從事非法活動罪名被捕，最後到

10 譯註：蘇丹首都。

11 **Alberto Giacometti**，瑞士雕塑家。

了開羅。在埃及停留四個月後，人權團體接手該案子，他在美國獲得庇護，由寄養家庭供給所需，直到他能獨立自主、有能力租房，我與他便是在他的租屋處見面。

「你喜歡這裡嗎？」我問得有些不自在。

巴克一發不語。儘管外表文質彬彬，顯得十分好相處，其實要與他搭話很難。他披著一層謹慎的外衣，聲音顯得遙遠，難以聽清楚。他讓我想起西藏尼姑阿旺桑卓，雖然可以自在地講述那段公開故事中各種恐怖的事實，但是一觸及深入探討的問題，人就變得恍惚、小心翼翼，我腦海中浮現的詞是「千瘡百孔」。

「你現在過得如何？」我再嘗試一次。

巴克咧嘴笑著說：「我很好。」

「真的嗎？」我不想顯得驚訝，但這回答不應出自一個被迫睡在豬圈、和豬一樣吃廚餘的人。

「那些發生在你身上的事情呢？」

「我是基督徒。」巴克說，彷彿這樣的回答就能解釋一切。

「我認識許多心懷怨恨的基督徒。」我說。

他喝了一大口百事可樂，眼睛凝視百葉簾窗外穿著熱褲、正在遛狗的女孩。「我可以跟你這麼說，」聲音小到我幾乎聽不到，「不論發生什麼事，我都嘗試輕柔看待。」

「輕柔的意思是指什麼？」

「我在阿卜杜拉的農場學到很多。」

就在這一刻，巴克改變舉止，身體向前傾，聲音變得低沉。「我學到不論你被打得多慘，或是多受人嫌棄，」他突然聽起來很有男子氣概，「有件事情他們無法從你身上奪走。」

「是什麼？」

他坐直起來說道，「他們無法偷走你對自己身分的認知，他們無法控制你的心智，無法奪走你對自己的愛。」此刻輕易就能想像他站在講臺上講道的樣子，「他們無法奪走我的饒恕，無法讓我的心沉默，無論發生什麼事情，我都以全人來看待自己。」

這非常令人驚訝。我認識的大多數人裡，都沒有經歷過他所失去的千萬分之一，但都無法以全人方式看自己。巴克起身伸直腰，然後在廚房門邊彎腰拿更多汽水。

「怎麼可能？」我問他。

他打開汽水罐，為我倒汽水。他說，「你若想活命，就必須為自由爭戰。」巴克身為基督徒，對憐憫懷有信心，但也相信要為公義而奮鬥。「你放棄自己時就輸了。若是在這世上活著，你必須奮鬥，但不是帶著劍。」他回到沙發上，修長的手指撥弄著橡皮筋。「我的同胞用機關槍掃射殺害我們的阿拉伯人，他們相信這是通往自由的道路，但不是這樣。」巴克告訴我，全世界有兩千八百萬人正過著奴隸生活。

「你如何與自己的回憶相處？」我問，「那些從你身上奪去的，你如何取得平衡？」

他想了一下，「要覺得正常並不容易。」

「你不是正常人。」我說，「很好。」

「我很開心你這樣想。」他終於對我笑了，然後拿起一本在咖啡桌上的書——狄更斯的《雙城記》，他念了第一頁：「那是最美好的時代，也是最糟糕的時代。」邊念手指邊跟著英文字母移動。「我的人生至今就是這樣。」他臉上依舊掛著笑容。「最美好，還有最糟糕。」

「這是最好的部分？」

「我有了第二次機會。」

「你原諒阿卜杜拉了嗎？」

巴克把書闔上放下。顯然，他還沒有成聖。有一小段時間，他似乎有種我一開始就注意到、若有所思的出神表情，接著回神直視著我，所說的話幾乎與那位西藏尼姑一模一樣。「沒有人可以在仇恨中向前行。」

我說，我曉得。但是他的感覺是什麼？

「尊嚴不是源自殺戮浴血。」巴克打斷我吹毛求疵的美式風格。「一定有一個方法去愛，你一定要找到，並且去愛。」

這方面對他而言也很困難，我看得出來。

巴克告訴我，「沒有其他途徑，不然我就和阿卜杜拉沒兩樣。」

距離天堂四分之一吋

十七世紀的知名禪師白隱慧鶴，是個身穿黑袍、個性認真嚴肅且精力充沛的老傢伙，看到學生無精打采時會猛拍他們一下，每次禪坐以數天計。他什麼都不怕。

有天一名武士前往禪師山中禪堂，來到白隱面前彎腰鞠躬。他說，「老師，我希望了解天堂與地獄的差別。」

白隱面露輕蔑，從頭到腳打量這名武士，彷彿在檢視昨日晚餐。「我是可以告訴你……」老人家捻著銀白鬍子說，「但我懷疑你有那樣的慧根能明白我所說的話。」

武士惱羞成怒，滿臉通紅，驚訝地往後退了一步。「你知道你在和誰說話嗎？」語畢胸一挺。

「無足輕重之人。」白隱聳聳肩。「我真心覺得你可能駑鈍到無法理解。」

「什麼?」武士無法相信自己聽到的話。「你怎麼可以用這種口氣和我說話?」

「別傻了。」白隱調侃他,「你以為你是誰?」武士怒不可遏。「還有那掛在你腰間的東西……」

禪師接著說,「你稱那是刀?我看用來塗奶油還差不多。」

武士終於被逼到忍無可忍,發汗的雙手拔出寶刀,舉高預備一揮。

「啊!」白隱說,「那是地獄。」

武士心中覺得困惑。接著,目光一亮明白當中含意,垂下刀後收刀入鞘。

「那這就是……」老傢伙告訴他,「天堂。」

瀕臨崩潰的女孩

某日下雨午後，倫敦籠罩在滿布捲積雲層的天空下，彷彿不祥之事即將發生。我在泰特現代美術館後方通道，站在一幅我未曾見過的十八世紀畫作前，這幅以寓意方式描繪一名女神，並以她的名字取為「希望」的油畫，為喬治・弗雷德里克・沃茨（George Frederick Watts）於一八八六年完成。這不是那位吹著勝利號角的希望女神（失去希望將留住永恆，一起來吹號角宣揚吧）。畫中的希望女神是虛弱地攤在孤獨懸崖邊，她打著赤腳、眼睛被布條蒙起來，而暴風雨即將來臨，她一手伸向只剩一條弦的豎琴。

這幅神祕畫作深深吸引我，畫中女孩擺出的祈求姿勢、被遮掩到看不清楚的臉龐、手指緊握住一項樂器，音樂成為她僅存的希望，但這樂器只剩一條可以撥弄的弦，似乎隨時會應聲而斷。人生有時就是這樣，不是嗎？一人在黑暗中眼睛被蒙住，深知即便你有意識地伸出手迎接下一刻，那條弦有可能啪地一聲彈到你的臉上。但你若不出手，也非真實地活著。

這堂課我是辛苦學來，曾經有段日子我會定期去看一位醫生。那是在雞尾酒療法問世前數年。我興奮地與他分享雜誌報導一款預防性藥品的新藥試驗，我應該有資格參加。我心懸著等待醫師回覆，他瞄了一眼剪報內容後把它還給我。

「聽好……」這名醫術讓我失望的白袍醫師高高在上地訕笑著，「你覺得好就好……」他懶得把話講完，像是不想和小孩多費唇舌。

我拿回剪報，打開診間的門，離開後就沒再回診過。我決定，就算快嗝屁，也絕對不會還在看著那雙冷酷、疲勞又憤怒的雙眼時。我的同溫層朋友質疑我倉促的決定，但我知道自己是在做對的事。若是我失去所有希望，不論我身體是否還撐得下去，都等同完蛋。靈魂靠希望存活，即使缺乏實質證據。希望不是那種一切都會如同過往生活般沒問題，而是讓我們安心，就算事情到了黑暗谷底、就算目前看來並非如此，還有另一種真相存在，一名倖存者這樣告訴我，此時此刻背後還有一張被掩藏的臉孔。這種希望和信念與否認一樣，在存活上扮演重要功能，在逐漸喪志的心智中為隱藏未露的一切保留空間，為所有神祕之事留下縫隙。一名二戰退役軍人這麼說，「在生死關頭，一個人的智力不是用來判斷他（有可能是零）的存活機率，而是要度過那一天……不將太多心思放在明日。」即便我們對某個特定結果失去希望，也有可能在生命力量本身體驗到較為普遍的信念。

希望是一股形而上的力量，在黑暗中撩起的微風。史丹．萊斯（Stan Rice）在一首詩中描述神祕的力量。「我迷路了……」詩如此開頭：

在地獄時刻中唱著我的失敗之歌。
爾後心中划進一把槳，
有人在各種形式之海中一扇門的微風吹來之處找到我，
將我搖到岸邊的櫻桃樹旁。

細拉細拉（Selah Selah）[12]

我離開G醫師的末日碼頭後，再次揚帆，船將我帶到貝爾曼醫師的診所。

然而，對希望有所執著是個問題。當我們過度專注於單一結果，很容易被希望俘虜，被樂觀束縛，因著對預先想好的後果抱持固化的渴望而限制自己。這類的希望必將帶來失望。我們將時間浪費在渴望，迷戀自己所沒有的，對生命注定要給予我們的感到不快。

佛家有一個詞形容對希望的執著與得到滿足之間的距離，即「苦」（dukkha），這個意義深遠的字包含在萬事皆有終點的不完美世界中，終極的滿足並不存在。佛教了解人心的頑固，以及總是欲求現在就得滿足，於是對於緊抓住自身無法控制的預期結果，提出警告。在美國出生的佩瑪．丘卓師父歷經數十年不斷放掉這種希望的練習，她說「若希望與恐懼是同一個硬幣的兩面，那麼絕望感與信心也是」時，當中有一定的可信度。丘卓向我們保證，只要人相信萬事不滅，則無法避免痛苦。她說唯有藉由發現到「在不確定中自在，在動搖中沉著」，藉由學習陪伴「破碎的心與翻攪的胃」，並在無望感中得到一些放鬆，才得以擁有真正的快樂。丘卓寫道：「在充滿希望與恐懼的世界裡，我們一直想改變（現狀），但當我們能讓自己感受不確定、失望、震驚、窘困，便會發現一顆清澈、不偏頗與嶄新的心。」

我相信她所言為真，但對大多數的我們來說，在理性中抱持希望，就如同在理性中否認一樣，

12 譯註：希伯來文，在《聖經》中有停頓的休止符之意。

某種程度上是具備極佳適應能力的人。我們的心靈因著希望的每一次呼吸而從未被揭露。心靈會昇華，靈魂則留在地上，他們的交會點就是人類生活。關懷、希望與放手等相互矛盾的混亂，似乎是我們在世上的功課。許多年前，我認識的一群冥想老師前往泰國拜訪一位隱士，他叫阿姜查。泰國人面對佛教住持與和尚的態度，就如同在美國去見心理治療師或找占星師一樣。某日一名父親從城市去阿姜查的廟裡，他非常煩心，問大師在當今充滿暴力的世界裡，他無法保護孩子們，這樣的生活他該如何面對。當生活為孩子們帶來各種打擊，身為一位父親，這名男子怎麼會希望於孩子們的悲劇中倖存下來？阿姜查從他的小邊桌拿起一只美麗的水晶高腳杯，舉向太陽。

「我喜歡這杯子。」大師開心地說，看著光在數以千計切割面上閃耀出的各種圖案。「我覺得這杯子真美，太陽的光線穿透其中，形成許多彩虹般的色彩，隨手在杯緣畫一圈，還會聽見動聽的聲音，但我知道這杯子已經破了。」

憂心忡忡的父親無法理解。

「每飲一口酒，我都享受在當中。」大師繼續說著，「然而，當這杯子被強風吹倒，或是被我手肘翻倒，碎成許多片時，我會說：『啊，它已破碎』。」

阿姜查似乎是在跟那位父親說，若是他以這樣的方式去愛孩子，每個時刻都如此直接、寶貴，而不會留下遺憾，不必抱持希望。接納就會戰勝無望感。

我不知道阿姜查說的是否為真，對那位瀕臨崩潰的女孩又代表什麼意思。這堂課是否會揭開她的遮眼布，讓她看見豎琴早已破損，而停止摸索。又或者，那女孩仍想彈奏，因為她天性如此，她知道一條弦足矣，而若是弦斷了，她還可以歌唱。

來去大溪地

心理學家同意超越體驗之於情緒健康的重要性，等同於家庭、友誼、性與工作。各種宗教正是起源於對超越體驗的渴望，這誠然也是迷幻物質極受歡迎的原因。有史以來，人類便一直對這些帶來儀式感和娛樂用途的物質喜愛不已。至少遠從西元前五千年開始，我們的祖先使用大量會影響精神的植物來醫治身體、提升領悟力和舒緩痛苦，一名維喬（Huichol）[13]巫師將這樣的痛苦描述為「精神的失喪」，我們則說是感到憂鬱。最古老的印度教文獻《梨俱吠陀》，提到一款稱為蘇摩（soma）的植物帶來的狂喜，隨著赫胥黎一九三二年的小說《美麗新世界》記載而為大眾所知。事實上，他於六十九歲被診斷罹癌，在死亡當日曾要求施打微量麥角二乙胺（LSD，俗稱搖頭丸）。

赫胥黎堅信透過化學作用能活得更好，這名未來派作家寫道：「若是我們能藉著嗅聞或吞嚥的方式，每天在五至六小時中，排除作為個體的孤獨、調和我們與同儕的相處，注入源源不絕的情感提升，讓原本於各面向都不值得為之而活的生命，帶著一股神聖的美麗與重要性，那麼對我而言，我們所有問題似乎都能化解，地球也儼然成了天堂。」

我猜想，他應該沒去過美國搖滾樂團死之華的演唱會。我並不反對「變嗨」，我還滿喜歡偶而哈一根大麻，從高中開始就不時會抽大麻，倒是還不到會刺手臂自殘的地步，或腦海裡浮現「山姆之子（Son of Sam）」[14]的幻聽程度。我在青春期曾經歷幾年的失控，某天服下過量的鎮定劑、砸爛三輛車，並攻擊一名在我將頭砸向擋風玻璃後試圖幫我的員警。那年是我第三次入獄，我也在這場少年犯罪中學到一課。我可憐的母親來保釋我時，看到我這滿身是血的廢物，搖搖頭說：「你以後會被抓去惡魔島監獄。」

她說的沒錯，我也因而改邪歸正，戒掉偶爾哈一根的習慣。一九八〇年代搖頭丸流行時，我完

13 譯註：墨西哥的山區原住民。
14 譯註：美國連續殺人犯外號，他聲稱被鄰居山姆所養的拉布拉多犬教唆而犯下罪行。

全不為所動。所以當我想寫一篇關於E[15]的文章，一位化學家好意寄來兩顆超大號膠囊的亞甲二氧甲基苯丙胺（搖頭丸）時（他在便條紙上寫著「作為你研究的一部分」），我內心興起的衝突反應使我驚訝，畢竟這個包裹不請自來。我在好久以前便下定決心，不再自發性地跳出這個3D實體世界，當然也不再被愚蠢的毒品影響。我經過極大的努力，才打造出一個維持理智的健康生活。之前有人告訴我搖頭丸不一樣，它不是迷幻藥，而是同感劑，會「將心打開」的物質，帶著讓使用者在意識清楚的情況下化解情緒障礙、以便在清醒時得釋放的力量而聞名。亞甲二氧甲基苯丙胺於一九八五年，被美國聯邦調查局升等為一級管制毒品（使製作迷幻藥成為重罪）。在此之前，它一直被心理治療師當作治療創傷後壓力障礙、成癮及其他難以追蹤的疾病來使用。

「我們的文化是第一個將追求自我意識視為犯罪的國家。」化學家亞歷山大．舒爾金（Alexander Shulgin）當時如此解釋。在西方這個嗜酒成癮的文化中，雙重標準似乎值得質疑。然而，我完全沒有被說服。

我收在抽屜裡的超大號搖頭丸仍吸引著我，讓我過不去的不是會「嗨」這件事，而是毒品帶來的自我解放，以及我強烈說不的立場所告訴我關於自己的二三事。當時我四十五歲，身體狀況相當良好，喜歡出風頭。我有房子、日子安定，寫作生涯順利，但感到有些太安逸。我像是發牢騷地說，想當年我可是大膽放肆。以前想要有一整套人生體驗、想打破他人給予的所有框架，完全不知謹慎二字怎麼寫。現在我連碰都不碰搖頭丸，而我有一個朋友竟是向她的「拉比（rabbi）」[16]買搖頭丸？

在我看來，戰帖似乎已發出。搖頭丸在我心中嗡嗡叫了幾個小時後，蛻變成生命中讓我害怕的每件事，彷彿要喚醒那個原本在體內已經睡著的尋覓者。這些超大號膠囊在抽屜裡發出如神話中女海妖的呼喚，遞上一張免費門票，讓我脫離中產階級框架，進入無憂無慮的地帶，在那裡我可以超越極限、遇見驚奇，甚至到達極樂。我怎麼會恐懼這樣的境界呢？高更若是沒有搭上開往大溪地的船（雖然之後變得很悽慘），也就不會畫出那些坦露棕胸的女人，從古至今讓那些在博物館蜻蜓點水的觀光客投以色瞇瞇的眼光。看來我得暫時離開道奇，到大溪地去。

巧的是，差不多同時間有家出版社正在找能解救他們脫離一樁緊急事件的編輯。他們的明星作者理查．艾爾波特（Richard Alpert），又名拉姆．達斯，經歷一場嚴重中風，當時他正在撰寫出版社認為的最後一本暢銷書。他是六〇年代反文化的英雄，一個世代的領頭羊。

15 譯註：搖頭丸的暱稱之一。
16 譯註：猶太教中老師之意。

艾爾波特離開學校後的第一份工作是哈佛大學心理學教授，後因以學生作為迷幻蘑菇的實驗對象，與他瘋狂的同事提摩西．李瑞（Timothy Leary）同時被解雇。之後，艾爾波特去了印度，愛上一名印度大師，改名為拉姆．達斯（神的僕人之意），他被派回美國並受命寫書，後來寫成的《活在當下》成為經典之作，曾名列英語世界暢銷書第三名，第一與第二名分別為斯波克醫師（Dr. Spock）[17]的育兒專書與《欽定版聖經》。拉姆．達斯在那之後成為人道主義者與心靈導師，長達四十年。

拉姆．達斯喜歡人稱他ＲＤ，他於大量腦出血後存活（一般存活率是九分之一），但終生得坐輪椅，且患有嚴重的失語症，無法自行著衣或吃飯，更不可能完成一本書。ＲＤ亟需有人為他整理出貼切的用語，並將他的思想透過腹語謄到紙上。幾天後我搭上前往舊金山的班機，看看我們兩人是否合得來。

ＲＤ的家在馬林郡，我們第一次見面是在他維多利亞風格房子的前陽臺，他坐在狹窄的輪椅上，抽著大麻，呵呵地輕聲笑著，未經整理的白髮在他頭上形成一個圈，有如卡通裡的科學家。我被這個天南地北的差異搞得措手不及，一個是外界所認識的拉姆．達斯，另一個是眼前這名體重過重的長者，一邊臉頰殘留著擦拭刮鬍刀傷的面紙，還有一名神祕兮兮的菲律賓護士，從屋子裡對他大呼小叫，拜託他睡午覺！

我們之間的化學作用不錯（而且沒有任何添加劑），在接下來的六個月，我與ＲＤ常花上一整天，在雜亂的頁面中翻找，從他時好時壞的腦袋那張糾結網中，努力理解他想表達的內容。他一隻手臂被綁在輪椅上，幾乎無法說話，總是徘徊在古怪與平靜、分心與不適感（他的手臂經常疼痛難耐）之間，以咕噥和不完整的句子對付我，在我不得不打斷他時又生我的氣，他非常期待自己的最後一本書（當時書名是*Still Here*）能忠實記述他在身體磨難中學到的事情。ＲＤ想要這場「中風」的「猛烈恩典」在原稿中注入有意識的老化過程，如同他曾經幫助「權力歸花兒」[18]的群眾提高意識，現在他希望教導同一群戰後出生的人們，如何有創造力地面對衰老，並維持某種程度的優雅。

每隔幾週我會飛到馬林郡，與ＲＤ一起花心思完成那本書，工作中總會看到他面帶微笑、臥坐在格子毛毯上，並露出鮪魚肚。ＲＤ幫我上了一堂關於猛烈恩典的一對一指導課。

我偶爾會問些私人問題，有天我們在他亂糟糟的廚房吃午餐時，我向他提起，「有人送了些搖頭丸給我。」

17 譯註：美國的小兒科醫師。

18 譯註：二十世紀六〇至七〇年代反文化活動的口號。

「你真走運。」ＲＤ笑著說，澈藍雙眼仍維持慣有的光芒。
「我想我不會服用。」我向他承認。
他緩緩地將食指指向他的頭。
「你覺得我瘋了嗎？」
「是害怕。」他一邊說、一邊將食物放入嘴中，盡量不讓食物掉出來。「這是個嘗試的好理由。」我很清楚ＲＤ認為迷幻藥物讓他打開眼睛、看到「整體情況」。最近他告訴一位來採訪的人，「我一直企圖想成為我在使用ＬＳＤ後（初次）看到宇宙整體的狀態，將那次經驗帶來的無限納入我的存在。」ＲＤ說，「任何達不到那次經驗的極端程度，都可能無法突破我心中的期許。」
「我真是活到一個相當保守的中年階段。」我說。
他點頭表示贊同，讓我覺得更糟糕。
「我以前超喜歡瞎搞一下。」我說。
ＲＤ呵呵笑出來，想找字表達。
「你說什麼？」我往前傾，想從他的嘴唇中辨識。
「去……」他結巴地說，「嗨一下。」

在他中風前一年，拉姆．達斯六十六歲，是名精力充沛、開著跑車的單身漢，在全世界馬不停蹄地旅行，著迷於自己作為知名智者的角色，開導如我這般步入中年的追尋者。他來自康乃狄克州一個優渥的猶太家庭，父親為紐黑文和哈特福德鐵路（New Haven and Hartford Railroad）公司的創辦人，幼時受寵嬌縱，長大後成為常春藤名校的學者，接著為了追求意識這場賽局而放棄一切。RD作為老師的獨特吸引力在於他自嘲缺乏神聖性，以及願意向大眾坦承自己未達完美，「一名和別人一樣的可憐蠢貨，想要過有所領悟的生活」。心理學家理查．艾爾波特覺得RD作為一名追尋者還算有成果，但在一九九七年經歷一次瀕死經驗後，他發現自己仍有許多不足之處。

「我還沒走到盡頭。」RD直截了當地告訴我。以下是RD形容中風當晚經過（為確保讀者不會崩潰，我已稍加潤飾）：「我躺在自己的床上，試想該如何完成這本關於老化的書。」他說，「我聽到電話鈴聲響起時，正幻想著一個老到不行的男人會是什麼景況。」RD只能憶起自己起床接電話，下一個片段就是一群消防隊員「凝視著老男人的臉孔，這老男人就是我，我不是在作夢」。還好助理及時趕到現場撥了九一一，若是再晚半小時，他命就沒了。如同許多有瀕死經驗的倖存者，他記得看到自己的急救過程「彷彿從另一個空間進入那個場景」。他離開身體、從俯瞰角度看著自己進到救護車，然後到醫院。

他坦承，「我對正在發生的一切感到著迷。」

「你一定覺得很害怕。」我強烈認為。

但遭ＲＤ否認。「我沒想到自己將走上死路，我沒有看到白色閃光。」或是發生任何讓他以為即將死亡並已做足準備的事情。「在那時，我意識到在生命結束前，還有許多要做的事。」

他尚未走到盡頭的部分在於身體與驕傲，在一輩子提供服務後，他謙卑地讓自己接受照顧。一夜之間，ＲＤ從探訪病人、主持數個慈善組織、照顧數以千計學生心靈的白馬騎士，到連上廁所都需要人幫忙、無法做鮪魚三明治的人。這種情況比他在所謂的靈命生活中，所做任何無私的奉獻（seva，服務之意）都要使人感到謙卑，他向我保證，「將身體看待為靈魂的載體，使人得以與身體保持距離感。」

他的話讓我想到詹姆士．喬伊斯在短篇小說裡的一句話：「達非先生住的地方離他身體有一小段距離。」ＲＤ呵呵笑著，「我盡可能忽略自己的身體。」他承認，「我曾嘗試以『精神層次』忽略它，但說要超越，其實是出自恐懼。」事實上，他對於身體的忽視有可能導致中風，因為他疏於服用高血壓藥。現在他被身體困住了，每日在各種混亂的限制裡，面對自己的身軀任人擺布，與壓抑的虛榮心搏鬥。這段自我覺察拆毀ＲＤ心中那些從不願承認的牆。

他解釋，「那場中風有如日本武士刀，現在的『我』經歷事情的方式與舊我不同，將我推升至更高一層。」

「在哪方面更高？」我問他。

RD告訴我，「當人與人之間出現真實的降服，有權與無權、治療者與受助者之間的界線開始消失，我們與神祕之間的界線被溶解，鬆開了自我的束縛，讓靈魂顯露。」

這個靈魂的面向一直是他在身體缺損上進行對話的關鍵。他對我說，「當你被恐懼困住時，無法化解痛苦。透過靈魂之眼看自己，會讓我們區別自己真正是誰（有著身體經驗並擁有靈魂的存在），以及在身體與心智的痛苦之間保持距離。」

RD的護士進到房間，將柳橙汁杯中的吸管放入他嘴裡。他喝了一口後繼續，「一旦開始正視曾經想逃避的恐懼念頭，這個念頭就會改變。你的恐懼不是變成讓人害怕的歌利亞（Goliath）[19]，而是小小精靈。」

「小小精靈？」

19 譯註：《聖經》中被大衛以彈石殺死的巨人。

ＲＤ是指小麻煩，他舉了幾個常見例子。「每當你注意到心裡的恐懼，就要學習更靠近它一步，像是害怕癱瘓、害怕死去。你每做一次，就增加一點深呼吸的能力，並說：『啊，原來如此，真是驚喜！』然後向前邁進，不被恐懼淹沒。」

「與恐懼直球對決會讓它變小？」

「一定會。」ＲＤ向我保證。「就好像自我的陷阱門被打開，我們終於可以向外走去，欣賞景色。」他想起威廉．布萊克（William Blake）的名言：「若是知覺之門被潔淨，人所看到的每件事都是它的原貌，也就是無限。」

ＲＤ希望讓人們知道靈魂感知是最佳王牌，也是將我們的主觀鏡頭擴張至三百六十度的能力。一旦我們有了靈魂感知的經驗，我們的思考是否敏銳幾乎已不重要，他如此相信。ＲＤ敘述一名學生照顧患有阿茲海默症的年邁母親，「這名婦人當老糊塗活得很開心，但她女兒習慣想著以前的媽媽。她一直鼓勵自己的母親恢復記憶力，但是這名八十歲的婦人似乎不在意自己失去心智能力。於是她女兒開始跟我學習如何放下，母親也有了比較平靜的生活。」

他自己也遇過抱持一番好意的照顧者。「我周遭的人認為我應該戰勝疾病，再次行走。」他揚起眉毛說，「但是我不知道自己是否想走路，我坐著，這是我的狀態。」他用完好的那隻手拍拍輪椅把手說，「我已經喜歡上輪椅，我稱它是我的天鵝船，我這樣很平安，也感謝那些照顧我的人，這樣為什麼有錯？」

「也許沒錯。」

「不捲入別人的劇本，這點很重要。」他說，「人很容易成為自己的疾病，迷失在自己『充滿各種煩惱的床』。免於同情與恐懼是持續進行的練習，我也許因為中風而行動受限，但我不想陷在別人投射在我身上的角色，諸如殘疾者、受害者、英雄等，我很滿意自己現在的樣子。」

我懷疑地看著他，RD像是責備一樣搖搖手指。「在其他文化裡，坐在椅子上被人扛著走，是尊榮與權力的象徵。」他肯定地說，「你知道嗎？成為文化裡所說的最佳狀態真的不重要。醫治不代表要回到之前的樣子，而是允許現在讓我們能更接近神的事情。」他解釋，「這當中的祕訣在於，若是能有技巧地運用，我們的有限將變成優勢。自我對於權力的依戀，正是因為這份依戀與失去權力的害怕密不可分。但是，有一種力量不會導致恐懼。」

「靈性的力量？」

「正是！」RD回答，「隱藏在我們出色又不可靠心智的預謀中，是一種無條件式的精華。那是一個老化無法改變的靈性存在，無法加諸任何事物，也無法取走任何東西。」

我想，是那面具背後的臉孔。他告訴我，「我們如何看待未來，取決於如何看待奧祕。我到過最差的地步，但結果並沒有那麼糟糕。」

手稿終於完成時，我們以美食與菸慶祝。ＲＤ謝謝我的時間，我謝謝他的智者建言。

「你後來有用搖頭丸嗎？」他問我。

奇怪的是，我完全忘了那些膠囊。與拉姆·達斯在一起的時間讓我嗨到不行，我已經忘了去大溪地的需要。我坦承膠囊還在抽屜裡。

「我覺得自己真的是個中年人。」我說。

他又用手指在太陽穴旁繞了一下。「孩子，我可不這麼認為。」

我最後一次見到ＲＤ時，他雙腿光溜溜地坐在一張單人床上，纏著繃帶的手指抓著床墊，房裡播放著印度「科爾坦（kirtans）」音樂，護士慢慢將襪子從他腫起的腳踝往下捲，傍晚暖熱的空氣如陰影般，籠罩在他的小房間。他以澈藍的雙眼目送我至門口。我們一起寫的最後一個句子仍在我腦海裡繚繞。

「當一切都消逝時……」ＲＤ徐緩地說，一次一個音節痛苦地吐出每個字：「單單智慧長存。」

因陀羅之網

數年前我在醫院當志工，陪伴一位名叫傑克的男性，他有五十年的歲月都在油井工作，手臂有如摔角選手一般粗，七十五歲的他正與肺部腫瘤抗戰。傑克生理上的痛有嗎啡幫浦控制，護理師將他照料得無微不至，然而似乎有個超乎生理的痛（吉姆．馬克拉倫這樣稱呼）折磨著他，這樣的孤立感深切到無論多少訪客、麻醉劑，或我陪他玩五卡拉米紙牌遊戲都無法緩解。志工訓練的第一條原則是從不假設自己了解病患的感受，像是「我遇過，我了解」。你根本沒遇過，也不了解患者。第二條原則是在進病房前捫心自問是否有個內在的啦啦隊，並抵抗那股無法抵擋的衝動，做盡各種嘗試提振患者士氣或讓患者笑一下。你的存在是傾聽、表達同理心，把自己放下，讓騰出的空間成為足以裝載的容器（從治療角度來看），接收患者想表達的一切。

因此，我忍著不要當傑克的啦啦隊，只顧玩牌，不問任何問題，盡可能避免看到他孤苦無望的表情。有天我在他房裡，院牧探頭進來。蘿芮塔修女大概有一百三十幾公斤重，像極了蘿西．歐唐納（Rosie O'Donnell）[20]。她問傑克，「我心愛的大塊頭還好嗎？」邊拉把椅子，邊發出嘎吱音，然後坐到床邊。

「糟透了，修女。」

「蘿芮塔就在這裡。」她告訴他的同時，示意要我走開。我走到走廊，專心聽著。從我站的角度，可以看見蘿芮塔修女拉起傑克的手。一開始，傑克老頭保持靜默，蘿芮塔陪著他。接著我聽到傑克的抽噎聲，「說吧。」蘿芮塔說。

「我父親從沒愛過我。」傑克說完眼淚潰堤，嚎啕大哭。我聽至此吃驚萬分，在他面臨生理風暴、健康情形不明朗之際，父親缺席的愛卻如幽靈般糾纏著這位彪形大漢，讓他痛苦萬分。

這種刺眼的脫節感受常見於各種倖存者，發生在假設與實情之間的鴻溝，比方說一名遊民想要對話，更甚於幾個銅板或食物；戰俘想要有所歸屬，更甚於讚美之聲或經濟上的協助；被愛包圍的人抱怨沒有感受到「宇宙的連結」，因為她認為上帝在她失去寶貝孩子那天，任由她痛不欲生。

我們一輩子就像在某種失憶症裡過活，感受並不存在的脫勾狀態。愛因斯坦稱之為「視覺幻象」，想像自己是分離的個體，自根部便與其他宇宙萬物斷除連結。「人類……感受自己、想法與情感，彷彿這些都與其他事物分開。」這位相對論之父寫道：

> 這個幻象有如牢獄般，將我們限制在只針對身邊最接近的人表達個人渴望與關愛。我們的任務必須透過擴展慈悲心的範圍至納入所有萬物以及大自然之美，讓自己從這樣的牢獄解放。

我們在自己的心智裡退隱，然後將這個可怕的無底洞投射至周圍環境，想像自己是被柵欄圍住的遺棄之民，在一個祕密的、欺凌的宇宙。這個想像的鴻溝似乎在痛苦時分更顯得持續擴大。然而，即便在最糟的情況下，團結還是力量大。一名納粹大屠殺倖存者這樣說：「孤犬先亡。」愛爾蘭前總統瑪麗・羅賓遜（Mary Robinson）於國家艱難時期，在工作中看到這條原則，她在某次的談

20 譯註：美國女演員、作家和電視主持人。

話裡堅持向我表示，「我們是在彼此的陰影中茁壯。」這不是多愁善感的想法。在一個界線不存在的宇宙，波與粒子、質子與中子都是個別地被串起，這個基準線的連結很清楚。在印度哲學裡，形容這種將物質（與反物質）一個個串起，成為如星系間閃亮珠寶般的成品為「因陀羅之網」（the Net of Indra）。這個網如此緊密交織，一名物理學家觀察到「蝴蝶在地球上振翅，都能在貝特列絲行星上感受到」。若是滿月能讓婦女來經，那麼認知到生命裡每個人無時無刻都藉著我們彈跳，依著他們自帶的化學成分創造出正負電荷的說法就不誇張。

「我們天生就是要彼此連結。」科學作者丹尼爾．高爾曼（Daniel Goleman）如此告訴我，我們在美國麻州北安普敦一間他最喜愛的西藏餐廳共進午餐。十年前，高爾曼因《EQ：決定一生幸福與成就的永恆力量》成為文化英雄，這本對未來影響深遠的書，在時下高捧智商的文化裡，對聰明二字重新下了定義。最近他的研究焦點開始轉向他稱為「社會智商」的運作功能，包括一般情緒的傳染性（像是呵呵笑、打哈欠、掉眼淚或尖叫），以及結交好同伴帶來有如藥效的價值。

「大腦本身熱愛社交。」高爾曼告訴我時，服務生正在上菜，菜名是犛牛香腸。「這是過去十年間最令人興奮的發現。」三十年的冥想習慣，反映在他溫文儒雅的風采與考慮周到的措詞上，他在哈佛大學念博士時，曾駐印度進行田野工作。「一個人的內在狀態會對另一個人產生影響與驅動力，我們形成腦對腦的橋梁，這是一種不斷進行的雙向道交通系統。我們連接彼此的情緒，如同被傳染感冒。」

「是真的嗎？」我問他。

他向我保證，「我們若是處在一個令人焦慮的有毒關係中，一直被對方貶低，會對身體產生不良後果。」壓力會產生皮質醇，這是種危害細胞健康的化學物質（他引述一篇針對照顧患有阿茲海默症丈夫的婦女研究，結果發現妻子的細胞分子生命週期正以超速率縮短）。反之，正向的互動關係會讓身體分泌催產素，這是在做愛、哺乳與生產時產生的化學物質，會降低壓力荷爾蒙，並增強免疫系統。

「我與兩歲孫女的相處得到這個經驗。」高爾曼接著說，「她就像我的維他命，和她在一起像服用仙靈丹。我們生命中最重要的人，就是有血親關係的近親。」

事實上，發現神經的可塑性徹底改變我們對人類一生如何演變的理解，這種可塑性是指大腦一直在成長（而不是如同祖父母一輩所想的會縮減）。他解釋，「幹細胞每天生產十萬個腦細胞，直到你死的那天為止。這個說法推翻過去的定論，事實上，大腦隨著一輩子不斷發生的經驗持續自我重塑，在此便可將『用盡廢退』的格言套用在神經科學上。愈是挑戰大腦，它就更能應對，而社交互動可以幫助神經新生。」

以鏡像神經元為例，它的功能是（在身體裡）反映出在周遭環境所看到的一切。「有些神經元的唯一工作是看到別人微笑，讓你也回以微笑。」他解釋，「皺眉頭也一樣。」這讓我想起「米開朗基羅效應」，長期伴侶經由臉部肌肉的擬態，隨著歲月更迭會變成彼此相像的夫妻臉。如此的鏡像效果應用在大眾層次上，產生聽來可怕的各種迷因，那些過度大的文化構想（像是「民主！」「衛生！」「異端！」）像病毒一樣在人之間傳染。他告訴我，「藉由模仿另一個人的作法或感受，讓我們將外界的東西帶入內心。」高爾曼不是在比喻，而是事情就是這樣發生。「為了彼此了解，我們真的會變得比較像對方。」

高爾曼描述兩種類型的關係，一種是「我—它」和「我—你」（哲學家馬丁．布伯首次提到這樣的說法），這對於我們的社交生活產生反效果。「我—它」關係發生在我們將他人當成物件或工具人時，由於想從對方身上獲取某個東西（也許傑克的父親是用這種方式對待他，而還是孩子的他只想要那種在背上拍拍的「我—你」關係）。高爾曼相信，「在『我—你』關係裡有人與人之間的接觸，有回饋，像是一個循環，因為對方是誰、要說什麼都很重要。」很不幸地，我們文化中的「科技無法阻擋地蔓延」如密謀般讓這種親密連結無法建立。有先見之明的艾略特（T.S. Eliot）觀察到第一波文化社會分裂的主要起因，即電視。六〇年代初電視「讓數以百萬計的人同時間聽到一樣的笑話，卻仍孤單一人。」不間斷的數位連結不僅帶來壓力，高爾曼說科學研究還發現「科技不但使人在虛擬實境中消耗殆盡，還讓他們感受不到真實存在於周圍的人。」

既然「同理心是人類殘酷面的首要抑制劑」，他提醒我，這種疏離感將導致災難性後果。「抑制這個天然傾向，並感同身受，讓我們以『它』或『它們』對待他人。」高爾曼說，「我們累積愈多『它們』，世界就變得愈危險。」但是人類怎麼可能真的會利他，或如他寫的「人類大腦本就預設成以善待人」？要怎麼解釋我們看到的那些新聞標題？曾任《紐約時報》記者的高爾曼告訴我，「請記得，見血的新聞本來就會成為頭條，我們對人類的殘忍投以較多注意力，即使殘酷是種心理失常。」

他向我保證，著名的耶魯大學米爾格倫實驗（Milgram experiment）不會是人類天性的結語。即便有著自私的野蠻人稱號，孩童在年幼時就被看出能展現利他精神。根據一項實驗，嬰兒在看見或聽見另一個寶寶哭時也會跟著哭，但很少是在聽到自己有麻煩而哭。猴子廣為人知的一件事，是在發現奪取食物會讓同在籠中的伙伴遭受電擊後，就情願挨餓。高爾曼引用哲學家孟子說的故事，任何一名有意識的成人會主動跳入井裡救出溺水的小孩。我說，是的，但他們會不會背著老婆搞外遇？「我們不見得老是會勾搭上關係。」他笑著說，「但不代表釣線不好。」

善良、生存與社會智商（SQ）之間的連結似乎很清楚。高爾曼在印度進行哈佛大學博士後研究的冥想主題時，發現有豐富冥想經驗的人散發出一種他稱為「特別氣質，安靜的吸引力」。與刻板印象不同的是，這些靈性類型不像是超脫世俗，而是「活潑且投入，積極傾聽且充滿正念，能參與當下，人很有趣，又顯露出一種深刻的平安，在混亂情況顯得鎮定。」他如此形容。更重要的是，這個特質會傳染。「你與他們相處後，會比相處之前還開心，而且這個感覺會持續。」

物理學家與神祕主義者同意這點。利他能量的各種成分有如光子與電子般可被測量，也比懷疑論者的想像還要來得能夠觸知到，來自舊金山的心理學家保羅・艾克曼（Paul Ekman）曾向我描述，他與達賴喇嘛在印度達蘭薩拉相處一週的經驗。「我太太來接機時，看著我說：『你不是我嫁的那個人！』」艾克曼笑著說，他不是佛教徒。「我的行為跟一個談戀愛的人一樣。」艾克曼是情感生理學首屈一指的權威，他發現這種具傳染力量的人身上有四種特質，首先是「可感覺到的善良」，遠超過一些「模糊溫暖的氣質」，而是發自真誠的正直。第二，帶給人一種無我的印象，不在乎地位、名聲和自我，一種「個人與大眾生活的透明感，與極具個人魅力的人不同，這些人經常表裡不一」。第三，艾克曼看見這股擴張式的慈悲能量會滋養他人。最後，他被這些人展現「對你投以驚人的注意力」所震驚，他感覺被一雙開放的眼睛全然看見、被完全地接受。

如果這些特質只出現在心靈大師身上，就不會如此動人。激發艾克曼這位科學家的是，如此的能量也可以在我們這群人身上出現的證據。他告訴我，「創造這種差異不是運氣、文化或是基因，這些人透過持續練習，重塑了他們的大腦。」

不具備大腦科學知識的倖存者，經常只是自己體驗過這樣的現象，如同人超越自己的限制，這種超越成為我們的第二天性。超越極限似乎真的會重塑大腦，注入各種嶄新想法與感受。作家安德魯・所羅門（Andrew Solomon）談到人自憂鬱症痊癒後，會變得比較慈悲，以此例而言，這可不是百憂解的效用。而是透過化學與神經調節的各式轉變，讓自我真實地重新對齊。

位在北卡羅來納州羅利德罕區的一間實驗室，數年前監測一名正在進行慈悲冥想的和尚。科學家有數項發現，其中一項是當這名和尚專注在保有一顆開放的心時，伽瑪波顯著上升（在大腦裡管理正向情緒的區域有亮點出現）。像這樣出現伽瑪波的撞擊，需要持續的冥想練習。如同一名叫馬克欣・高迪歐（Maxine Gaudio）的治療者告訴我，「每個人都可以畫畫，但不是每個人都是畢卡索。」很遺憾的是，我們有時連畫筆都無法提起，更別提找到畫布。這樣的遺忘是我們的勁敵，老師們如此主張。本篤會修士大衛・斯坦德爾—拉斯特（David Steindl-Rast）告訴我，我當時在他位於紐約上州的退隱處。「這是我們每日的兩難，靈性能量流過宇宙，是一股非常活力，活躍地向生命說是。」這位八十歲的隱士說，「即使我們最極致的快樂是來自於感受這個永恆的連結，我們所有人都有關閉連結的傾向，那些透過練習抵抗此傾向的人能深化他們的歸屬感，並釋放這股潛在的能量。」大衛弟兄向學生推薦這個回憶練習。「當我們說『數算祝福』，這是很深奧的教導。」他強調，「能量之流，那個祝福之流會從宇宙源頭流出，就如同血隨著心臟律動流出般。我知曉後便恢復了活力，將這祝福傳給身邊的好友，以讓它回到源頭。」大衛弟兄相信如此一來，「我們便打造出感恩生命的網絡」。

因陀羅之網閃爍著，回想牢不可破的連結，最終會將更多愛帶到我們的生命中。大衛弟兄向我保證，「那是愛，超乎我們理解的愛。」我與那些貨真價實的大師們在一起時感受到這個愛，一種偉大、無法抵擋、悸動的愛，吸引你加入它的光芒。這股力量可能會澈底改變世界，融化界限，為加增的快樂帶來希望。另一名偉大的基督徒德日進（Pierre Teilhard de Chardin）為這個希望下了永恆的註解，這位法國古生物學家暨神父寫道：「從我們掌握風、海浪、潮汐、地心引力的那日起，我們也能駕馭……愛的能量。那麼彼時人類於世界史中，已二度發現火的存在。」

重塑愛妻

紐約知名心理學家亨利・格雷森（Henry Grayson）有位名叫約翰的患者，說他娶了全世界排名第一的惡婆娘。約翰想要博得心理醫師的同情——多數接受精神分析的患者都會這麼做，但格雷森不買帳，他問這位鬱鬱不樂的丈夫，「你願意做什麼？」

「任何事。」約翰非常肯定地說。格雷森的指示出乎意外地簡單，他說約翰下次再對妻子的行為感到焦慮時，應該專注在自己內心焦煩的想法，並以過去與這個女人所擁有的甜美回憶，取代厭妻的內在聲音（她真是把我的人生搞砸了）。

一開始約翰無法憶起那樣的妻子，後來一段快樂回憶從遙遠的過去湧上了心頭，他答應醫師會嘗試看看。

約翰下一次再見到醫師時似乎面露困惑，他說妻子在週末詭異地變得溫和，「我想她應該是身體微恙。」

格雷森要他再試一次。

這次約翰感到更加奇怪。他與妻子竟然整個週末在家都沒有激烈爭吵，他印象中好久未曾如此。也許她暗自接受治療？約翰想破頭，依舊沒有頭緒。等到下一次晤談時，他才發現自己心中那段翻轉性的獨白，竟有助於彰顯出妻子的改善。

格雷森在見面時告訴我，「我們有可能在身邊人的行為上，看到源自我們內在的想法。」他的外型比較像穿著卡其褲、繫著變形蟲圖案領帶的華麗版羅傑斯先生（Mr. Rogers）[21]。格雷森與許多他在超個人心理學的同儕一樣，是經由自然科學而開始有這般洞察。他在上了一堂物理課後，心理學領域的工作出現轉變。

「物理學家幫助我了解，我們所感知到的真實只是宇宙真實存在的一個微小部分。」格雷森開始在人際互動層次上應用海森堡原則，也就是物體被看見時就會產生變化。「我們不僅是以人類層次相互連結，還包括在能量、心智與物質層次。」他說，「我們互動時，是以從未意識到的親密與深層的方式進行。」

「約翰與他的妻子是怎麼一回事？」我問道。

格雷森笑了起來，「姑且說他們是在玩一個全新的球類遊戲。」

21 譯註：美國著名兒童電視節目的主持人。

人心籌算，神微笑

挖苦可以解救一條生命。每位倖存者的保命故事裡一定有它。通常挖苦很殘忍，聽到挖苦的話語卻笑不出來更是如此。「現在又上演什麼折磨人的新戲碼？」永遠充滿歡樂的桃樂絲·派克（Dorothy Parker）問，用她拋磨好如女巫的長指甲掐住悲傷，一字排開她的退場選項：跳河太潮濕、服藥會痙攣、用槍枝不合法、上吊怕繩子會斷，於是她在一首詩裡下的結論是「不如活著吧」。有時命運也會開你玩笑，想想英國偉大的心理學家威爾弗雷德·比昂（Wilfred Bion），他於一戰期間榮獲維多利亞十字勛章，後來他寫道：「獲頒那枚勛章與因叛國罪被槍決的唯一不同，是我決定朝哪個方向跑。」

我們所面臨最嚴重的結果來自最荒謬的機運，時機點、轉折點、當下必做的決定，或可能解救生命的來電。幸運之神帶來令人詫異的不幸，讓你得以向前躍進的意外、出乎意料的相遇澈底改變你的生活、躊躇成為一場災難，後來又蛻變成嶄新機會的一扇窗。這樣的方式如鋼珠臺遊戲般，我們隨時被提醒手上能控制的有限、對好運與厄運的了解很少、事情應該或不應該是，以及我們配得或不配得。我們僅知，自己不知道且永遠無法知道，這就是「人參」。我的貝拉奶奶以前常用意第緒語說「Menschen tracht und Gott Lacht」，意思是人類一思考，上帝就發笑。你精心設計的計畫最後只是一個哏。人生就是接連不斷的羞辱，你不小心跌倒、失去所愛，然後失去更多，接著撞到石頭，之後享受著心滿意足，直到再次跌落。若是你無法在當中看見幽默，不妨起身走出戲院。或者把農場賣了，這樣更好，如果這是你對不動產的想法。

以農夫與他的馬為例，我知道比喻很討厭，但刺激是通往智慧的道路。一位農夫某天失去心愛的馬，那匹馬跑走後，鄰居上門向他致哀。那個愛說閒話的鄰居說，「對於你的失去我感到難過。」同時慶幸這件事沒發生在自己身上。

「世事難料。」農夫回答。

就在隔天，農夫的馬回來了，而且帶著一匹美麗的母馬。他的鄰居又來提供淺見，「好棒！真是幸運之神降臨！」

「世事難料。」農夫說，同時希望鄰居從他眼前消失。

幾天之後，農夫的兒子為母馬上鞍、想要騎乘，結果被馬踢落而摔斷腿。鄰居迅即來到門前，又想發表評論。

「世事難料。」農夫重複同樣的回答，而且有些惱怒。

意外發生後沒多久，哥薩克軍隊經過農夫的村莊，徵召年輕人上戰場，他兒子因受傷而得以留在家中。鄰居驚呼，「你真是個幸運的人！」

你大概想得到農夫低聲回答了什麼。

霍勒斯・沃波爾（Horace Walpole）是十八世紀的英國作家，他是首位為此兩極現象發明詞彙的人，他稱之為機緣（serendipity，源自塞仁狄普國王三個兒子的遊歷故事）。事情的道理就是成雙，因此只從狹窄且單一角度看事情的心態顯得如此可笑。有人說，人類的狀態不是一個碎片就是一個傻子（假裝自己不是碎片）。我們無法更加荒謬，這也是個好消息。你得要是個招搖撞騙的魔術師，才能編出命運，再把它變成定數。吉姆・馬克拉倫鼓舞人心的任務、瓊・蒂蒂安化悲傷為祝福的著作、山謬・貝克特（Samuel Beckett）因在巴黎街上遇到隨機行刺事件後，創造出的荒誕派戲劇（Theater of the Absurd）；當時行兇者被問到為何有此行動，他聳聳肩說：「哎呦，先生，我不知道。」驚喜的發現與苦中作樂的果實，是在逆境中仍與上帝（無神論者稱之為命運）同歡笑而來，而非跟上帝跺腳或撅嘴生氣。

吉姆．柯廷（Jim Curtan）以劃重點的方式告訴我，口氣像好萊塢大明星，「宿命（fate）與命運（destiny）是這樣的，宿命是發生在你身上的事，命運是你回應的方式。」後來攝護腺癌（以及男演員們）使得他開始討厭演藝事業。

柯廷與我的友誼已三十五載。一九七〇年代，他擔任電影明星的經紀人，成天將時間花在安撫、奉承、提振他客戶脆弱又自認最上相的自我，讓他的人生成為一場「狂飆突進」[22]的節慶。柯廷超乎常理的壓力，在確診之前，就迫不及待繳交他的好萊塢資歷，並找回幽默感，但是他的情緒已經低到自己沒有察覺的程度。

「我到了一個地步，不只一次想到，要是立刻一覺不醒的話有多美妙。」柯廷承認自己非比尋

22 譯註：源自劇作家克林格的戲劇《狂飆突進》。

常的悲觀。他曾經是名卓越的耶穌會見習修士，一頭牛仔傳教士的濃密頭髮（儘管才剛過六十五歲生日）。柯廷十年前到診所檢查出攝護腺有二至三期間的腫瘤，擔憂眼下人生就此畢業的可能性，辭職是想都不用想的選擇。他告訴我，「我嚇壞了，一聽到癌症兩個字，就想『好吧，可能活一年』。」柯廷從小就喜歡戲劇，回憶罹癌診斷後每次看百老匯秀時，「想著『也許這是我看的最後一齣戲』或『這有可能是我最後一次看到巴黎』諸如此類。」然而，奇怪的是，自從醫師告訴他這個壞消息後，他沒有一天感到沮喪。

「我現在對生命充滿熱情。」他接著說，「幾乎每一天都有事情在發生，有時是大事、有時是小事，每次我一定都會說『我熱愛生命！』我現在意識到它，並且心存感激。」他在追求事業時已失去這樣的喜樂。「以前，我的日子裡沒有感恩。作為一名好天主教徒，我知道應該要感恩，我做了所有應該做的祈禱。但是現在，我才開始意識到，如果生命是一份禮物，那麼正確的回覆是『謝謝祢』。」

「你這樣說，聽起來很明顯。」

他解釋，「你必須作自己生命的探索者，你必須尋找禮物。」

我想知道，「你都如何做？」

「如果這是我最後一次去巴黎，我會盡我所能完成或去看各種事情！」他說，「噢！我不想要遺留任何東西，之後變成車庫舊貨拍賣，我的人生不再有任何保留，我要好好享用。」柯廷知道這聽起來有些誇張，「當然，我裡面有個聰明的自己會說：『我要的是一匹小馬，為什麼給我一件冬天外套？』」他承認，「每個人心中都有特定的禮物選單。長大後，你會了解父母給你冬天外套的原因，但還是小孩時，沒有小馬超不爽的，癌症就像是拿到一件冬天外套。」

「而且還不是貂皮大衣。」

「連他媽的海狸鼠皮都不是！你曉得喜劇片中的梅姑（Auntie Mame）說，人生是一場宴席，多數人卻因未赴宴而餓到半死？」柯廷問我，「她沒有說的是，有時你是客人，有時你是大廚，有時你是主菜。」

「還真安慰人。」

柯廷告訴我，「但那卻是真的，而且事實上對你有幫助，你愈是心存感恩，事情變得不那麼臨時、比較安全。生命不再是靠我去努力贏得，而是賜給我，讓我珍惜，如同我會珍惜來自愛我而我也愛的人所送的禮物。」

柯廷的機緣來到，是某次有人邀請他參加一場工作坊，主持人為一名治療者，名叫卡羅琳・米斯（Carolyn Myss）。「我是為了癌症而去，卻發生其他事情。」他說，「米斯在那個週末提到許多遭遇危機而尋求心理治療師協助的人，他們真實的需要是靈性指引，我在被好萊塢吸引前，想成為耶穌會修士，服務他人是我的熱情所在。聽到米斯說的那番話，我明白了參加那場工作坊的原因，不是為了得到醫治，而是了解自己的天職。」

柯廷相信自己親耳聽到他的創造者，向他宣布這份天職的呼召。「我聽見上主說：『你的工作是喜樂。』」吉姆知道這一切聽起來很瘋狂。「一開始我抗拒，我說：『但是每個人都想要那份工作！』神說：『你會很驚訝，沒有人想做你的工作。』」

我的老朋友笑了。「神說我的工作是喜樂，但喜樂不只是快樂，喜樂是嚴格遵守屬靈操練，擁抱人生帶給你的一切。」他這麼一說，讓我想起大衛．斯坦德爾—拉斯特的建議。「我從不問，為什麼這會發生在我身上——許多人都會這樣。而是說，好，我很開心要學習這當中所有的功課，但是我想從這堂課畢業，也就是即使我罹癌，也不想下半生以癌症患者身分活著。」

那些未受神祝福並與祂熱線的人，又如何獲得屬於他們的行軍令呢？我納悶。「首先，這與宗教信仰無關。」柯廷說，「宗教是給害怕地獄的人，而靈性是給曾去過地獄的人。邱吉爾說：『若是你發現自己經歷地獄，繼續走下去。』到達天堂的路與進入內心平靜的歷程，要先經過地獄，沒有人可以繞路而行。」

柯廷在靈性諮商師的訓練過程中，向曾於索邦大學求學的非洲老師馬里多瑪．梭梅（Malidoma Somé）學到更多關於這些靈性的指導。梭梅描述自己曾試圖向村落長老解釋何謂壽險，「他們其中一位問：『你的意思是人因遭遇災難而有錢拿？』」梭梅如此告訴柯廷，「那麼，他們要如何才會學到東西？」如今，這位心存感激、自演藝事業逃離的流亡者，每週照顧二十餘位客戶，談論的不是票房成績，而是靈魂存活的議題。他建議客戶以生命倚靠靈魂而生存的方式來過日子，並與客戶分享一位中古世紀修士的故事。有天早晨，修士在花園澆花，路人問他：「神父，若你知道今晚會死掉，你會做什麼？」修士想了一下說：「這些花還是需要有人澆水。」柯廷看著我，「如果我今晚要死，我希望的生活方式是，我不用停止或改變先前做的事情或扮演的角色。」

接著柯廷以梭梅誇張的方式彎起眉、笑著說：「但是，今晚我不會死。」

禱告

根據最近一項調查，十八歲以上的美國人有百分之七十每週至少禱告一次，並從中獲得「極大滿足」。我看到這個統計數字時感到困惑。從我不時嘗試禱告的經驗裡，從未感受到有一絲一毫變得比較好；就我所知，我也未曾在特定危機中收到任何神聖的回應——也許是因為我從不相信有一位神會關照我的每日（祂可能忙於矮星、黑洞和夸克等）。說到禱告，我覺得自己像是老套劇本中的孤兒，臉貼著玻璃向房間裡看，上帝正在熊熊火焰旁，用鼻子親撫著真正相信祂的孩子們。不信祂的惡棍（我）只能陷入自憐的恍惚中，從窗外看著他們。

我的基督徒朋友約翰以前會說，「那是因為你不夠專注。」我跟他說，「什麼都沒發生。」

「禱告要從心裡出發。」約翰這麼說，彷彿我只要打通電話就能接通禱告。如同大家所知，虔誠是件很隱私的事，所以我沒有試著要說服他。關於內在經驗的所有事，我是個密蘇里州人，需要看見或感受到才能下定論。我要的是不被任何教區規則束縛，我常在想，若是真有上帝，是不需任何輕信、規程或想像上的跨越。我只能猜想，上帝要的是自立、對真理的愛及些微的信心（若他確實存在），連仙女座星雲都是從他而來，他一定知道我在想什麼。

某日下午，我打開郵箱，看到約翰寄給我的明信片，背面用粗體引述已故特拉普派修士托馬斯．默頓（Thomas Merton）的一句話：

在禱告已成為不可能，且心已成石之時，學習真實的禱告與愛。

約翰知道這句話會惹惱我。關於禱告的部分，我無以置喙，但關於有時無法去愛，我卻相當熟悉。過去令人氣餒的經驗中迫使我承認，在那些我只想逃開的時刻裡，停留、忍受與承擔（我的愛人、書與高傲友人）裡所蘊藏的力量。佛教徒稱此為「在逆道中修行」[23]。而我已累積了一些木屑

23 譯註：原文直譯為逆著樹木木紋雕刻。

可作為證明。我對於自我提升的疑問，體會到梁木愈粗糙，地板愈堅固——檢驗真理只會讓信仰更強壯。我常想，總是抱持懷疑的多馬，可能是耶穌最喜愛的門徒之一。

但是禱告這項行動，對我而言是種幻想，就我所了解，與願望成真、安慰、懇求一樣，有如以魚鉤、釣魚線和鉛錘，從內在空間（或外太空）的深處打撈上帝的聲音。直到有天，我獨自在德國森林步道散步時，有了不同體驗。時值嚴冬，我人在距離科隆二十公里的塔爾海姆村（Thalheim），正覺得自己應被唾棄。我與一名印度老師同住，她當時難以理解地選擇在此地落腳，與花園地精和黑森聯邦州的天主教徒比鄰而居，距離約瑟夫·門格勒（Josef Mengele）[24]在戰爭期間以猶太孩子進行實驗的醫院，只有一箭之遙。當時積雪很深，一片蒼茫天空的明暗對照，映襯出深色長青樹的輪廓。我的士氣跌到谷底，也找不到比當時更具瑞典電影導演柏格曼風格的場景，讓我可以把自己的禿頭塞進雪裡，把我他媽的腦袋一槍斃命。

我恨透自己所有的一切，也真心相信我應該更堅強些。我站在森林裡，冷到全身發抖，詛咒那些樹木，為千萬件事情苛責自己，包括我不會禱告這件事。我在森林裡看到一塊空地，盡情發洩，狂罵這一切，還有我現在應該做什麼——最明顯的一點如鳥屎般落下，「你在他媽的禱告，你這混蛋。」我腦袋裡的聲音提醒我。那股讓一個人拳頭朝向天空的狂罵，怨嘆命運，就是禱告本身的核心與勇氣。我將之與自憐劃上等號，對回應與團圓的渴望，以及自痛苦中的解脫，事實上是禱告的血液與手腳。原本相信禱告應該是由一顆純潔的心、發出禮貌祈求的我，直到那刻之前，都錯過這個顯而易見的事。有句諺語說，「掙扎就是最高形式的歌頌。」我現在也看見，掙扎是禱告的主軸。面對神聖之牆，我並未被凍結、忽略、噤聲，或是被關在牆外，但從我有記憶以來，卻用自己離譜的方式獻上禱告。

回到屋子，身穿紗麗服的老師正在數月前還是花園的地方剷雪。深色臉龐上交錯著斑點、頭髮凌亂，紅色塑膠雨鞋濺滿黏稠物，我告訴她在森林裡的經過。她一如以往，幾乎不發一語，只有微笑、點頭，接著要我離開。我好像一個發展遲緩的小孩，在回到寵愛的阿姨身旁報到後，被支開繼續去玩。數年後，我讀到一則關於《聖經．約伯記》的評論，讓我想起當時的森林漫步：「到最後，約伯的受苦除去了所有的正式禮儀，他與上帝直接交談，以一種挑戰又親密的方式，就如同上帝向他說話一般。」約伯藉由消除他原以為和上帝之間存在的距離而經歷轉變。這位先知因痛苦變得謙卑並有所領悟，終於了解光輝如奇蹟般得近，他與神聖語言之間的共同性，在我們平淡無味交

24 譯註：德國納粹集中營的醫生。

談中浮現的真理。有基督信仰的人，將這樣的禱告稱為與上帝的對話，非信者稱為講實話。不論是哪一種，我們似乎都藉由說話本身而經歷改變，藉由傾訴而非回應，是讓我們與那源頭連結的祕密，而我們的心智就是無法看破所經歷的苦難。就在我了解禱告是一副潛望鏡，一種穿過表層的凝視，而不是一通無人接聽的電話時，禱告對我而言，終於成為真實。

魔鬼情人

榮格稱成癮為一種「出了差錯的禱告」。成癮者迫切地追求超越、安慰與情感交流，透過酒精和菸草、賭博和自殘、與陌生人發生一夜情、暴食、血拼，甚至發生家庭暴力等，在虛空中杯水車薪的強迫症，以取代更高或更深層的連結。然而，仍被彷彿宇宙獨你一人的孤獨感打敗，成癮者的世界更是如此。這也是榮格向匿名戒酒會比爾・W（Bill W.）建議，戒酒計畫必定得加上靈性的環節才能奏效。成癮者需要更高層次的力量（即使是一股未信者聲稱且相信自己也看見的力量），以便從這樣的渴望，以及其所導致的致死性與毀滅性行為中康復。

麥可・克萊因（Michael Klein）如同許多準成癮者，他的成長環境裡，靈性的貧乏與被拋棄的威脅如影隨形地跟著他。無數個夜晚裡，他與雙胞胎兄弟凱文會看著母親被巴比妥酸鹽類藥物影響而昏睡，而臉還映照著客廳電視螢幕的光。麥可是個敏感的孩子，他詳端凱薩琳的臉龐消失在尼古丁雲霧中，想著他和凱文到底做了什麼，讓母親落此下場。為什麼敬愛的母親為了兄弟倆想黏著她，而似乎在生他們的氣（即使她也深愛著孩子）？凱薩琳的母親在四十三歲時喝醉酒，於第五大道自宅陽臺跳樓死亡，凱薩琳曾被拋棄，此時她想像自己會對孩子做同樣的事，這種羞愧感似乎是讓她步上母親後塵的另一個理由。

人從母親的臉上學到關於世界的一切，從她的行為舉止、愛或不愛的方式、身上散發的味道，以及在話語和安靜中的表達，學習到關於神的一切。你從父母的相愛、終至結合而生出你的故事中，學到關於創造的一切，這些細節打造出你對自己的看法、你從哪裡來，屬於你宇宙的顏色、質感與深淺，那些於根部特定的纏結，將人推出地面繼續生長。麥可母親眼中的悲傷，似乎在向兒子證明，世界是很殘酷的地方，沒有人會解救他，他會一直孤單。

麥可十二歲便開始喝酒。場景跳到曼哈頓中城的熟食店裡，那種有女服務生一邊托著粗鹽醃牛肉盤上菜，一邊忙進忙出吆喝著的地方。一位身材結實的肌肉男，金黃色頭髮、無敵幽默感，以及類似哈維・菲爾斯坦（Harvey Fierstein）如碎石被碾過的低沉嗓音——那是擔任教職的麥可，也是曾贏得獎項的詩人，已經滴酒不沾二十二年。但在他還是迷途小男孩時，他會一手抓著陌生人，另一手喝到掛，被一股他不明白的空虛感向下拉，喝酒和喝母奶一樣，試著想在世上感受到家。

「我至少從十歲就開始喝茫。」麥可告訴我，將開胃漬物擠入漢堡。母親凱薩琳在他二十二歲那年離世，似乎沒有人可以確定她是自然死亡還是用藥過量。他的雙胞胎兄弟凱文，從那時開始過著孤獨的酗酒生活，麥可感受到凱文的人生逐漸失控。麥可二十歲時有人帶他進入賽馬世界，他在貝蒙特（Belmont）[25]找到一份工作，照料純種馬（他一度照顧冠軍名駒「斯韋爾」）。那時他得配合不固定的馬廄生活到處旅行，以杜松酒為伴，從賽馬場搖搖晃晃至酒吧，再到不知名性伴侶的床上，追求著無盡卻無法滿足的連結。麥可在他的回憶錄《馬場跑道》（*Track Conditions*）寫道：「我開始喝，讓熱情上身，喝醉了就能上陌生人的床，那是種無懼的渴望。」

「無懼的渴望。」我說，「那是每個人都想要的。」

榮格派分析師琳達．席爾斯．倫納德（Linda Schierse Leonard）在她美妙的著作《見證烈火：創造力及成癮的面紗》（*Witness to the Fire: Creativity and the Veil of Addiction*）裡，回憶她從酗酒中康復的

25 譯註：紐約著名的賽馬場。

過程，並解釋著迷如何降低對物性的成癮：「成癮會導致偏執，一種對生活與視野的窄化，將成癮者降低為一個由其渴望而定義出的物件狀態。」

麥可的渴望是被觸摸，他告訴我，他在兩個情人間掙扎：藝術與死亡。每個成癮者都有兩個魔鬼，倫納德解釋，一個具毀滅性、一個具創造性，麥可身上兩者的程度都相當高。他已經認真在寫詩，人生卻很失控。「那個有創意的人選擇進入未知的場域。」倫納德提醒我們，「即使這樣的選擇似乎是命中注定，但成癮者是被往下拉的，通常沒有選擇，並且被（自己的疾病）押為人質。」麥可人生開始崩裂，約莫三十歲時，他做出清醒冷冽的判斷，「我覺得好累，人生一團糟，但我還沒死。」他直白地說。

我回應，「你把我弄糊塗了。」

「我碰酒是因為我想死。」麥可對我說，「但是酒謀殺我的速度不夠快，如果我得活著當個成癮者，我發現我情願活著就好。」

「就這樣？」我問他。

「就這樣。」

他前往戒毒中心，發現生理方面的戒斷並不難。「我的顫抖情況斷斷續續約三個月。」他邊聳肩邊說，「我一天醒著的時間不超過七、八個小時。」

「心理方面呢？」

麥可說他精神上的重生有如「一名車禍患者從昏迷狀態中醒來。這是我在意外發生前所記得的世界，而且我想在這裡重新生活」。

我告訴他，「就如同掉落至地球的那個人，我知道那種感覺。」

「我再次發現世界是彩色的！」他邊說邊拿薯條，「世界從平面變回立體空間，每件事都很高亢，我的精力充沛，可以記得我的夢！」

「你說得像從墳墓裡復活一樣。」

「就是像那樣。喝酒的時候，你知道每件事都存在，但是眼睛見不到，也不在乎。成癮者無法受教，你會喪失學習任何事的渴望，我記得連人很有趣這個事實都感到印象深刻！」麥可的笑聲讓鄰桌客人嚇了一跳。他承認，「我誰都不愛。從前我除了性以外，什麼都不愛。」他邊說邊招手、跟服務生要帳單，「人在喝酒時，會成為最糟糕的自己，差別在於你一點都不在乎。」

麥可走到餐廳外點菸，我們朝萊辛頓大道方向走。他的雙胞胎兄弟去年離世，他說是酒精引起的心臟病發作。麥可對於失去手足仍感到迷惘，他和凱文不一樣，麥可為了保持清醒而與童年期的魔鬼搏鬥。「我戒酒後的兩、三年，面臨現實世界，我發現自己需要治療。」他說，「自己有很大一部分不見了，那些使人之所以為全人的整塊都不見。」

「那更高層次的力量呢？」我問他。

他提醒我那個計畫的第一步，是承認對所罹患的疾病無能為力。「這一步帶給你極大的力量。」他知道聽起來很矛盾。「但是你找到的這股力量不是發自於內心的自我，在發現過程中，每件事情都是反向操作，許多你以為是帶來力量的徵兆，簡單而言，都不是。」

「像是什麼？」

「只想到自己、自憐、自我毀滅。」麥可在耍幽默。「你開始見到全景，不會凡事往心裡去，你成為集體意識的一部分，工人群裡的一個工人。」他使用馬克思主義的用語說道。「這讓你能夠沉著，並與更高層次產生連結感，你和你的疾病不是宇宙中心。」

「在什麼面前無力？神嗎？」

「也許吧。」麥可聳肩，「沒有靈性的意識就不會有力量，不管你如何定義靈性。如果我得為力量挑一個同義字，我會挑自我實現。」

十三世紀德國神祕主義者梅希特希爾德（Mechthild of Magdeburg）描述終於可以將她原先錯置

的禱告，與她能信任的愛人的膀臂連結，那人正是她本來心目中的人選。這名女修道院院長寫道：「曾被愛傷得很重的人，不論是誰，在接受傷害她的那份愛之前，無法成為全人。」梅希特希爾德說的是她對耶穌神聖的愛，但同樣原則也能應用在如麥可的成癮者身上。他早期失去雙親的愛，唯一的醫治方式是降服於最初的源頭。麥可告訴我，如今他已是個經過翻轉的人，他上瑜伽課、出版書、教寫作、與一名長期伴侶享浴愛河，而且幾乎不抽菸了。

「我從未想過會慶祝三十歲生日。」性情溫和、聲音粗啞的他說著，此時我們來到地鐵站階梯入口。「我在戒酒後活著的每一天，都是撿到的獎賞！」麥可的聲音漸強到幾乎可以鎮住迎面而來的車流量。「獎賞，獎賞，大獎賞！」

那麼，那些間接受害者怎麼辦？那些守著心愛的成癮者且無法離開的配偶、小孩、愛人或朋友，同時自己的生命處於困難中的人，他們如何找到出路？

凱瑟琳在夫雷士諾長大，從小家中就沒有爸爸的身影，她排行老二，有兩個姊妹。父母在她小學二年級時離婚，當卡車司機的父親搬到俄亥俄州，在那裡成立新家庭，凱瑟琳的母親潔拉汀得獨立撫養三個女兒。凱瑟琳的家經常收到驅逐通知，母親潔拉汀是愛爾蘭人，有公主病，不喜歡被迫去工作，於是常說自己偏頭痛、無法上班，又接二連三與有暴力傾向的男人在一起。凱瑟琳與她的姊妹們持家，打零工、供應家中食物，並照顧母親的情緒波動。

「我猜你會說，我沒有童年。」凱瑟琳這樣告訴我。我們在西雅圖派克市場吃午餐，她是名塊頭大的紅髮女性，像美國歌手薇諾娜．賈德一樣留長髮。她說，「我和姊妹們從來沒有當過小孩，我們太快長大。」

凱瑟琳成績優秀，申請到加州大學洛杉磯分校（UCLA）的獎學金，她在那裡第一次感到快樂，主修戲劇，參加演出、執導，還嘗試寫劇本，後來證實那是她的天分所在。「我是虛構之王，沒想到吧！」她咯咯笑地說，「我從小女孩開始，就編寫自己的幻想生活。」講到導演，凱瑟琳卻不在行，她在某個四月的晚上，於學校公布欄張貼執導她第一齣戲的徵人廣告，最後找到一位叫安德烈的失業導演，也是前戲劇系的學生。

「他就是我夢想中的白馬王子。」凱瑟琳告訴我，「光是這樣應該足以嚇到我。」

安德烈身高一百九十公分，擁有琥珀色眼睛和溫柔的嗓音，衣櫃裡的衣服是義大利男裝雜誌*L'Uomo Vogue*的風格，還有著她見過的男人中「最香醇性感」的嘴唇，全身充滿睪固酮，是在公開場合中會讓人回頭一望的肌肉男。凱瑟琳說，「要是有人說可以把內褲丟向他，像對待英國歌手英格伯．漢普汀克（Engelbert Humperdinck）一樣，一定會有人這麼做。」她雇用安德烈當導演，第二次謝幕後就讓他到家裡過夜。一陣歡愉後，安德烈向倚在大腿上的凱瑟琳說：「妳是我想照顧的那種女孩。」

直到現在，凱瑟琳無法相信，她當初竟然信以為真。她搖頭說，「我真的相信。在那之後如『芝麻開門』，我像是進入一種催眠狀態。」姑且不論安德烈迷煞人的外表，凱瑟琳被自己看來美麗的靈魂所吸引。安德烈沒有交代他有同居的女人（也沒提到她肚子裡懷著他的骨肉），他追求凱瑟琳，等到時機成熟時，甚至搬進她家同住。當另一個女人出現在凱瑟琳家門口的那晚，安德烈向她保證，前一段關係已結束，而她信了。安德烈承諾會找工作。有天，他拿出一對訂婚戒指（即使他懶得求婚），凱瑟琳的戒指內側刻著「ROOTS（根）」，安德烈的則是「WINGS（翅膀）」。她告訴我，「我最想要的就是根。安德烈對於想要的事，有厲害的第六感，他總能猜對他人的弱點，就像殺手掌握行凶對象一樣。」

○●

回顧過往，凱瑟琳能看見蛛絲馬跡，但當時是她人生最快樂的時光。她找到一個劇作家的工作，收入足夠讓他們在柏克萊買到一間像樣的房子。作為丈夫的安德烈，是名居家自由工作者，而她則為菜鳥導演刻畫契訶夫的劇本。週末時光他們種花、除草、煮湯。他們的性生活非常活躍，倒是安德烈有時候太猛烈些。「像他這樣的男人連謀殺都能躲過。」凱瑟琳告訴我，每一天她都注意到丈夫與他人調情，令她有些擔憂。花花公子如安德烈會強烈反彈，表明除了妻子外，對其他女人一點興趣都沒有。

十年後，他們育有兩個孩子。安德烈當個人教練。從各方面來看，凱瑟琳對他們能過著幸福美滿的婚姻生活感到心喜。她終於有了過往渴望那種有根的安定感，成立家庭，即使要花上代價。隨著年歲加增，安德烈變得情緒化，性生活不再，依偎親熱也停了。她想，至少他們有共識。她告訴自己，畢竟他們還維持住婚姻，而且，至少她不是自己一人，凱瑟琳看著熟睡的丈夫，發現自己是這樣想的。

這幅圖像接著卻突然碎裂。某個週間上午約十一點，安德烈做了件十年婚姻內沒做過的事，他起床後沒有更衣，就奪門而出。他說心裡有讓他擔心的事。數個小時後，凱瑟琳變得焦慮，開車到鎮上，在一家乾洗店外看到安德烈的車子，接著見到自己的先生在櫃檯後方和一個十幾歲的金髮少女親熱。凱瑟琳點起一根菸，「最病態的是，我決定不追究，我不要小題大作。他是個帥哥，注定會發生這種事，我甚至想過也許那是我的錯，沒有讓他保持對我的『性趣』。」

凱瑟琳做好原諒（或忘記）的準備，卻沒有準備好面對安德烈回到家中所發生的事。「他回家後大發雷霆，氣到發抖。」她告訴我，「他要我坐下，說有重要的事情要宣布。我真的嚇壞了，隱約知道大事不妙。」

結果不是凱瑟琳想的，他在外面有女人這類的事。安德烈愛上「提娜」，那是成癮者慣稱冰毒的詞。一個健身房的伙伴給他一些毒品，以便完成那晚的訓練。安德烈讓凱瑟琳看雙臂上的痕跡，告訴她過去三個月，他每天都打冰毒。

「我感到一陣心寒，裡面死了。」她說。安德烈以殭屍般的聲音繼續說著自己齷齪的故事：他在網路上認識的派對女孩們、暗中約砲的事，以及凱瑟琳完全陌生的冰毒次文化。安德烈藉口是去打高爾夫球或健身，其實是在她眼皮下劈腿。

凱瑟琳告訴我，「那是我人生最糟的時刻，彷彿看到我先生戴的面具被撕開。」回憶起來她的臉上顯露害怕表情，「我看見他的真面目，也看到他不是我原來想像的那面，我不認識自己的丈夫，安德烈是個完完全全的騙子。」

「那麼妳把他踢出家門？」

「沒有，理智的人應該會這樣做。」取而代之的是，凱瑟琳安撫了安德烈，並說他已被原諒，在他嘗試自己戒毒時照顧他。他在床上躺了一週，狂哭、狂怒和嘔吐。「你有沒有必須用湯匙餵某個人，卻同時想殺了他的經驗？」

很遺憾地，我有。

「幫他們擦屁股，卻想掐死他們？」

沒錯。

「我這輩子沒有感到如此被侵犯或不被尊重。」她接著說，「但我還是害怕他會消失。」

「你不會因某人毀掉你的生活就不再愛他。」我說。

她承認，「我想傷害他，但是我無法停止愛他，因此我做了一件我認為對的事情。」作為照顧者的凱瑟琳幫安德烈找到一家勒戒中心（並幫他買單），在醫院大廳和他親吻道別，承諾三週的療程結束後會來接他。她告訴我，「我相信他嘴中吐出的每一句謊言，我想相信他仍是我認識的安德烈，他會改變，為我、也為孩子們，他會知道碰毒品整件事是個錯誤。」

一開始似乎有效。「他出院時，就像我當初愛上的男人，不，比當時的他還要好。」凱瑟琳說，「他是我以前想像會存在的人，外表一派男子氣概等那些浮華的東西。」

「那是戒毒後的餘暉效應。」我告訴她。

「我好開心！」她搖搖頭。「我們度過幾週的蜜月期，安德烈似乎顯得未經琢磨、謙遜又真實，他每天都去參加戒毒者聚會，後來我在他放襪子的抽屜，發現皮下注射針頭。」凱瑟琳眼睛望向窗外。「他從離開勒戒中心那天起就開始打針，又是一個被謊言包裝的謊言，這次我把他逐出家門，打電話叫警察，但警方沒有足夠證據拘留他，隔天就放他走，而好玩的事就此展開。」

凱瑟琳賣掉房子，從柏克萊搬到西雅圖，換掉電話號碼，並申請保護令，以便在他現身時使用。但幾週過去，沒有一點音訊的安德烈卻盤踞在她的腦海裡，她說，「我的恐慌症開始發作。」她聽聞一些關於安德烈的小道消息，朋友在一些地方見到他，說他看起來很糟。更慘的是，他們的狗狗沙迪（當初被安德烈強行帶走）看來疏於照顧。凱薩琳現在說，「是狗狗的事情讓我情緒不安。他對沙迪很好，如果連她都被忽略，我很難想像安德烈處在何等地獄般的境界。」身陷於一次次安德烈和狗狗在街頭餓死的夢魘中，凱薩琳投降了。「就好像被鬼附身一樣，這個魔鬼不放過我，彷彿可以聽見他在叫我的名字，把我和他一起拉向深淵。」

她做了唯一能做的事。「我撥了電話，跟他說想見面，我把孩子留下，一個人飛到柏克萊，他生病臥床，已經六天沒有出門，沙迪瘦得剩皮包骨。」凱薩琳把他的住處打掃乾淨，幫安德烈按摩背部，坐在床邊聽他嗚咽地說自己染上毒癮、沒有想過要傷害她，還有想死。其實是不想死。

「我從沒想過有什麼事可以讓人如此受傷。」她現在說，「我覺得身陷絕境，好像做了一場自己也身在其中的噩夢。」凱瑟琳還是讓安德烈能與她聯絡。「我允許他打給我，這比不知道他過得如何還困難。」這樣的情況持續約一年。「他會在半夜打給我，在電話中哀嚎，求我幫他，有時候他會把離婚的事怪在我身上。」

「妳？」

「他是個成癮者，我告訴自己要原諒他，因為他病了，但是我沒辦法將魔鬼擋在門外。」很快地，凱瑟琳感到極深的罪惡感，沮喪到考慮要住進醫療院所接受治療。她無法斷除他們之間的連結。她說，「那就是我頓悟的時刻。我發現這當中有兩個成癮者，我對要解救他脫離疾病一事上癮，他的成癮讓我也生病。我意識到他在往下沉淪，而且不是他就是我會出事，我絕不能因這男人而喪命。」

凱瑟琳再次換掉電話號碼，與她孩子的爹斷絕一切聯繫。有近一年的時間，她一週參加三次匿名戒酒會，那裡都是與她情況類似的人。她坦承說道，「我以前曾經取笑他們什麼十二步驟的口號和受害者心態。但那都是出自我的傲慢，這些人不是受害者，他們是重大事件的倖存者。」傾聽與她極其相似的故事，即使細節不同，凱瑟琳更了解自己的心魔：救世主情結，對於解決問題的著迷，那種共生依賴的衝動，想要解救他人以便讓自己也被拯救。

她望向碼頭的船隻。「人們不知道共生依賴潛藏的特性有多危險。」她解釋，「意思是作為照顧者，會在成癮者的痛苦中消失，當他們需要某件事情時，你的存在就不復見。安德烈生病時，我覺得要死的是我。」

「我完全知道那種感受。」

「他要我坐在那兒，看著他自殺，但是我有可能比他早走，我必須救自己的性命，不是他死就是我死。不只是為我，也是為我們的孩子。」

凱瑟琳發現治癒自己成癮最困難的部分，是承認對於幫助自己的愛人一事，她完全無能為力。

「接受你做的任何事都幫不上忙，就這樣。」

「理智無法了解這件事。」我說。

「這與所有自然反應相反，因為成癮會讓所有事都反過來，在日常生活中覺得是愛，應用在成癮者身上，就變成『助長陋習』。事實上，溫柔與愛的關懷對成癮者是有害的。嚴厲的愛可能感覺像忽視，但那是唯一可能會有幫助的事情。在我的生命中，我從來沒有對任何事感到如此無力，或是如此誠實。」

她直視著我，「我必須接受安德烈可能死於成癮的事實，而我做不了任何能阻止他的事情。」

在我們訪談的三個月後，我收到凱瑟琳的電子郵件，她告訴我安德烈向父母求助，目前二度待在勒戒中心。凱瑟琳不會去探望他，不過她允許安德烈的心理治療師傳達訊息。凱瑟琳也獲得沙迪的監護權。她在信裡告訴我，如果她的前夫能夠戒毒成功，她可能會考慮給予他探望權。「父親會對孩子有幫助。」

我回信問：「妳呢？」

她回覆已幾乎做好約會的準備。凱瑟琳考慮使用網路媒合服務，以便開始學習如何設立界線。「不要帥哥。」她說得很清楚，「而且要矮子，不能有肌肉。」

「不能有肌肉？」我揶揄她。

「還有不能有頭髮！」她回應我。

「想找中年大叔？」我又問她。

「答對了！」凱薩琳在回覆中以微笑表情劃上句點。

探問

要說真實應始於失去，似乎有違常理。人設的輪廓有了裂痕，有一半的你擱淺在冰山邊，漂浮在遙遠的冷冽中。一部分的你停止運作，與過去熟識的你隔絕。探問由此開始，事實就是你已無法整理自己回到原處，陳舊的過去已不再合適，而嶄新的未來尚未展開。你站在鏡前看著自己，這是個什麼東西？這個睨視著過去自己、歪斜不正又滿是憤怒的人是誰？我如何能與這個醜陋的外星人同住？原屬於我個體的其他部分跑去哪裡了？

你還沒聽過隱藏的面孔這件事。你還沒學到，失去你認為永遠不會失去的東西，正是精準地展現你是誰的依據。「我們很難精通失去這門藝術。」伊莉莎白．畢許（Elizabeth Bishop）隨口說道，

「許多事情注定要失去，使得真的失去時沒什麼大不了。」我們經歷一次又一次的失去，往下一看，發現腳仍踩在地上，於是了解佛教最經典的玩笑話：我們不是害怕被忘卻在後的東西，而是懷抱「注定要失去的意圖」，不依附在自己世界裡的人物角色，而是當一切開始消逝時仍駐留在原地的東西，那個透過觀察與提問的自我。每次當這件事發生，更凸顯我們腳上的彈簧，彷彿我們失去了沙袋，在彈跳中變得更輕盈。

探問本身就是一種藝術形式。初學者提問，你今天是誰，你最渴望的是什麼？直覺告訴你往何處去？問題種在「新手的心田中」，犁出新路、剷除舊議題，幫助我們重建道路。

我參加過一場在芝加哥的工作坊，室內會議廳有如冰箱般寒冷，兩百名與會者一起等候發問皇后拜倫．凱蒂（Byron Katie）的到來。她喜歡人家稱她為「凱蒂」，被《時代》雜誌選為「二十一世紀靈性創新者」之一，無師自通的她當時是老師，六十四歲，她從二十年前險些喪命的精神崩潰中，發展出一套自稱為「轉念作業」（The Work）的技巧。

這個對自我欺騙的猛烈攻擊包含四個直接問題，凱蒂稱之為「轉向」（稍後會列舉）。我到達芝加哥時，只知道這名受人尊重的女子深信她的技巧可以緩解任何情況帶來的痛苦，解救當事人脫離生理折磨。我抱著懷疑又好奇的態度參與。一名受敬重的心理治療師友人，在參加一次凱蒂的週末工作坊後，以「心理衝擊與敬畏」形容。即使是凱蒂的丈夫——學者兼譯者史蒂芬·米歇爾（Stephen Mitchell），以他務實的個性都說「轉念作業」是通往佛陀稱為「道」的真實路徑，將混亂的心運載至平靜水域的工具。

坐在折疊椅上的與會者開始騷動。技術人員在臺下確認麥克風後跳下舞臺。鄰座的佩姬是監獄牧師，胖嘟嘟的身材，一頭瀏海齊耳短白髮，眼距顯得過窄，不是迷人的那種類型。她給我一顆薄荷涼糖。

九點一到，凱蒂昂首闊步走上舞臺，身著巧克力色絲質褲裝，肩上垂掛著誇張的披肩，有如桃樂絲·黛（Doris Day）的美麗，梳著一頭完美髮型，就像馴獸師般充滿自信。米歇爾坐在舞臺右側，斜紋軟呢夾克與蓄鬍，一派學者樣。凱蒂沒做開場白，直接切入主題。

她說，「我們最親密的關係是與自己內心的關係。曾經有很長一段時間，我待在黑暗處。直到有天，我明白一個簡單的道理。」

佩姬將筆壓在筆記本上，隨時準備動筆。

「當我相信自己的想法時，我便受苦。」凱蒂說。「當我不信這些想法時，我便不用受苦。從那天起，一切都發生了改變。」

我身後有名男子清了喉嚨。「想法就像小孩，它們會一直吶喊到我們投以注意力。」凱蒂邊說邊走下臺，「一旦我們開始問問題，不論是相信了四十年、五十年或六十年的事情，那些讓我們感到最有壓力、最折煞人的想法便會終止。」

佩姬用手肘碰我，揚起她的眉毛。

凱蒂向我們保證，「這並不簡單，需要很多勇氣，但親愛的各位，此時不就該面對現實？」她傳遞的善意有如給小孩的甜頭般。「長久以來，我們不就是一直在欺騙自己？」

「沒錯！」蓄著山羊鬍的心理治療師叫道，他叫米克（與會者都戴著名牌）。

「好的，這是你們的羞愧學習單。」凱蒂舉起一個紫色文件夾。她要求大家列出最黑暗、最折磨人和最感到羞愧的信念，以及從未告訴他人、隱藏深處的祕密、惡毒與可怕論斷，選出最羞愧的一件，回答四個問題，然後轉念。「要殘忍！」凱蒂敦促著與會者。「這是你檢視內心的機會，如果我們不探問所相信的事，就注定會在生命裡活出這些信念。」

「轉念作業」包含四個問題，簡單到令人懷疑它的效果：

1. 這個想法是真的嗎？
2. 你能完全知道這個想法是真的？
3. 你在有那樣的想法時，會有什麼反應？
4. 沒有那個想法時，你會是誰？

一旦問了這四個問題，學生被要求翻轉原來的想法，給出三個例子，解釋這個「轉念」比原來的信念還要真確，甚至更加真確的原因。「我媽不愛我」可以是「我媽是愛我的，我能給出三個原因解釋」。凱蒂說，任何令人痛苦的想法只要經過這個提問過程，就會失去傷害我們的力量，因為腦袋裡裝的都是一堆謊言。

據說這些問題都是她在一九八〇年代中期一次精神崩潰後，自然而然想到的。凱蒂於一九四二年十二月六日出生在加州沙塵彌漫的巴斯托市，原名拜倫．凱薩琳．瑞德（Byron Kathleen Reid），在家中排行老二，父親是聖塔菲鐵路公司的工程師，母親是五〇年代典型的家庭主婦。凱蒂十九歲時因懷孕而步入禮堂，在六〇與七〇年代絕大部分時間都在撫養三個小孩，是當地小有名氣的不動產天后。

接下來發生的事顛覆了原有生活。在家中經歷風暴期間（三十六歲時婚姻劃上句點），凱蒂變得疑神疑鬼且有自殺傾向。過胖的她還患有廣場恐懼症，有兩年幾乎足不出戶，經常無法自己洗澡或刷牙，更別提照顧小孩。這場危機因缺乏明顯理由而更加惡化。「我錢多、房子美、三個小孩都很健康。」凱蒂在我們見面時如此說。「經歷憂鬱卻沒有一個可以歸咎的原因更令人感到羞愧，我覺得自己不知感激，也感到混淆，生不如死。」

凱蒂的孩子們擔心媽媽會傷害自己，在洛杉磯附近找到一個類似中途之家的地方，讓她有個安全居所，家裡的人也能與她激烈的言語保持距離。就在放逐邊疆期間，一九八六年十月十六日那天夜裡她睡著後，不知道隔天醒來，會出現一個將她的憂鬱心智一分為二的洞察。若是周遭的人沒有見證到這個突如其來的覺醒，這一切就神奇到難以置信，她的家人為她證實了所有經過。「她似乎有著完全的平安。」凱蒂的女兒告訴我，「我無法相信那是我母親。」

凱蒂解釋，「我回到現實當中，意識到我的痛苦是被我的想法製造出來的。」慢慢地，她開始與巴斯托市的當地人分享「轉念作業」，他們想知道那個瘋掉的鄰居怎麼能突然春風微笑。日子一久，凱蒂開始收到來自全美的演講邀約，後來也到海外分享。她沒有花一丁點功夫推銷自己。凱蒂心裡從來沒想過會成為問題皇后。別人問她是不是經人開示，還是怎麼了？這類問題她一概不回答。「我只是知道會痛和不會痛之間的差別。」

一旦在約定時間內完成羞愧學習單後，凱蒂開門讓志工進來。我並不想分享，但整個練習讓我備受啟發。我的首要羞愧（與失敗有關）很快地就在我以這些問題測試時，顯露出薄弱面。不僅我一直用來鞭打自己的「事實」是假的，就在我使用凱蒂的轉念作業時，它有如一尾被魚叉刺死的魚。事實上，與我相信之事的相反面，比自我挫敗的想法還真確。這項練習讓我感到不安。

凱蒂眼睛掃過揮手的與會者。一名拉丁美洲男子走到麥克風前，「我太太讓我戴綠帽。」他低聲說，「但那不代表我比較沒有男子氣概。」

「寶貝，謝謝你。」凱蒂說。

「我覺得我有可能是同志。」一個穿著埃克索爾．羅斯（Axl Rose）T恤的青春期小孩自言自語地說，眼神緊張地飄向會場四周。

「我很開心你在這裡，親愛的。」她向男孩保證。我的白髮鄰居害羞地舉起手，「我太胖了。」佩姬對著麥克風呢喃，用紫色文件夾遮住肚子。事實上，佩姬長得壯，但稱不上肥胖。

「那是真的嗎？」凱蒂問道，將手放在她的後腰上。會場內所有眼睛都望向我害羞的同學身上。凱蒂問，「你們當中有多少人願意讓佩姬抱一下？嗯，不對……我想一下，誰願意讓超級模特兒抱？」幾乎所有人的手都舉起來。「寶貝，看到了嗎？」凱蒂向她微笑。佩姬身體明顯地顫抖著。「請記得，傷害我們的，是我們想的或說的。」佩姬捂著嘴巴坐下。

「還有嗎？」凱蒂問現場觀眾。有位五十來歲、穿著體面的男性站起來，在麥克風前等攝影機焦點落在他身上。

他咕噥著說：「我討厭我的生活，我不想要在這裡。」

「你能說得具體一些嗎？」凱蒂走到前舞臺，凝視著他。

那名男子說道，「有時候我想死。」

「很好。」奇怪的是，凱蒂肯定他說的話。「現在試試看轉念作業。」她說。「是真的嗎？」

「是的。」他說。

「你完全確定這是真的？」凱蒂不受他表現出的痛苦影響。

他回答，「妳的意思是什麼？」

「寶貝，你能百分之百確定你想要死？」她緩緩地問。

「這是我的感覺。」他說。

「當然，這是你的感覺。但這個想法浮現時，親愛的，你的反應是什麼？」

他臉上的表情從些許痛苦到輕微惱怒。「你想我是什麼感覺？」他煩躁地反問。凱蒂已經多次遇到這種情形，她溫柔且穩定地要求那名自願者簡單、直接地回答問題，「這樣才能讓『轉念作業』發揮功效。」

「好。」他回答。「我覺得自己是個『他媽的敗類』。」

「寶貝謝謝，很棒。」凱蒂走下舞臺，走向他的走道，「現在，沒有那種想法，你會是什麼？」

「騙子。」他直接告訴她。

「親愛的，你想要快樂嗎？」她問。

「不然妳覺得我為什麼在這裡？」

「那麼你會是誰？」凱蒂再問一次。

「我不曉得。」他說。

「答對了！」那名男子看來困惑。她說，「沒有那個『我想死』的想法，你不知道你會是誰。」

現場變得安靜。他說，「我不懂。」

「沒關係。」凱蒂想讓他放心。「現在，你可以轉念嗎？」

他又露出厭煩的表情。看著他的憤怒程度隨著每次無傷的問題提升，更顯露出他的內在狀態。

他抓起夾克準備離開，接著又放下來，低聲說，「我不喜歡這個遊戲。」

「那你為什麼自願參與呢？寶貝。」她問道。佩姬用手肘碰碰我，點著頭，那可憐的傢伙完全知道命中要害。凱蒂說，「試著回答問題就好。對於『我想死』的想法，你可以想像哪些轉念？」

「什麼？」他回答，「妳是說『我不想死』？」

「還有其他的轉念嗎？」她問。

他聳著肩說：「我想活？」

凱蒂繼續這個練習，她說，「現在請給我三個原因，說明這個『我想活』的轉念是真確的，甚至比你原先的想法還要真確。」

他臉上的怒氣轉成迷惘，「好吧，也許純粹為了報復？」

「只要對你而言是真確的就成立。」她笑著說。

「我想要活到與我那惡老婆離婚，並在走出大門時看到她的表情，這樣算嗎？」

凱蒂跟著現場與會者發出一陣歡呼。「這聽起來是個很合理的理由，還有嗎？」

「還有，我很愛孩子們，我想活著看他們長大。」

「很好，現在可以請你再給我一個理由嗎？」

他沉默好一陣子，最後以顫抖的聲音說：「我覺得我是個好男人。」

說完這些話，他臉上原本的怒氣都發洩完了。他坐回折疊椅，凱蒂也回到講臺，對著觀眾說，「我們很納悶，為什麼一個被怒氣充斥的心，會讓我們寧願死去。請記得，心是一個孩子，它相信我們告訴它的任何事情。」

佩姬小聲地說，「一個發展遲緩的孩子。」「那些我確信創造出我的世界的事情……」凱蒂強調「創造出我的世界」，「直到我探問前，我們未經探問的想法只會變成夢魘，我們帶著這些痛苦進到墳墓。但我們每個人都有能力停止這樣的欺騙、停止錯待自己。某人打你，砰！結束，那就是恩典。」

我很佩服她如此有深度的論點。

「但是我們的心一直重複著痛苦，這會議廳裡有許多勇氣的存在。」凱蒂將手指放在下巴呈V字型。「我總是為此感到驚奇。」

關於一個人的想法塑造當事人的生活方式，這個觀念了無新意，佛陀、笛卡兒、費爾．麥格羅博士（Phil McGraw）都這麼說，凱蒂成功地以現代而有效，以及非教條的方式陳述這個古老智慧。她反對自己被當成大師或先知，強調沒有人需要她（或任何導師）來採收自我傷害的好處。全球意外地出現至少六百個獨立「發問圈」（一群人彼此問問題），遍及赫爾辛基、香港與休士頓等地，這是「轉念作業」可以單獨運作的證明。

中午休息時間，我與數名曾經參加凱蒂工作坊的人談話，他們說藉由應用這四個問題，已在自己生命中獲得較顯著的進步，比在收費頗高的心理治療師辦公室裡，不斷重複童年創傷更有效果。「這當中的好處是人們可以自己進行，無需經由分析或昂貴的流程。」一名四十來歲的顧問這樣說，她最近熬過罹患乳癌的險境。「變老的禮物之一，是即使改變顯得比以前困難，你會被迫因著生活的現實而以積極方式面對毀滅性想法，否則就跟著這些想法一起下沉。」

蓄著山羊鬍的隔壁伙伴米克同意這樣的說法，有著湛藍色眼睛的他五十二歲，是名社會工作者。「這簡直稱不上是治療。」米克解釋，「大多數的人在情緒痛苦上已到了成癮的危險程度，他們或許想改善事情，但只想做一點改善。這個作業發揮最大效用，是在那些覺得自己的故事實在膩到一個程度，且準備好要將故事丟包的人，因為他們太痛苦了。但若是我要找一個繼續卡在當中的理由，許多凱蒂的教導聽起來就會像是胡扯。」

實際上，這名老師極為積極、充滿猛烈之愛的訊息，讓她的同儕覺得感冒。我曾與一名住在洛杉磯的心理學家談過話，他在看完凱蒂將這套流程應用在一名創傷嚴重的人身上時，深深地感到疑慮。「這是把一些繼存的認知行為療法，加以有創意地延伸。」他語帶傲慢地告訴我，「在正常神經官能病範圍裡的人，也許有幫助。」這名心理治療師認為，「但怎能作為治療任何導致我們生病的範本？」他不以為然地發出哼聲。「假設只要問這四個問題，然後將那個想法轉念，就能解決諸如強暴或亂倫等議題的複雜與嚴重性，只不過是狹窄又天真，以心理學角度而言，這不夠細緻。」

凱蒂這種從殘忍出發、為求溫柔的方式，將完全排除受害者心態視為合法立場，的確也是讓批評她的人最過不去之處。一名要求匿名的冥想老師，甚至說「轉念作業沒有核心價值。」然而，我仔細觀察凱蒂，從未有一刻懷疑過她在當中的用心與全力以赴。即使她對自怨自艾者沒有投以相當的悉心照料是事實，取道猛烈來通往憐憫，她的強硬態度似乎源於不想在沒有挑戰當事者少說廢話的前提下，就看著他們折磨自己，因為她曾經幾乎把自己折磨至死。

數天後，我與凱蒂和她先生在紐約見面，她針對這個爭議進一步解釋。我們在他們位於曼哈頓中城旅館房間見面，我坐在高背椅上。

「同情很可怕。」凱蒂身穿另一套皺邊絲綢長裝，充滿迷人魅力，「但是當一個人在生存中有困難時，憐憫並非他們的朋友，害處大於益處。若是我們在意的人受到傷害，我也會感覺受傷，因為他們受傷了——『噢，你這可憐的傢伙，我替你感到難過！』現在兩個人都受傷了，我這樣做，帶來什麼好處？」

再說一次，這樣簡單的論理我們很難爭論。凱蒂相信，當一個人在谷底時，走實用主義最重要，太過戲劇化反而是種負擔不起的奢侈。這種在自我認識領域的無情，讓我想到印度神話裡的女神迦梨（Kali），她象徵凶惡女性，以自我認識的彎刀斷除妄想鎖鍊；又或是我曾經跟從的禪宗大師，他喜歡在打坐者瞌睡蟲來襲時，用手揮向他們後背，厲聲道：「起來！」又或者像在現場進行檢傷分類的外科醫師，為挽回患者生命而加劇疼痛。凱蒂正如我所遇過每位真摯的老師，無論外表如何親切，內心都有如鋼鐵般強大，並對助人自痛苦解脫充滿熱情。

「人們在恐懼中生活。」她邊說邊為我倒茶。

「這是加諸自己身上的折磨。」米歇爾同意地說。

凱蒂握住他的手。「會自我探問的心期待生命。」她告訴我，「我們無法阻止生命的發生，寶貝，所以倒不如期待生命，對吧？你能想像若是我們大部分精力不被壓力所消耗，就可以做出什麼樣的大事？」

我深表同感。

「但我們必須問自己的問題是，我們是否選擇盡力過充實的生活，還是寧願向世界證明活著就是痛苦，而我們是最佳例證？」

這讓我想起索爾．貝婁在小說《抓住時機》中描述猶太同胞：「他們害怕如果放棄受苦，自己就空無一物。」

凱蒂繼續說著，「但我們在教小孩什麼呢？」她問，「是教他們不論發生什麼事，都有快樂的可能性？」

「很少有這樣的例子。」她的丈夫說。

「但這卻是事實！我們的人生是由我們的想法決定，不是由發生在我們身上的事情決定。還有，由管好自己的事情決定。」在工作坊中，凱蒂認為世界上只有三種事情：「你的、我的、上帝的」，我們最常惹的禍是因為經常搞混。「照顧自己的事、探問我們的心、釋放自己自由，是由我們決定。如果我管你的事，誰來照顧我的事？」

她喝完青色琺瑯壺中的茶。我意識到，該結束了。雖然我心中還有許多想問的問題，但其中有一題勢必得問。一個人要如何從自己經歷的各種失喪中存活，面對命運裡的各種轉折，忍不住期盼時光能夠倒轉的同時，還能心無苦痛地適應？「我們是人。」我說，「人會有記憶。」

凱蒂聽我說完，然後問我一個直接的問題：「你想知道事實嗎？」

「這是我來此的原因。」我告訴她。

「很好，我告訴你，那些已經發生並讓我們感到痛苦的事情，不過是與過去的一場爭辯。」

與過去的一場爭辯？

「你是自己製造痛苦。」她說，「你三歲時，被父親賞過一個巴掌，但你一直重複百萬次。」當然，她是對的。「一件事直到對我們而言是結束，才是真正結束。臨終前，我們還在埋怨父母、老伴、小孩、工作、國家、疾病、身障情況等，毀掉我們一生。」

「很瘋狂，對吧？」米歇爾問道。

「而我們可以阻止這樣的瘋狂。」凱蒂說，「問問題就可以阻止苦難。」

若是拜倫·凱蒂沒有發現這樣的練習，治癒了自己的瘋狂，如今坐在我面前，散發旁人都能感受到的喜悅，我可能會將這一切貶為空中樓閣、滿臉笑容的新世紀騷動。但是她生存的故事很真實。我內在懷疑的聲音想要針對她簡單的教導辯論、想要找出錯誤，但即使在我有這些想法時，我的心在不經意中開始了「轉念作業」：她的宣稱很誇張，這是真的嗎？我納悶著。人生可以免於痛苦？我能夠百分之百確定這是真的嗎？

「事實比我們對它的想法還要溫柔。」凱蒂說。

我才不在乎

某日我正忙著外部編輯工作，雜誌社總編輯來到我辦公室，似乎想找我談談。金髮的湯姆・歐康奈爾（Tom O'Connell）來自印第安納州，總是一派歡樂樣，至今都還沒怎麼跟我說過話，但似乎研究過我的專長領域後，想告訴我關於他的故事。「你能幫我保密嗎？」歐康奈爾關上辦公室門。當我還沒說自己正在寫一本相關主題的書時，他已經談起自己精采的故事（後來他同意我納入本書）。

兩年前，三十二歲的歐康奈爾在紐約參加一場出版派對，開心地講著笑話、以啤酒灌肚，突然之間他的頭往後倒，據他描述「在時髦的蘇活區華麗舞廳無意識地跳著霹靂舞」。歐康奈爾一輩子沒生過什麼病，當時似乎經歷一場癲癇發作。一個他原本想約會的同事將皮夾塞入他嘴中、防止他咬到舌頭。「那場關係就此結束。」他面無表情地說。

下一刻，歐康奈爾已被推至救護車門邊，急救人員趕著送他到醫院檢查。一開始他拒絕，從擔架上站起來，不顧朋友們的反對，叫了一部計程車回到上城家中。「我以為自己只是壓力過大。」歐康奈爾這麼告訴我。「我想，回家睡飽就沒事了。」不久後，另一次癲癇發作，計程車司機急忙將他送到醫院急診處。他非常幸運，若是他獨自回到家中才發作，有可能撐不到隔天早晨。

後來才知道，這是在不清楚自己有腦瘤的情況下，當瘤出血而充滿腦部時所發生的事。到了急診處數小時內，透過核磁共振顯示血塊位置與大小，歐康奈爾被緊急送入手術室進行顱骨切開術，醫師打開他的大腦、掀起部分的臉，切割出一小塊頭骨。歐康奈爾此時將手伸入信封、拿出在手術檯上拍的照片，他的頭髮被剃光，看起來有如新生兒，血液從他閉上的青紫色眼瞼流出，嘴中插著一條如衛生棉條的東西。

「你之前沒有任何異狀？」我邊問邊把他臉上沾著血汙的照片還給他。

「沒有。」歐康奈爾說。「那是突然發生的。」他緊急手術一個月後，醫師說他的腦瘤是惡性第三級寡樹突膠質細胞瘤，屬於侵略性特別強的癌症，必須馬上移除。在手術前幾天，歐康奈爾如同一縷飄霧走在街上，日常對他而言似乎顯得荒謬，「我滿腦子想的都是語言治療、包尿布，還要讓人用湯匙餵食。」手術進行了兩個半小時，醫師取出大小如「一小罐貓罐頭」的腫塊。縱然手術成功，他還是被迫每半年要進行一個月五天的化療，結束日期未定。

「你如何面對預後？」我問他。

「不是我會期待的情況。」歐康奈爾聳聳肩，「不過，我有機會活下來。」

若非像他這樣精力充沛的美國南方陽光男孩，這種級別的可怕消息可能在知道時，就代表人生結束的訊號。對歐康奈爾而言，儘管身體經歷風暴，卻使得他更渴望找到讓自己開心的事情。法國人對這種厚臉皮的行徑會說「我才不在乎」——不管他人想法的勇敢精神。歐康奈爾來自美國中西部，無憂無慮的他開始不打安全牌。他和一名交往很久的女孩解除訂婚關係，因為曉得對方不是他的靈魂伴侶。他辭掉無聊的出版工作，回到老本行，當起流行文化記者，工作不穩定但很刺激。然而，到目前為止，他最大膽的決定是買了一輛哈雷GTE摩托車，這輛摩托車成為非化療週的「小逃亡」。親朋好友都擔心他，要是錯過一次抗痙攣劑用藥，就有可能癲癇發作。然而，他相信就是這樣的危險，讓他內心燃起被醫治的渴望。

「騎哈雷讓我有種無敵感受。」歐康奈爾說。「我記得有次在傾盆大雨中騎了八個小時，時速超過一百四十公里，耳機裡播著震耳欲聾的音樂，在高速公路上奔馳超過卡車，感覺超棒，玩命本身很療癒。」

「你應該知道這聽起來很瘋狂？」我告訴他。

「頭腦清楚有什麼好處？我還比較偏好熱情。」歐康奈爾深信自己的騎士幻想。術後八個月，在一次六月午後，他一人騎摩托車北上至佛蒙特州，全然不知命運對他的特別安排。他到達蒙皮利爾（Montpelier）小鎮，大學好友在當地經營酒吧。歐康奈爾大口喝著精釀啤酒，一名性感女子吸引他的目光。「那位超辣的棕髮美女和幾個女性朋友走進店裡。」他告訴我，「我的目光離不開她，她是那種讓人一看心就跟著融化的人，我觀察她近一個小時。」

在歐康奈爾還沒來得及拒絕，他喝到半茫的朋友走向這群寂寞女子。大嘴巴友人未經過歐康奈爾同意，就透露他最近的手術，希望博得這群女子的同情。突然之間，出乎意料地，棕髮女子穿過酒吧，給了他一個大擁抱。

她說自己也曾罹患腦瘤。

歐康奈爾的故事自此上升至難以置信的地步。接下來的週末，她邀請他至附近山裡的小木屋共度夜晚。「她大我八歲。」婚姻生活並不幸福。她曾經是職業自行車選手，後來成為馬匹按摩師，發現腦部惡性腫瘤後已存活十四年。歐康奈爾告訴我這段故事時，有如小孩在屎堆中找到小馬一樣，一臉難掩愉悅的表情。更好的還在後頭，她最近也買了一輛哈雷，兩人可以結伴騎乘，在國內公路旅行。她隨處留情的丈夫也不過問。

我問，「你們兩人都有腦瘤，還一起騎哈雷環美？」這聽起來太夢幻。歐康奈爾邀請我隔週週末與他們一起在紐約共進晚餐。

「我還是會看著她，無法相信有幸能和她在一起。」歐康奈爾說道。我們在格林威治村約翰披薩店裡的沙發椅區用餐，他摟著她。翠莎．史蒂文森（Trisha Stevens）翻了白眼，她穿著藍色緊身牛仔褲與馬靴，紅褐髮中露出過早的幾綹灰髮（換作是愛美女性一定會遮起來）。史蒂文森告訴我，「我以前從未外遇，但湯姆與我之間有種無法拒絕的連結。」歐康奈爾摟住她的腰。她承認，「既令人困惑又可怕，我們不確定未來如何……」

歐康奈爾說，「我希望翠莎能成為我的妻子。」史蒂文森看著我聳聳肩，「我沒有任何計畫。」「誰會有計畫呢？」我同意地說道，史蒂文森似乎感激我沒有加以評論。她在佛蒙特州一個小鎮長大，曾經是長距離自行車手，一九九三年她在佛羅里達州埋頭於冬訓時，開始出現難以理解的癲癇。她告訴我，「我坐著，突然之間能夠聽到聲音和看到人，但是我彷彿整個人處在布簾後無法言語。」

「突然之間？」

「沒有任何警訊。」當這樣的情形一天發作三次，史蒂文森開始一段瘋狂又挫折的尋醫之旅，希望找到可以為她診斷病情的醫師。

「就因為我是女性，他們一直告訴我這是恐慌發作。」史蒂文森搖著頭說，「我看起來像是會歇斯底里的女人嗎？」她讓我想起《倖存者》（*Survivor*）節目恐怖片段裡會出現的狠角色。終於，某次核磁共振檢查中發現她的頂葉有腫塊。

她鬆了一口氣，至少答案出爐，史蒂文森笑著說，「有種明明擺在眼前的答案，終於被人發現的感覺！」然而，打開頭顱以進行切片化驗的潛在風險很高，因此她採取觀望，搭配每日服用抗痙攣劑。「我感到非常惶恐，嚇壞了！」史蒂文森承認，「遊走如殭屍般麻木。我無法理解人每天是如何過日子的。」

「那樣不是很嚇人嗎？」我說。

「有如處在一個平行空間。」保持活躍讓史蒂文森感到寬心，因此她自願為腦瘤協會當海報女郎，後來也成為新英格蘭女性自行車手冠軍。她說，「我希望自己的經驗能為某些事帶來好處。」

那是十四年前的事了。自此之後，史蒂文森已協助募款數十萬美元，好讓和她有相同處境的人「無須等十個月才等到該死的診斷。」一九九五年，她獨自一人展開舊金山至波士頓為期三十九天的旅行，於四千兩百六十七公尺穿越洛磯山脈時癲癇發作。但這名強悍女性不把這種危險當回事的態度，如同她與歐康奈爾展開這段逍遙騎士的羅曼史一樣。「我情願以這樣的方式死去，也不要在雜貨店跌倒撞到頭。」史蒂文森接著說，「否則，你就只是坐著等死。」

歐康奈爾同意這個說法。「我還是抽菸、飲酒、與朋友同歡豪飲。」他告訴我，「如同我說的，玩命可以很療癒，周邊的人比你自己更緊張。」

「我很怕死。」史蒂文森坦承，「不要誤會。」她敲敲腦袋說，「在這種事發生前，人們很容易忘記要注意，看好路標、順著出口指示，不要錯過生命給你的事物。」

「不要花時間和讓你不舒服的人來往！」歐康奈爾強調這點。我想到科學類作家丹尼爾．高爾曼（Dan Goleman）的研究證明，結交好同伴有實際的醫療效果。「看到人們忽視自己的天賦會讓我抓狂，我生病後有一陣子，走在人行道上幾乎沒有不生氣的時候！」

「寶貝，冷靜一下。」史蒂文森拍拍他的手。

「人真是健忘的動物！」他對著史蒂文森說。

「我們都會碰到警鐘響起的時刻。」我提醒他，「遲早的事。」歐康奈爾與史蒂文森現在處在一個緊張又美好的狀況，他們任一方都無法事先計劃，彼此深愛對方，不確定未來如何。如同《麥迪遜之橋》，還加上癌症這個元素。

「我丈夫是個好人。」她說，「他不會打我，並以自己的方式關心我。」現在輪到歐康奈爾翻白眼。「但是湯姆一開口，就讓我覺得像公主。」

「因為妳就是。」歐康奈爾親吻她的前額。

「我從來沒有這樣的經驗。」史蒂文森說，「在我生命裡從未遇過。在我們相遇前，我沒有想過結束婚姻，但是與他的相逢有種無法否認的力量，再加上彼此有共同的連結。」

歐康奈爾去洗手間時，史蒂文森向我吐露祕密。「他只是現在沒事。」她壓低聲音說，「也許他會沒事很長一段時間，但是他的癌症很麻煩，我的還有可能是良性。」我還沒有機會問她，歐康奈爾的預後會如何影響她的重大決定時，他已從洗手間回來。史蒂文森快速接話，「我為他瘋狂。」掩飾我們短暫的離題討論。

「而我從未如此快樂過。」歐康奈爾大聲說著，側身坐到史蒂文森旁。

「真是緣份」我說。

「如果我們沒有腫瘤的話……」史蒂文森說，「只會是兩個在酒吧的人。」她撥開歐康奈爾前額蓬亂的鬈髮。

「她是不是很美妙？」歐康奈爾笑著說。只要一談到史蒂文森，她似乎就開始發光。曾有一瞬間，她的確讓我想到灰姑娘溜出屋子變成公主，要是能在午夜敲鐘前延長片刻能有多好。歐康奈爾再點一次啤酒，開始哼唱數烏鴉合唱團（Counting Crows）的一首流行歌曲。當他對著史蒂文森獻上走音的小情歌時，她為了我們兩人好，將手指輕輕放在他笑開的嘴上。

「我們要再觀望看看。」她說。

內在的恐怖分子

九一一事件之後幾週，我在華盛頓廣場公園遛狗，距離「原爆點」（Ground Zero）[26]北方一點六公里，心情輕鬆得有些詭異。空氣中仍瀰漫煙灰臭味，那天我和其他人一樣被嚇壞了，蓋達組織發動數起攻擊的早晨，我跟著數以百計的人站在第六大道一角，看著受到極度驚嚇、西裝筆挺卻一身灰的上班族，從案發地點往北走——我曉得美式生活甫遭逢永久改變。接下來幾天，鄰居間有種異常的寧靜，這無疑與集體式驚嚇的氛圍有關。然而，與周遭的人相比，我心理創傷程度似乎還算

26 譯註：指當時遭摧毀的世貿中心雙子星大樓原址。

輕微，沒有處於極度震驚的狀態，讓我感到有些像偽君子。我在想，是不是自己已經變得心硬、憤世嫉俗，對人生厭倦到一個地步，連自家後院發生大規模謀殺，我卻是心如止水的冷淡感受，更甚於覺得這是一場不幸？我看著西百老匯盡頭原本立著雙子星大樓的空間，質問心中為何沒有更多憤怒，以及跟著狗狗們散步時感到詭異的正常，與此同時，我的鄰居們都陷入絕望。

別人的生活發生極大轉變。朋友們不再搭地鐵、過橋、冒險穿越隧道，即便外出暫時離開小孩也是在一、兩個小時內，且走路就能到的距離。也有朋友賣掉公寓，與丈夫帶著兩個年幼兒子逃到加拿大卑詩省。發生飛機衝撞後幾週，每天都有更多對話與憤怒、沮喪、創傷後壓力相關，以及不斷重複的句子：我們不再安全了。聽到這種人云亦云的話，我的心就自動關上。不再安全？我們何時安全過？生活的現實面是在回教聖戰於自家門口開打的那天早晨，才出現戲劇性的轉變？許多聰明人似乎是這樣想。他們面對九一一事件的方式，似乎是人類境況發生改變，人生甫從公平變成不公平。彷如伊甸園才剛墮落、園裡突然遍布炸彈與迫不及待要引爆的瘋子；彷彿這些之前有屋子住的美國人，在那可怕早晨從無辜者變成戰俘，尚未準備就緒就得被迫迎接的暴力世界。面對生命裡的魔鬼勢力，無論恐怖分子有沒有住在裡面，在九一一之前，他們一直與之保持距離。一名我景仰的六十歲婦女，對許多世間之事充滿智慧，在災難發生後向我坦承，她意識到自己的恨有多深，而這股憤怒又如何輕而易舉地讓她迎向暴力。

恐怖在美國人當中引爆。在那之前，我們生活在舒適泡泡裡，被迫承認事情的黑暗面，不是在他處，而是在家中。我們並非刀槍不入或免疫力強，我們遭害的祖國也並非是受害者。若要深究九一一事件如何發生，許多美國人在完全不同意恐怖行動的同時，被迫承認這個國家不光彩的過去（這個想法因一位好戰總統的各種惡行加深），以及美國這個偉大國家並非總是無害。在散播民主的同時，我們戴著強權面具，有時也會扮演霸凌、帝國主義、挑釁或操控弱國事務的角色。美國人被迫對此有所認知並開始茁壯。許多人改變生活方式，而曾經害怕的那群人，如今恐懼感更是加劇。但我認識的人裡，多數人的生活都有改變（光是在機場過安檢時，就足以讓人停下來思考），突然之間他們成為世界公民，並被這場災難搖醒。恐怖分子的到來提醒他們，自己的生命暴露在危險中且稍縱即逝。從窗口急著逃生、一躍而下的人們提醒著我們，生命也有這樣的跳窗選項。

古希臘人形容這種從天真到生死智慧為：心意轉化（metanoia），是疑神疑鬼的相反詞。「metanoia」字面上的意思是「轉化」，穿越恐懼，進入真實。遠古時期標示人類生活階段的圖像中，一個人到中年（縱然有些人於較早的年紀得到教訓）會經歷一次大翻轉，也就是面對緊密的自我檢視並重新評估世界的過程。這樣的過程要有收穫，就必須認知不僅有恐怖分子的存在，內在也有魔鬼。

這個說法乍看之下違反常理。為何外在發生的攻擊，要觸發我們認識存在於內的殺手？有些人會說，我們是受害者，為何要把他媽的伊斯蘭飭令引起的血腥事件當成鏡子，映照埋藏於內的憎恨？頓悟者會如此告訴我們，為了要擴展心胸，並讓這場恐怖事件不白白浪費。自甘地、達賴喇嘛，甚至是脫逃成功的奴隸弗朗西斯．巴克身上，我們都重複聽到似乎相互牴觸的教導，唯有藉著拒絕偽德與自以為義，才能見著事實。幾乎可說是聖者的哲學家西蒙．韋伊聲稱，「我自己內在就充滿所有可能罪行的種子。」我們不姑息其他人的罪行，並使用這些罪行來檢驗隱藏於我們內在的罪。「我必須原諒。」弗朗西斯．巴克曾經告訴我，「不然我就和阿卜杜拉一樣。」阿卜杜拉就是那個綁架他的人。

心意轉化及它所帶來的情緒力量，會讓我們必須為內在的魔鬼命名。「撒旦、共產主義者、資本主義者、恐怖分子……我們先前具體描述的魔鬼並訴諸於外的媒介，必須於自己的內在被發現。」某位心理學家這麼說。一開始，我們為自己心中的陰影感到震驚。如今要將世界一分為二，分為黑白與善惡的兩邊並不容易。四格漫畫裡的人物波可（Pogo）說：「我們已見過敵人，就是我們。」心意轉化讓我們轉向，剎那間，我們踉蹌向後，不只因為恐怖分子的行為，也是意識到這些可怕行動是由如我等一般的人類所為。我們想，這是被逼到極限會做出的行為，如此令人厭惡的想法消耗掉我們的正義。有史以來第一次沒有「他者」，我們無法再假裝未曾真正見過這件事。

幸運的是，覺醒本就內建，身體與靈魂都知道如何處理恐懼，勇氣存在我們的基因裡。「這確實很奇怪。」遺傳學者C·H·沃丁頓（C. H. Waddington）如此寫著（這是一段值得充分被引述的文字）：

> 我們基因中滿載數以百萬年計的生存經歷，若我們在某種非自願的深度層次，沒有具備特別適應極端情況的能力。太初時並無極端的絕境，單單是生命裡隨機而來的倉促，就會讓你在瀕臨滅絕中掙扎。男人與女人開始發現，其他動物辨不到這點，無限空間的可怕在他們的周圍到處被開啟……人類對死亡的意識，是結於提升至知覺面的苦果。十億萬年前始於對環境刺激的神經反應，在人類身上於恐怖中達到顛峰。

美國人在九一一事件前主要因為幸運，而無須面對這項嚴酷事實。但是這場恐怖意外打開了數以千計人的眼睛。以我六十歲的朋友來說，她經歷心境轉向的時刻，某天晚餐時她告訴我，「我不知道自己裡面有這麼多恨。」蓋達組織打破她的中庸之道，也打斷她生活在不知人間疾苦的幻影，長久以來，九一一等事件未曾發生的幸運舒適圈；同時讓她面對自己的猛獸，包括內在深層的恐懼，讓她頭上被敲了一記。我朋友似乎變得較溫柔、沒有以往強勢，聆聽時更加注意話中之意。

也許這是一種嶄新的天真。不是完美的想像，但是源自講真話、驚奇，以及對結局的認知的開放性。在小說《基列家書》裡，瑪麗蓮．羅賓遜寫到關於她稱為「習得的天真」：「有一種習得的天真，要和孩童天真一樣被珍惜。」這種天真內含黑暗，隨著猛獸的腳印發芽。

地球天使

「昨晚我夢見自己變成一隻蝴蝶。」道家莊子如此寫著：「現在我是夢見自己是蝴蝶的人，還是蝴蝶做夢變成我？」當我們被一陣強大的改變吹起、被轉念帶著旋轉時，震驚地發現原本熟悉的脈絡、我們居住其中的容器被猛力拿起攪動，與自己身分呈現的多變性。我們比想像中有力量。希臘神話裡，普羅透斯（Proteus）是一個不斷變化形狀的神祇，外型瞬間即變、自我的調皮面能立即因應當下各種變化。他也是倖存者的守護神。我們變化愈快，就能游得更好；變形愈順利，就能如海浪般翻騰得更好；嚇下的恐懼更少，就能從更高處躍下，也能沉入更深處。

也許這是為什麼《聖經》會說，孩子通常比帶著沉重行囊的成人更有韌性，並且在緊急時刻，孩子可以成為「人的父親」。孩童要削去的層層外在較少，也更少過往歷史會絆住他。許多曾經遭遇壞事的孩童，只有長大成人後才知道要害怕。

仲冬某日嚴寒隆雪早晨，在芝加哥城外郊區，我在成排商業城一樓的咖啡館，與來自波士尼亞的愛迪莎．克魯帕利佳（Adisa Krupalija）會面。此次相遇，我已等待數年之久。一九九四年，社會活動家朋友伊芙．恩斯勒自巴基斯坦難民營之旅回美後，告訴我在伊斯蘭馬巴德見到一名難忘的十二歲難民。恩斯勒致力於終結對女性的暴力，她的劇作《陰道獨白》是其中一例。愛迪莎不過是青春期的年紀，就被指定為難民營官方英語譯者，顯然是語言天才。她在一年間負責協助數以百計的難民在美尋求庇護。恩斯勒形容第一次見到她時，她穿著「沙利克米茲傳統服飾」（shalwar kameez），在近攝氏五十度、瘧疾肆虐的環境下奔走，翻譯證詞、文件和她那些亟欲想與外面世界對話的絕望同胞所寫下的情書。「她似乎很無我。」恩斯勒這麼說。克魯帕利佳一家人最後在芝加哥落腳，與親戚相聚。愛迪莎後來獲得就讀西北大學獎學金，現在正準備律師資格考。愛迪莎不喜歡談論戰爭議題，但為了我們的共同朋友，她同意接受我的訪談。

愛迪莎遲到半小時，匆忙趕到咖啡廳，我們在角落的沙發區會面。要是演電影的話，她很適合娜塔莉．波特曼（Natalie Portman）一角，羚羊般的細頸、棕眼配上妹妹頭。「真對不起！」愛迪莎微笑著，握手緊實有力。顯然某人在某處需要她幫忙，她不忍撇下對方離開。我很快就辨識出她的類型——明理、會照顧他人又與人和睦，大家需要幫忙時會優先想到她，而她會忘記自己的需求，有如直布羅陀巨岩般的堅實，很少拒絕他人，因為大多時候覺得自己是強者中的第一名。

我向愛迪莎保證她的遲來完全無妨。一名臉如蘇聯古拉格勞改營的女服務生緩步來到我們面前，愛迪莎點了巧克力鬆餅。我們喝咖啡，聊著恩斯勒的事，接著這位可愛的年輕女孩開始慢慢說起故事。

在一九九二年，克魯帕利佳一家人在南斯拉夫一個名叫特諾弗的小鎮（約四千名居民，距離首都塞拉耶佛約三十公里）過著優渥生活。愛迪莎的母親在陽臺上種玫瑰、邀請女性朋友到家中喝茶，父親是鎮上官員。他們公寓窗戶外，有一個十九世紀的鵝卵石方形空地，克魯帕利佳家的小孩都在那裡玩，愛迪莎會在那裡跳繩。她就讀小學四年級，在班上名列前茅。

某天早晨送牛奶阿姨出現在他們家門口，神色驚慌，愛迪莎告訴我：「她臉色蒼白，說這是她最後一次送牛奶。」很快地，他們公寓附近就設起路障，阻止塞爾維亞坦克從塞拉耶佛開進來。「玻璃窗開始因爆炸聲震動，我父親說必須馬上離開，但母親反對。」

「為什麼？」

「她擔心沒人幫她澆花。」愛迪莎臉上那種欲言又止的自制神情，完全傳達了她所摯愛的母親是個什麼樣的人。

克魯帕利佳一家在自家公寓已不再安全，他們躲在地下室三天，用鞋帶與油作成蠟燭使用。愛迪莎的任務是照顧弟弟，他是個情緒激動的小嬰孩。「當時和地獄沒兩樣。」她短短地說，「彷彿所有事就如一個大聲尖叫，而你就身在其中，我明白當一隻老鼠的感受。」

趁著昏暗夜色，全家人從地下室藏匿處逃跑，開始一場驚心的離鄉逃亡，在沒有手電筒的情況下走過冰冷河水、招手搭上卡車，並躲過塞爾維亞狙擊手子彈。數個月之後，一路險些喪命的克魯帕利佳一家，以空路方式被載到巴基斯坦難民營。有人向他們保證直至美國庇護申請獲准前，都會有個像樣的住處。他們到了才發現那是個骯髒、到處是小蟲與食物匱乏的住宅大院，毫無衛生可言，又被帶刺鐵絲網包圍，門口站哨警察背的是AK-47自動步槍。

愛迪莎告訴我，她的父親當下暗中籌劃，讓十二歲女兒肩負全家人的命運。愛迪莎至今仍不知一切如何發生。「我父親只有說，如果我不學英文的話，我們永遠無法離開那個地方。」

「但是你還很小。」

「一切發生得太快。」她說，自知解釋有些牽強。「我不知道為什麼成敗關鍵在我身上，也許是因為我喜歡語言。」愛迪莎的語氣透露，也許她的父母煩心到無法幫更多忙。

「這樣對大家是最好的。」愛迪莎替他們打圓場。「那是我人生做過最美好的事，幫助難民營裡的人是讓我度過這一切的力量，我學到照顧別人比照顧自己重要。」

她的鬆餅來了，看起來像幅濕淋淋的達利巧克力靜物畫。她強調，「這讓我變得堅強。」一邊先將早餐推向一旁，「我做應該做的事，就這樣。」兩個月之內，愛迪莎加強英文，程度至可以處理家人的移民申請過程，並為其他營友提供服務。從剛進入青春期到難民營案件申請工作者，這個身分上的突然轉變是很美好的一件事——她向我保證。

「愛迪莎，妳是如何學得這麼快？」

「我一直都很獨立。」她聳聳肩，「不論發生什麼事情，我總是試著專注在自己可以從中學習到什麼。」

「但是妳才十二歲？」

「是的，即使在我十二歲時。」她微笑著。「我這樣想，這件事能讓我變得更好嗎？我一直有強烈的好奇心，想要學習更多。好奇心讓人生變得有趣。在難民營裡，每個人都對燠熱天氣感到洩氣，有些人得了瘧疾，有些人患黃疸病。但我想到的是『哇，我可以學英文，現在我可以看看家鄉小鎮以外的世界』。」

「那是你脫離難民營的機會。」

「沒錯，不是說那件事很容易，當然不是，我們見到可怕的痛苦與暴力。但我就在那個難民營長大了，經歷那樣的事情後，有一部分的自己就此完全改變了。」

「你的哪個部分改變了？」

「那個拒絕遵從規定的部分、永遠無法像別人一樣的部分，我總是敦促自己要與眾不同，要走比較困難的路。挑戰自己，變得更強壯。」

聽起來壓力很大，我說。

「的確，有時候壓力很大，但最終還是對我有益，讓我更有韌性，對改變與艱困有著極高的容忍度。我回顧在巴基斯坦的時期，沒有一件事打敗我。沒有任何一件。從沒有一件事會讓我懷疑事情將愈來愈好。」

我注意到她似乎開始念舊。

「也沒有。」愛迪莎笑著說。「但我有許多美好回憶，有時我會想念那個小女孩。」她承認這點，吃著甜蜜鬆餅。

「她仍在這裡，在心裡。」

愛迪莎告訴我，「某些天會比其他天更明顯。」她說，在美國發展新生活，需要使用另一套不同的新技能。她用一名畫家在工作室裡改變繪畫風格作為比喻。「一開始，像傑克遜．波洛克（Jackson Pollock）。」她用這名藝術家即興、彩虹潑濺風格的帆布畫作為暗喻，「你正在慢慢適應，都是用直覺作畫，向帆布潑畫漆，希望會成為一幅名作。」

愛迪莎吃著黏糊糊的早餐。「之後比較像喬治．秀拉的畫。」她說的是一位法國畫家，在細處著眼的畫布上堆疊著小小圓點筆刷。「那是將一切歸回原處之時，在畫小點點的同時考量整幅構圖，小心翼翼地一步步進行，付諸耐心、專注與精準。找到一個目標後，把目標訂得高遠。」

我說，「看看現在的妳，這方法有用。」愛迪莎十年前還是名來自波士尼亞的難民，口袋空空。如今，她準備參加律師資格考，最近還接受一間國際企業法公司的工作邀約，薪水優渥。「這當中妳做對某些事情。」

「我做得還可以。」她避開了我的讚美之詞。「但我有時必須提醒自己，若是十二歲的我還在，她會怎麼做。我在學校、和家人或男朋友一起時，都會這樣提醒自己——我曾經大膽無畏。」她說。「我不想失去這樣的我。」

「這樣的妳會去哪裡呢?」我問愛迪莎。

「我知道這聽起來很怪。」她接著說,「但是,我甚至覺得當初比較自由。人生似乎如此簡單,我要不斷記住這點。」

「還有信任。」我告訴她。

「還有改變。」她回答。「我從來沒有想過要停止改變。」

「說得好像妳有不改變的自由。」我說。

有短短一秒鐘,愛迪莎看起來跟她的真實年齡一樣年輕。接著她說:「改變是一切。」

終結追尋

在我辭掉《訪問》雜誌工作接下來十年，我住了二十八個不同的地方（未列入長途公路之旅與短期停留），包括在修行中心的露營、空出的臥房、為人代管房子、轉租或是休旅車（SUV）等，哪裡可以找到一張便宜的床，以及聲稱有重要心得分享的老師，我就會去。從法蘭克福、費城到西班牙芬吉羅拉，美國麥特海灘到印度布巴尼斯瓦爾，舊金山到巴黎、再到印度的本地治里市，然後回到曼哈頓，我成了一個上癮的達摩流浪者，追隨內在神聖衝動的帶領，只要是能刷信用卡的地方就可以。別人都說我這樣過日子很瘋狂，而且還過這麼久，他們有可能是對的。但這是一種美好的瘋狂、蛻變的瘋狂，為了學習而瘋狂，為了曲終人散前的頓悟而瘋狂。

靈性追求是我經歷過最激烈的愛情關係。它滿溢著未完成的欲望，那套與神（那無人能擁有的至愛）玩躲貓貓的密教方法。那股神聖的香氣讓我不斷低頭嗅聞，像個滿懷希望的浪漫者般陶醉當中。最後，我終於找到一個渴望的對象，值得我追求並為之心碎。追求智慧，而非金錢、性、文章發表時署名或安全感（當時被我視為是資產階級的假象而摒棄），我第一次感到真實。終於，我的生命出現一個高貴的目標，我以為自己成了某種英雄。

接著，我和聖杯的蜜月期結束之快，恰如開端。有天下午我在南卡羅來納州一所修行中心的湖邊，過著我的日常，沉思著水上光線與潛鳥啄食西班牙水草的意義，此時一個如未來聖誕幽靈的人物出現在眼前，他穿著燈籠褲，灰長髮上插著一朵粉紅色的花。未經我的邀請，這位老嬉皮開始訴說他令人警醒的人生故事。他在RD於六〇年代首次宣稱「打開你的感知，進入狀態，放棄世界」後，成了一名靈性追求者，找尋神（他稱之為涅槃），避免世俗生活的陷阱。如今，這名老傢伙年屆退休，在多年追尋神的路徑上毫無收穫，他悲傷地告訴我，只剩在加州聖克魯斯的一個郵政信箱、滿溢過剩的宗教時刻，以及美國退休人士協會會員卡。他感到孤單愁悶、痛苦，也有著不斷旅行的疲憊。他與我未來可能的模樣（若是我也能活這麼久），那種相似度太明顯且難受，令我無法忽視。

「你想知道我在這些追尋後得到什麼嗎?兄弟。」老嬉皮問我，拉扯他眾多金耳環之一，

「零。」他說，「什麼也沒有。」

但怎麼可能?我出於自衛問道。他選擇充滿驚喜與旅行不斷的人生，走他人未曾走過的路，以智慧與敬畏擴展心靈。「我們都做出自己的選擇。」我這樣告訴他。每個選擇都有優缺點，也許他只是在我們對話的那天過得不好。

這位陌生人手揮一揮，不理會我的辯解，接下來這些令人驚恐的話語，讓我心跳幾乎停止：「小伙子，趁你還年輕，回家去吧，專心在一處。」

我感覺彷彿神派一位先知到我面前，一個若是我忽略就得自負後果的徵兆。這個徵兆直指我不停想努力忽視的祕密猜疑，也就是我充滿關於形而上的鬼扯。我逃避生命，而不是擁抱它。我專注在風流男子式的神聖，總是在追求下一個修行、指導或阿育吠陀脈輪淨化，原因和多情男子追求女人一樣：害怕死亡。他們暗自感到害怕，若是停止奔跑，就會被困住。這個陷阱(或女人)將會變成一個墳墓。死亡也許會放過一個移動目標。當直擊中心點太可怕時，人會死守邊緣。我看到漫無目標地尋求竟是一個詭計。

接著，我竟不幸地閱讀了《突破靈性的物質化》(*Cutting Through Spiritual Materialism*)這本書，

如果你尚未拜讀又想保留一點自我的話，請不要翻閱。從此之後，我的幻想就一路走下坡。不同派別的智者們都宣稱反對以路為家的不斷旅行：「當有一件事無所不在時，那條路不是旅行，而是去愛（奧古斯丁，Augustine）。」「尋求不意味著尋見（魯米，Rumi）。」「我來到了一條道路的一處，在那兒，所有路徑都指向同一條（道元禪師，Dogen）。」「大多數追尋者只是偽裝的自戀者（艾迪·達，Da Free John）。」

對我而言，這樣的死局固然可惡，但我不想最終只得一個零。我暫時回到城市，在市區租一間便宜公寓，將牆上掛滿眼神有種超脫世俗感的聖者照片，降低自己的幽閉恐懼症。這個策略很快就無效，沒多久我抓狂了，這些牆壁彷彿壓在我身上，令人無法呼吸，接著我有了消沉的想法，導致我真正驚慌、膝蓋發抖的時刻。我真的不想死。但隨著冬天過去，綠葉又出現，公寓後院很安靜，我開始習慣待在家裡、哪兒都不去。靜止的狀態為幽靈的出現鋪路。

有天早晨，我在浴室刷牙時，背後出現一股神祕的存在，不是真的有鬼，而是一個恐懼不斷增強的幻影，我站在那裡握著牙刷，一種濃厚的感覺凝聚，彷彿就要籠罩在我身上一樣。這個幽靈要我坐在一張象徵性的椅子上。我暫停下來傾聽。它的聲音聽來辛酸，反倒不令人害怕。幽靈告訴我，它是我所有最大恐懼經過提煉的結果，是綜合我所有害怕一切的要素，我一直想逃離的黑暗事物。幽靈只是希望我能傾聽，如同聆聽自己懺悔的心，去聽這段悲傷的音樂，比我以前允許自己聽的音樂都更甚。它以一個大和弦跟我說著「未完成的交響曲」，那些可能無法實現的渴望和夢想，以及從我開始期盼年輕便死去的日子後，被砍掉的那段憤怒副歌。幽靈的聲音感動我，而那並不可怕。我接下來幾個月都聽見幽靈說話。

有個美麗與哀愁交會的地方，若你去過的話便已知道，這兩者變得無法分辨。在那個地方，哀愁不再醜陋，悲痛開始感覺像傷口上有肥皂一般，很痛卻同時有淨化的作用。有次我到義大利，接待我的主人是一名受損畫作修復師，我看著他處理一幅因時間被層層覆蓋的文藝復興畫作。羅比把刷子浸入帶著鹼味的液體裡，劃過那髒污的畫作表面，露出了一隻眼睛、一隻耳朵和一邊臉頰，最後出現一個捲髮小孩仰望一對翅膀的面容。我很驚訝，如此惡臭且帶著魔鬼氣味的東西背後，竟顯露出一幅隱藏的美麗畫作。多年來，我第一次在家中學習到悲傷也以相同的方式運作，如果被壓抑太久，就會變得有毒，一旦釋放出來，又會帶來清晰。

幽靈與我在那年成了同盟朋友。它的聲音告訴我，我在害怕什麼。如今，我們依舊親近，但我很少再見到它。

有個路邊乞丐的故事，一位老頭在街上生活已數年，某日午後，一名陌生人在他面前停下來。

「能賞點零錢嗎？」乞丐慣性地搖著錫杯，呢喃地說。

「我沒有東西可以給你。」陌生人說。乞丐厭惡地別過頭去。陌生人問道：「你坐在什麼東西上呢？」

「沒什麼。」乞丐告訴他，「只是一個舊箱子，從我有印象以來，就一直坐在上面。」

「你有打開過箱子嗎？」陌生人問道。

「怎麼了？」乞丐回答，「打開做什麼？裡面沒有東西。」

陌生人堅持：「打開看看吧！」

乞丐一開始拒絕，最後決定撬開箱蓋。他感到驚訝並興奮萬分，不敢相信自己看到箱子裡裝滿黃金。

回到家中時，箱子已被我打開。

下篇

看不見的饗宴

「未知已不再讓我害怕。
與其被它淹沒，我悠游其中。」

——瑪莉亞．郝斯登

還有另一種真相存在

雙面性會帶來啟發。每個經驗都有兩面，即便看似巨大單一的痛苦，也會讓心智翻轉。每個經驗都有其神祕面，包括最令人痛苦的故事。隨著凝視生命一次又一次轉向，我們逐漸意識到這點。

瑪莉亞·郝斯登彼時是住在紐澤西州的家庭主婦，她在經歷作為母親最糟的夢魘後，學到這個正負相抵的一課。一九九三年一月七日早晨，郝斯登的兩歲女兒漢娜被診斷出無藥可醫的腎臟類橫紋肌瘤，只剩一年可活。這個震驚消息讓郝斯登從一個足球媽媽的日常世界，落入照顧一個生命垂危孩子的平行時空，同時必須為了另外兩個需要她的孩子保持理智。

「漢娜的診斷將我拋射到另一種現實。」郝斯登向我解釋。我們坐在她於紐澤西州希布萊特海邊租屋處的陽臺上。她身高約一八八公分、體重約五十四公斤，擁有如綠色玻璃般光彩的雙眼與翹臀，以及伸展臺上模特兒常見的顴骨，搭配及膝緊身褲，說她是鄔瑪．舒曼打籃球的超級姊妹一點也不為過。和她一起走在街上容易使人分心，路人很難不注意到她，特別是男性，以驚豔的心情盯著這位高䠷美女。

郝斯登點起一根維珍妮香菸，喝一小口瑪格麗特，「我這一生曾經很信實地追隨我所理解的上帝如何帶領我生命，也遵從《聖經》教導。」她如此對我說，「我曾經相信我多少能掌握發生在身上的事情，盡量減少苦難，對小孩更是如此，這就是我身為母親的職責。」她接著說，「但是漢娜的診斷瓦解了這一切。」

郝斯登的求生反應是盡可能仔細地維持門面。「我變得非常有條不紊。」她回憶說道，「有太多我無法控制的事情，但也有一些在我控制範圍內。舉例來說，如果漢娜要走，我希望能對她離世的方式有決定權。」她解釋，「我想要她在家裡被親人包圍的情況下離開，而不是在有一群她不認識的人的醫院裡。」郝斯登掐滅菸頭，「我的工作是盡力幫家人度過這一切。」

然而，面具之下的她很快就崩潰。「表面上一切都在控制中。唉，兄弟，大家都說我做得很棒！我感覺像在商店櫥窗會看到的假人模特兒，撐起一個以我為版本的紙人偶到處走。」郝斯登搖搖頭，「表面之下是孤獨和混亂。」

「但是妳無法向他人說這些？」

「我必須讓別人覺得一切都沒事，他們才會繼續在我和漢娜需要時提供協助。誰會想理會一個陷入絕望、無法面對一切事情的人，而且花上一年時間？」

我和她分享自己也有朋友離我而去的故事。

「這是生存機制。」她表示同意，「我把外在打理得完美，你可以劃出清楚的界線，但是內在像碗湯。」面對失去漢娜的哀慟，使得郝斯登陷入了這片混沌的虛無。聰明伶俐的小漢娜堅持要穿著她的紅色瑪莉珍鞋才肯進手術房、要等醫師把自己的名字告訴她才肯說話。小漢娜在離世後那年，成為母親最親密的靈感來源。郝斯登在她所寫關於失喪至親的經典著作《有翅膀的小紅鞋》中，仔細地描述了這些智慧（原文的副書名也真情流露：來自一個美麗生命的啟示）。照顧漢娜讓郝斯登看到自己一直逃避生命裡某部分的真實光景，她未吐露真言或不誠實的時候。

「我把所擁有的一切，投入在維持生活裡每一個面向的完美幻影。」她現在說，「我早忘記怎樣生活才是對的。」首先，她的婚姻早在漢娜生病前就岌岌可危。小漢娜在診斷後一年離世，接下來數年裡，謊言不斷累積的重量變得難以承受。郝斯登深陷嚴重的憂鬱，無法理會家人和朋友的勸告，而將三個孩子（威爾十二歲、瑪格麗特四歲、瑪德琳三歲）與丈夫留在紐澤西州，花時間讓自己沉澱。她需要像龍蝦一樣沉入水中，以便脫去一層皮後長出新殼，方能進入下一個人生階段。

郝斯登到了密西根州無人煙處的一所基督教退修中心，彷彿仍能聽到那些論斷她是逃跑者的聲音。然而，她堅守自己的信念，認為她需要這段獨處時間來被醫治，並領受漢娜的死所帶來的功課。「深層的哀慟裡除了真理，什麼都放不下。」郝斯登說，「你能看清生命裡原本看不清的事情，跟自己說一些其他時候無法說的話。」

「哀慟也可能帶來扭曲。」我想著瓊．蒂蒂安說的奇想。

「一開始的時候是。」她同意說道，「但我也學到了哀慟有另一個面向。」她喝了一口飲料，「例如，某些事情可以讓人痛到失去忍受生活中混亂的耐心，哀慟會帶來那樣的轉變與能量。」

「我了解妳的意思。」

「『哀慟』（grief）與『重力』（gravitation）有著相同字根。」郝斯登提醒我。「它是一種力量，一種帶有動力的能量。哀慟是本身有重量與重擊的力量，而它既然帶有重量，也表示它是可以被轉移的。你可以屈服於哀慟而被它埋藏起來。它可以讓你感到有種壓迫的窒息感。又或者，你可以改變觀點，利用悲慟來驅動你朝不同方向前進。」

哀慟是一種帶來改變方向的力量，這樣的概念讓我著迷。「比如說，九一一事件發生時，你在哪裡？」郝斯登問我。「你當時是否知道，某種程度來說，你可能已經忘了什麼對你最重要？」她停頓一秒，「這就是為什麼悲慟可以讓我們保持誠實，這也是我從漢娜的死所學到的，事情總有另外一面，是一種神祕。無論失喪有多大，還有另一種真相的存在。」

這句真言有一種縈繞心頭的特質。我想這就是雙面性，那隱藏的一面。

郝斯登是我遇過的人裡，看來最快樂的一位。不同於一般人的預設期待，談論關於漢娜的事帶給她喜悅，她說，「我女兒讓我學會成為一個完整的人。」漢娜死後十三年，郝斯登看來活得很精采。她搬回紐澤西州與孩子們同住，與一位法國導演合作將《有翅膀的小紅鞋》拍成電影，並且融入社區、修復與前夫的友情，以及開始約會。她熱愛身為作家的新生活，期待著下一步的發展。

「我對每天的日子都很感恩。」她簡單說道，「我從未想過會再說出這句話。」郝斯登從書架上拿出一本《有翅膀的小紅鞋》，指著書末的一段文字。「漢娜讓我學會，有一種死亡，比將她生命帶離這個世界還要痛苦。」文字這樣寫道：「一個因恐懼而窒息的靈魂無法活出許多的喜悅。」

「那是真理。」我說。

「漢娜是我的老師。」郝斯登告訴我，接著拿起一張照片——有個金髮女孩坐在母親腿上。她仔細看著那張照片數分鐘之久。「我曾經害怕神祕。」郝斯登邊將照片放回桌上，「但現在，未知已不再讓我害怕。與其被它淹沒……」她將膝蓋收至胸前，「我悠游其中。」

痛苦將消逝，但美麗會存留

有天，一名弟子帶著極大的痛苦去見她的宗師，她對那位老婦人說不確定如何自悲傷中存活。大師傾聽她的危難。我想像著，這位大師聽到弟子的故事時，雙眼變得柔和，充滿深不可測的智慧，她得著這智慧，是因為自己已穿越生命的曠野，並來到她如今坐於其上的強大位置。

「我想要結束我的痛苦。」學生邊哭邊說。

大師身體向前傾，面帶微笑。「妳無法以摧毀的方式來征服痛苦。」她告訴弟子，「唯有允許它成為它所是，那種無法承受的傷感包容於無限的自然中，而這自然裡也有著喜悅，甚至是祝福。」

弟子不明白。

「看著我。」大師說。這名悲傷的弟子抬起頭，目光與大師堅定的神情相遇。老婦人問，「妳在我眼中看到對妳痛苦的不理解嗎？」

學生看得出來，大師的眼神中沒有絲毫的不理解。那雙眼如水晶般清澈，閃耀著無條件的慈悲與理解。

「妳看到我完全接受妳的痛苦？」大師問道。

弟子可以看出是真的。

大師說，「妳看到的，是我不害怕面對妳的痛苦。我已經征服了這種錯覺，以為會被這可怕的痛苦毀滅。痛苦就是它所是，而我就是我。」

謙卑的弟子臣服於如此的智慧。她想，即使在尚無法超越痛苦之時，知道自己不等同於那個痛苦，是多令人感到自由的一件事。克服可能因為你「尚未準備好承受發生在你身上的痛苦之嚴重性」而產生的任何苦楚，另一位大師這麼說。

如同世界之母在她心中承載世界的痛苦一樣，我們每個人都是她心中的一部分，因此被賦予了一定程度的宇宙之苦。你是分享這痛苦的其中一分子。你被召喚來以喜悅而不是自憐的方式去面對它。祕訣在於：將你的心靈奉獻為一個工具，將宇宙的苦難轉化為喜悅。

弟子離開大師的屋子時，感到渺小但快樂些。

享樂主義

「快樂，是智慧的一種方式。」柯蕾特（Colette）寫道。這位不屈不撓的法國女作家在巴黎圍城期間拒絕離開，字跡潦草地寫著情色小說的同時，戰機在凱旋門附近投下炸彈，她堅信生活極艱困時，便會產生發現生命中樂趣的智慧。

研究快樂這門發展迅速的領域，也被稱為享樂主義（hedonics），告訴我們為什麼（排除意想不到的好運與長壽基因）有些人在悲慘時刻仍能興盛，而其他在表面上看來更幸運的人卻迅速衰落。原來，如果佛洛伊德有最後發言權，享樂主義就不會存在。佛洛伊德曾以宣稱快樂是一個不切實際的白日夢著稱，「將歇斯底里的痛苦轉化為一般不幸」是我們這些可憐的神經質者所能抱持的最高期望值。他作為精神分析學之父，要為科學先前對於如何將快樂融入人生的薄弱理解，負起極大責任。在神經可塑性證明大腦能不斷演進、學習新技巧，並且直到我們死去那天都還在打造幸福路徑以前，心理研究的主要範圍是負面情緒狀態。近期從人類哪裡有問題轉而討論有哪些優點，使得正向心理學運動終於端上文化相關檯面上。

主觀幸福感（Subjective well-being, SWB）是此領域的專家為快樂取的別名。既然你的地獄可能是我的天堂，主觀在關於快樂課題中是單一最大變數。根據調查，印度加爾各答的遊民比加州遊民還要快樂（因前者的社群意識較強），而阿米許人很少會說覺得無聊，即使你可能覺得篩濾凝乳並無笑點。我們每個人出生時，似乎都有一個快樂的「設定點」，一個從飄飄然到脾氣暴躁的遺傳標準，不論我們遭遇什麼，SWB座落於這個標準。一項以不同環境中成長的同卵雙胞胎為對象的知名研究顯示，這個設定點約有百分之五十的影響力，能夠決定我們的快樂感受。

「快樂受遺傳影響，但不是由遺傳決定。」明尼蘇達大學遺傳學者大衛・李肯（David Lykken）告訴我。「腦部結構可以透過練習來修改。如果你想活得比從祖父母遺傳的基因影響更快樂，就必須學習一些每天都要做的事來拉高你的設定點，並避免那些會讓它下降的事情。」很顯然地，有多少人想要振奮起來，就有多少種增加快樂感的方法，從如睡眠、運動和關係培養等一般人知道的維護方式，到轉變核心信念和期望等。這讓我想起郝斯登在漢娜離世後的經歷。有名我拜訪過的研究員建議掌握自己的時間，並寫「感恩日記」，另一位則推崇「表現快樂」，因為面部表情和情緒之間似乎有種直接連結，就像弄假直到成真的說法一樣。

較快樂的人似乎更倚賴熟悉的捷徑，而不是對每一個小情況過度思考。快樂的人容易寬恕，他們也較傾向承諾。理解壓力是現代生活中的「黑武士」[1]，一點也不足為奇。喬・卡巴金（Jon Kabat-Zinn）在麻薩諸塞大學協助經營減壓門診（Stress Reduction Clinic），甚至說「我們患有一種類似自體免疫疾病的病，即慢性壓力和不滿，是因為我們沒有深入探究這個真正快樂的議題而導致。」卡巴金教導尋求減壓的人們透過冥想等養生方式，即使在困境中也能體驗到簡單的愉悅。「要認識什麼是愉悅，以及這個世界上正確和美麗之處。」他這樣說道，「有了心智上的平衡，我們發展出一種如船隻龍骨般的平衡力量，即便在極端環境下也能保持穩定。」（稍後的章節會討論到壓力。）

無論我們選擇哪種特定工具提升ＳＷＢ，有件事很確定：無時無刻追求快樂，會比透過長期計

1 譯註：出自《星際大戰》。

畫精心打造出心滿意足，讓我們過得更好，這是由於人類不擅長預測什麼會讓自己快樂，或這樣的快樂將維持多久，科學也是如此證實。哈佛心理學家丹尼爾・吉爾伯特（Daniel Gilbert）終日探索人類自欺之謎。他是「情感預測」領域的先驅，該領域的研究者測量我們所相信會讓人快樂的事物，與實際上使我們快樂之間令人感到痛苦的距離。「我們真是不認識自己的陌生人」吉爾伯特向我強調，「這個差距在追尋快樂聖杯時特別明顯。」

「為什麼？」我仍為發生這種自我蒙蔽的事情感到困惑。「因為我們通常高估事情如何影響我們，而很少低估。」他解釋。這種稱為影響力偏誤的差異，造成吉爾伯特所謂的「錯誤想望」。人們於災難過後討論著清理屋子、處理掉生活中無用的東西，他們談論的就是「錯誤想望」的結果。

更讓事情混淆的是，我們選擇的結果並不如我們想像的會為生命帶來改變。

一九七八年一份關於樂透中獎者與下肢癱瘓者的主觀幸福感，兩組人對各自命運改變所做出的調整出現矛盾情況：中獎者的幸福感回歸到與對照組差異不大的程度。下肢癱瘓者縱然較不快樂，但程度也沒有預期中那麼低。事實上，另一項研究顯示，不論快樂與否的重大事件，都在三個月內失去對快樂程度的影響。若我們真能了解進展如此之快的適應過程，或許會選擇將希望放在真正持久且能夠實現的事情上。

錢財不是其中的選項之一。研究已無庸置疑地證明了，一旦我們滿足生物本能的舒適感，銀行戶頭有更多錢也鮮少讓人更滿足。吉爾伯特告訴我，一旦有了中產階級的各種舒適生活，財富和生存之間的界線幾乎微不足道。「人生第一桶金會帶來戲劇性的改變。」他說，「但基本需求滿足後，接下來的一千萬幾乎沒有什麼影響。」

我告訴他，這件事我會自己下判斷。

就如義大利人對愛有八個不同詞彙，我們也需要為幸福下更多定義，產生一個夠寬廣的光譜，當中列入困難、失去和不請自來的變化。單有幸福笑臉的版本就是不夠。人生太複雜，我們知道的太多，痛苦也太多，無法單單滿足於對生活感到快樂的天真想法。即使有著最悲慘經歷的倖存者，也證實了這個矛盾。一名猶太人大屠殺的難民問道，「誰曉得什麼是幸福？」她寫道：「也許以更具體的詞語來談論存在的豐富或張力會比較好，從這層理解而言，當我們絕望地緊抓住生命時，當中所隱含更深層的滿足，勝過人們通常奮力追求的東西。」

正向心理學運動之父馬汀．塞利格曼（Marty Seligman）博士提出三個層次的快樂模型，對我們如何做出生命中的決定有直接影響。第一個層次是塞利格曼稱為「好萊塢」觀點的快樂（盡可能獲得正向情緒）；第二種快樂是透過發現「個人優勢」而產生。在他的核心列表中，這些優勢包括誠實、善良、寬恕、獨創性與愛好學習等。

塞利格曼相信，當我們運用個人優勢為比自我更高的目標服務時，我們便達到最高層次的幸福。學習超越自己的需求，有時為了大局而犧牲當下的欲望，不僅提升我們的快樂水平，還促進群體的生存。當然，忽視自己的需求而只照顧他人不是個好主意。我們都認識一些陰鬱的行善者，暗地裡對自己堅持幫助的人心存怨恨。

「看看十誡。」住在紐約的精神分析師邁克．艾根（Michael Eigen）提醒我，「貪戀是通往痛苦的大門。」

當然，在人生最輝煌的時期，與他人比較會帶來潛在的負面影響。快樂研究者向我們保證，幸福感最有力的變數，在於我們選擇如何看待各種事物。框架愈廣，圖像愈活潑。筆觸愈柔軟，光線愈優美。

柯蕾特在藝術和生命裡，都握有最佳組合的調色盤，遭受苦難時，她能飛躍、墜落並重新站起，無論如何總能保住真我；完成小說、愛上年紀比她輕的男子、品嘗葡萄酒、咀嚼小道消息，即使這一切發生時，窗外有軍隊看守。

她知道快樂不是大力水手的露齒綻笑，也不是夕陽中騎在凱旋馬背上的完美結局，而是甘苦參半釀造出的混合物。轉念使她變得有智慧。「儘管來吧！」這位飽受痛風所苦的作家會這麼說，胸前抱著鬥牛犬，意味著準備就緒，迎向充滿色彩的人生。開戰！[2]

2 譯註：原文為法文，C'est la guerre!

看不見的饗宴

視力和視覺並不相同。

攝影師約翰・達格戴爾（John Dugdale）透過他的可樂玻璃瓶底向我眨眼，我坐在離他不到一公尺處，他側著頭、身體前傾，試圖看清我模糊的輪廓。導盲犬曼利坐在地板上磨蹭他的腳。達格戴爾是帥哥，國字臉、完美挺立的鼻子和一頭濃密深色頭髮，讓人想起約翰・辛格・薩金特（John Singer Sargent）的一幅肖像畫。達格戴爾也是一幅人類版全像立體圖。在經歷三次重大中風、五次幾乎致命的肺炎、弓形蟲病（一種腦部感染）、周邊神經病變、卡波西式肉瘤，以及十年前導致他幾乎視力盡失的巨細胞病毒性視網膜炎後，達格戴爾不再是一個親切友善的人，反而更像是一個行走的謎團。

「在我事業剛起步時，失去視力是我最害怕的事，」他告訴我。「我會看著天空、我的雙手、我的臉與母親，隨著視力日漸衰退，感覺自己正在慢慢消失。」我們兩人在他那間通風良好的格林威治村公寓頂樓。房間裡擺滿銅製古董、超大型相機和他令人難以忘懷的幾張照片，照片中藍色調的夢幻空間裡有著看似幽靈般的樹木與裸身情侶。很難相信，如此美麗的照片竟是他以僅存薄弱視力的創作——這幾乎是不可能的事情。

「大家都說我的事業完蛋了。」達格戴爾告訴我，「但我決定，若我終究會失去視力，我要勇敢地面對，堅守我的三腳架……而不是被靜脈輸液支架束縛。那是我證明疾病無法終結自己創造生命的時刻。在那之後，我已舉辦三十八場國際個展，而我最好的作品尚未出現。」

過去十五年間，達格戴爾的生命軌跡光用想像就令人卻步。一九九二年他在醫院住了七個月，緩慢走向死亡。「醫生當時的目標是助我活過那一年。」他說，「我內心很掙扎——我一直都是人生勝利組，只要我接觸的事都會成功。我有很長一段時間認為這太不真實，不可能發生在我這個凡事順遂的金童身上。但事情就這樣發生，而且迅速。」

身陷這突如其來的急轉直下，達格戴爾伸手抓住僅存的兩個禮物：創造力和固執。「我的醫生都被我搞瘋，因為我質疑他們在我身上做的一切治療。」他微笑著說，「但你絕不能讓別人說服你放棄原本想做的事情，有時他們甚至不想要你情況好轉。」

這是真的，即便聽起來很奇怪。

「他們希望你走上『應該』走的路。」達格戴爾說，「你應該在這裡待上十八個月，然後死掉！」他模仿醫師的語氣，「所以不要離開那張床！不要離開那個框框！」一位護士曾經告訴我，我得一輩子服用某種特定藥物。」他語氣中盡是難以置信，「我問她到底是誰告訴她的？她不斷拿充滿世界末日警訊的醫學宣傳品向我疲勞轟炸。我告訴她，如果她再趁我睡覺時把那些小冊子放在我的床上，我會叫警察！」

抱著情況不會再更慘的心態，達格戴爾自己想出一套藝術性自我療癒方式，他在中風後重新學走路時，拒絕使用院方醫療團隊的設備，而選擇倚靠姊姊的肩膀。「那個助行器對我而言就像紅字[3]。」他這一說讓我想起了電視製片人傑克．威利斯，癱瘓的他將助行器向房間的另一邊扔去。達格戴爾自弓形蟲病復原後，發明一種視覺化技巧來提振自己的士氣。「我試圖找出每個家人可以做到最能帶來力量的事情。」他解釋，「這聽起來很老套，但我母親喜歡洗衣服，我告訴她，晚上回家用洗衣機時，想像從我的腦袋瓜將大腦取出，然後放入設定溫水洗滌程序的洗衣機中。」

達格戴爾笑著這個簡單的解決方式。「我說，『想像弓形蟲從我的大腦中排出，然後流進下水道。然後想像拿著我乾淨蓬鬆的大腦，把它放回我的腦袋裡。』我姊姊喜歡煮飯，所以我要她想像把我的大腦放進她的生菜脫水器中，用力地旋轉瀝乾！我回想這輩子見過最純淨、最完美的事物，於是想到春天新生的小羊。我想像牠們平靜地躺在我的腦裡。」

在幾次劇烈藥物反應後一週，一位困惑不解的內科醫生來看達格戴爾。「他告訴我，我的腦部感染似乎已經消失了。」他笑著說。「醫生說他不明白這是怎麼一回事。可能只是巧合，也有可能不是。」

不論是什麼，他活下來了。

達格戴爾意識到他的生理與心靈的存活，如今取決於他繼續創作藝術的能力。「我當時想，自己必須成為世界上第一位盲人攝影師。」他自然地說道。某日傍晚在他位於紐約上州的農場，達格戴爾終於鼓起勇氣拿起相機，嘗試在他僅存一點視力的情況下拍照。而接下來發生的事，著實改變了他的人生道路。

3 譯註：出自小說《紅字》，象徵羞愧。

「我剛出院。」我們移動到客廳沙發後，他說，「我在牧場，試著用放大鏡拍照，努力要聚焦，調整背景和光度計。」達格戴爾告訴我，「我一直被三腳架絆倒，愈來愈沮喪。每次準備好時，太陽又移位，讓我得全部重新調整。」

一位幾乎全盲的攝影師在一個鄉村牧場中，艱困地尋找合適光線來拍照，這整個構想如神話式般難以想像。

「就在我快要發狂之際，終於完成所有的設定，完美無缺，砰！」達格戴爾拍了一下桌子，「就在那一瞬間，太陽下山，一切都消失，變成一片黑暗。那時我完全崩潰。」曼利感受到主人聲音中的痛苦，望向他的臉，尋索讓主人煩心的事。

「我撲倒在一切無有中。」達格戴爾說。「我倒在地上、抱著頭，將臉壓向土裡，哭得不成人樣，牙齒和嘴巴都沾著草、眼睛滿是泥土，只想挖洞把自己埋起來，在裡面死去。我感到憤怒、悲傷、沮喪，對一切感到厭倦。」他說，「我放聲痛哭，問道為什麼發生這樣的事？我完全失控，如同打嗝一樣無法停止。」

曼利將鼻子挨近他，他伸手摸摸曼利的頭。「那是我第一次完全感受到發生的所有事情帶來的影響。」達格戴爾說，「我以為要精神崩潰了，好友從屋子裡出來查看。感謝老天爺，我不是獨自一人！他把我抱進屋裡，讓我坐在沙發上，將我像個孩子一樣用雙手抱著並說：『盡量哭吧。』我倒在他的腿上，嚎哭到彷彿用盡身上所有的液體，他完全沒有阻止我。最後，我請他將相機給我，好讓我拍張照片。我坐回到他的腿上，按下快門。那張照片太美了，像極了聖母瑪利亞抱著死去耶穌的圖像。我稱它為『人類的由來』。」

這張令人驚豔的照片，與達格戴爾之前的作品截然不同，成為了個展「黑影之夜降臨」（Shadows Night Fall）的核心作品，讓他從酬庸優渥的業餘攝影愛好者一躍而升，進入世界級藝術家的行列。從那時起，他獨特的蔚藍色青版照相法（一種十九世紀的攝影工法，讓他能夠將影像放大到足以看見的程度），使他與維多利亞時代大師茱莉亞．瑪格麗特．卡梅隆（Julia Margaret Cameron）齊名，並受到世界各地收藏家和博物館的邀約。

「我從未料到會有這麼熱烈的迴響。」他笑著說，「我有一種柴郡貓[4]咧嘴傻笑的美好感受。我原以為會結束的事，卻著實帶我到從未想像過的地方。我來紐約是為了當藝術家，而不是一名雜誌寫手，最後我到達出發時設定的目的地。只是我走了一條非常不同的路線。」他這麼說，讓我想起

4 譯註：出自《愛麗絲夢遊仙境》。

後來成為教師的身障運動員吉姆·馬克拉倫。

在混亂中發現創造力，在可憎時刻發生美的轉變，在在成為達格戴爾重拾健康的生命線。然而，他很早就學到，唯有與生命的現實和平共處時，才有可能轉化。「生存裡若沒有接受的成分，便毫無意義。」達格戴爾解釋，「這就是自相矛盾的部分。你必須接納那些不對的事情，納入自己的責任範圍，並轉化成對你有意義的事情。如果你試圖隱藏或否定，便會被吞噬。」他說，「如果你希望事情不同於現狀，不斷想著某件事情如何發生、為什麼發生，或者如何修復成原貌，你就迷失了，並會完全錯失屬於你的恩典時光。」

達格戴爾在住院期間親眼看見這個自相矛盾的真理。「醫院把人推進隔壁病房的那一刻起，我就能感受到這個人會留在世上，還是會離開。」他說，「我能從他們的聲音中，聽出他們對改變的抗拒。」

那麼快?達格戴爾向我發誓是真的。「那些最終放棄的人，是無法想像一個與之前狀況不同的自己。」他說，但那些展現靈活度的患者獲得最後勝利。達格戴爾相信，「當我們深層地進入自己的經驗中時，轉化的機會是無窮無盡的。就像核能一樣，若你選擇正確使用方式的話。但若你無法想像自己以一種全新的方式存在，便無法轉化。」他堅持地說，「如果你認為自己會變回災難來臨之前的那個人，不論是內在還是外在，那是不可能的。一旦你經歷了那場火，就已精煉，你可以被煉成純金並順利走出火場，否則就是在火中消逝殆盡。」

如此一個完全的轉變，有時會讓周圍的人感到困惑。「人們常問我為什麼不拍一些比較歡樂的照片。」他呵呵笑。他以情緒豐富而聞名的攝影作品，與過去充滿活力的商業作品截然不同。「人們問我為什麼不去看心理醫生，消化掉那些複雜的情感？」他揚起眉毛說，「我問他們在我的作品中到底看到什麼？是失去、恐懼、喜悅、悲傷、性、美、疲憊嗎？因為這些元素都出現在我的作品，我的喜悅與憂鬱一樣多。」

紀伯倫在一首詩中描述了這種雙面性。

你的喜悅是未戴上面具的悲傷，
而就在你的笑聲升起之處，往往曾經充滿淚水。
難道還有其他方法嗎？
你的存在被悲傷雕刻得愈深，

就能容納更多的喜悅。

這般智慧使達格戴爾的視野更開闊。「我問那群善意的人，他們到底害怕哪一部分、無法看的是哪一部分？因為失去存在於所有人的生命中。作為人類並感到痛苦，是很真實自然的。」

達格戴爾說，在他住院期間最低潮的時刻，他有一個至今仍存留心中的頓悟。「那天，我在走廊盡頭一個狹小破舊的房間裡，只有一扇面對通風井的窗，我感到完全的無助。身旁沒有人，我數算著分分秒秒。接著一束細小的光線照進通風井裡，就在我凝視著它時，內在開始發生變化。」他接著說，「那更像是一種意識，而非一種想法。當我躺在那裡看著這束光時，我知道那是我要去的地方。我將成為其中的一部分。」達格戴爾承認，「很難解釋，但當我呼氣時，約束脫離了我，我對離開這個星球的想法變得非常平靜。」他說得很清楚，「成功地離開，而不是失敗離去，我的個性發生了一種超自然的轉變。」

如今他聲稱這股超自然的轉變，對他而言，比他真實的視力更珍貴。「那股光是發自內心。」達格戴爾解釋，「視力和視覺並不相同。」他重複了一次。

「有時候我會想，如果上帝降臨，告訴我可以恢復視力，但我必須忘記所學到的一切，我無法接受。一旦你真的被迫放下一切，生命更顯平安。」

「要溝通這個想法，又要聽起來不是因錯覺所致實在很難。」我說。

「當你經歷過十次回家後，得知所愛的人已經離世時，會開始對生命有種大多數人不熟悉的另類體驗。」達格戴爾贊同道，「我比我的父母對死亡有更好的理解。我離世的母親一直想把她的眼睛捐給我，但我告訴她，『媽，我有我特殊的看見，人不是只用雙眼看東西。唯有在你不得不的時候，才會意識到這點。』」

達格戴爾的大男人主義父親也從中學到這堂課。「我老爸以為我快死的時候來看我，在我臉頰吻了一下，從我八歲以後他就沒有用這樣的方式吻我。」戴著厚厚鏡片的達格戴爾此時熱淚盈眶。「當時真的很尷尬，他的頭還撞到壁掛電視架。」他用袖子擦著淚水。「但對我父親來說，那個吻就像跨過一個深淵，永遠無法以其他形式發生。現在，無論發生什麼事，我在心底深處知道父親愛我，而他也知道我愛他。」

在過去幾個月裡，達格戴爾開始失去僅存的視力。當然，他對這件事並不開心，但他似乎也不特別害怕。「視力持續退化著。」我們再次見面時，他這樣告訴我，「我不想離開這個世界，我想看看今年我的花園長得如何，我不想看不見朋友和家人。但當這一天來臨時，我還是得接受。」

達格戴爾最近拍照時，開始讓自己入鏡。這些作品的周圍有一個男性身影，有時是他的臉，有時只是一隻手臂或一個影子，好像是在提醒我們這些存疑的觀眾，他還在。約翰．達格戴爾稱這些為他的靈魂照片。「我現在談到失去視覺時，會摸著自己的臉。」他邊說邊用手指自然地摸向臉頰。

「我還沒完成那張照片。」

原始的祝福

對於未曾事先祝福的事物，我們無法改變。

如果不對一切予以祝福，尤其是生命中最嚴苛的部分，我們就無法被「對立的統一（coincidentia oppositorum）」所翻轉，亦即對立的結合、神聖的婚姻結盟，以及唯有在陰陽調和中產生的智慧。古時煉金術士也運用相同的原理，在製造他們所稱的黃金中，添加一小撮至黑元素（negresca）。屬於我們的黑暗部分也就變成盟友，豐富我們的原始材料（prima materia），我們若想在人生中前進，就必須學習如何祝福這團混亂。祝福這個字來自法語動詞blesser（傷害之意），通常藉著痛苦之手到來，居住在紐約的以色列籍按摩治療師撒母耳・柯希納（Samuel Kirschner），在他的父親臨終時學到這堂課。柯希納成長過程中很渴望得到父親的祝福，但後來選擇拯救自己的生命。他在二十歲時逃離以色列，在美國成為永久的流亡者。他家庭的悲痛太讓人窒息，這名飽受諸多問題所苦的浪子是由大屠殺倖存者帶大（事實上，柯希納的母親是在戰後一所再安置營裡受孕而生下他），經過數十年的心理治療後，他才學會如何自在地做自己。五年前的某一天，柯希納的母親從以色列打電話給他，說臨終的父親想與他見一面。

「在父親生命終了前陪伴他，澈底地改變了我。」柯希納與我在他靠近東河的頂樓見面時這麼說。柯希納是一名年約五十多歲、情感豐沛的男子。他用大拇指與食指夾捏一根印度香菸，像在抽大麻一樣，光頭的剪影映在花園窗戶上。「我和父親之前不是很親近。」他說，「母親在我小時候告訴我，他不適合當父親。也許她是對的，但我怎麼有辦法知道呢？」柯希納思索著，將菸灰彈到杯子裡。

「母親總是在父親和我之間保持一道牆，所以父親與我是有距離的陌生人。他和我們住在一起，但心是分開的，他就像空有一個父親的外殼。後來他生病了，基於某種奇怪的原因，我是那個他希望能陪在他身邊的人。我看見父親真正的溫柔，陪他坐在瀕臨死亡床邊的那幾個星期，解救了我的生命。」

「怎麼說？」

「這很難解釋。」他告訴我。「我理解到作為一個人，我失去的有多少。我為了不要像父親付出許多努力，我想像他該有的形象，使得我根本不知道自己到底是誰。我有一切所需的力量，卻沒有基礎，只有隱藏於其下一個巨大的洞，那本應是我父親的所在。」

他喝了一口茶。「我們喜歡假裝已經長大，能夠處理事情。」柯希納邊說邊做出引號的手勢，「真是個笑話！和我父親坐在一起時，我感覺自己再次回到五歲，並驚訝地發現，我仍然渴望他的認可，即使隨著這些年過去，我以為自己已不在乎。」

「人無法完全停止在乎這件事。」我說。

「我當時仍希望他以我為傲！」柯希納至今還是驚奇地說，「他喜歡被照顧寵愛，所以我就坐在床邊輕輕摸著他。有一天我媽叫我幫他刮鬍子，我刮完時，父親吻了我的手。」我想起約翰·達格戴爾的父親在醫院病床上吻他，只是吻的對象反過來。「他重病到無法說話，但他看著我，並且微笑。」

這個微笑對治癒他成年心理的痛苦缺口有助益。「就在他吻我的手時，我心裡發生了變化。」柯希納解釋，「我不知道要如何描述。我父親是一名麵包師父，靠雙手過活，閒暇時他喜歡園藝。

他的靈魂就掌握在他的手裡。我知道他也感受到這點，因為他開始信任我。」

他點燃另一支印度菸並繼續說，「任何與他身體有關的事情，父親都會請我協助他。我每天早上會為他更換導管。我第一次做這件事時還會發抖。」柯希納承認，「在醫院觸摸他感覺如此陌生，卻又如此親密。我想起了《聖經》中以撒死時的故事。他的祝福本該留給長子，而獲得祝福的人就會興盛。小兒子雅各比以掃年輕，就如同我比哥哥年輕一樣，但他設法摸到父親的大腿，這是當時以色列人得到祝福的象徵。我知道父親臨終前，他在祝福我。沒有話語，但那個簡單的觸摸比我之前的任何治療都更重要。」

在寫給缺席父親的一封著名信中，卡夫卡表達這種想要孝順的深切渴望。「我的寫作是關於你的。」《變形記》的作者承認，「在這本書裡，我只是傾瀉出無法貼近於你胸上嘆息的悲傷。」

柯希納對此感同身受。「我終於感覺自己是一個全人。」他承認。「我只花了五十九年。」

「能抓到這種感覺很幸運。」從未認識過自己父親的我這麼說。

「我一直這麼認為。」他說。

然而，祝福的價值遠遠超越了家庭關係。祝福是一種形而上的行為，提升並轉化我們對地球和於其上生活的看法。實際上，很值得問自己的是，用原始祝福取代原罪可能對我們看待事物的方式，帶來什麼樣的可能性。有一位具爭議性的天主教神父，馬太．福克斯（Matthew Fox）弟兄，在建議原始祝福的教義可能有助於修補他形容為如「功能失調的父權制」的分裂教會之後，還被教廷禁止發言。福克斯還想知道，若我們將存在於世上視為一種祝福，而非詛咒；在當中興起，而非墮落；神聖有價值，而非褻瀆的話，我們可能會以如何不同的方式來面對自己的生活呢？他的禁言令解除後不久，福克斯弟兄同意在華盛頓廣場公園與我見面，那天早晨陽光和煦，我們討論在日常生活中缺少祝福，是如何持續地傷害現代人的靈魂。

「我和澳洲一名年輕人談過。」福克斯說。銀白頭髮整齊側分的他，穿著牛仔褲和天藍色排扣襯衫，心滿意足地吃著一個貝果。「這名年輕人說的話令人驚訝。」神父回憶著，「他說，如同成年人給了現今的年輕人一把裝有六顆子彈的左輪手槍：臭氧層破洞、消失的雨林、被汙染的空氣和水、失業、負債，以及緊縮的教育領域。他說，有如成年人拿著這把手槍對準他們的頭，然後說：『現在，你要快樂。』」福克斯這樣告訴我，「全世界年輕人都活在絕望中。」

很難相信這位溫文儒雅的威斯康辛州人，也是一位充滿烈火的改革者，一名記者稱他為「神學文學的D．H．勞倫斯（D. H. Lawrence）」，他曾對母會犯下褻瀆罪行。「我記得某個夏天，開了一門約一百人的課程。」福克斯說道，邊將貝果小碎塊拋向草坪上的鴿子，「我們從所謂的否定之道（via negativa）開始。」以外行人的用語來說，就是「痛苦經驗的學校」。「我問多少人經歷過靈魂的黑夜。每個人都舉起手來。」

「你驚訝嗎？」

「應該沒有，但重點是，我們都知道這種覺察不僅是修女和修士的事情。我們經常未能意識到的是，該如何處理面臨的苦難。」

「我有個朋友曾說，在物質主義充斥的文化中，對於個人的苦難並未提供超越的環境。」福克斯同意這個說法。「我們已被電視、娛樂、酒精、藥物、學校、工作，這一切成癮行為麻醉，直到死亡。」福克斯明確表示他並不反對短淺、無意義的娛樂，只是警告不要把垃圾文化當作常態飲食。「這會掩蓋我們對敬畏的胃口、感受熱情與深切情感的能力，讓我們只停留在表層體驗。」

對於這方面，他經常提到猶太哲學家亞伯拉罕·赫雪爾（Abraham Heschel）。「當今世人對於我們無力表達敬畏感到震驚，但也對我們無力表達震驚感到震驚。」福克斯引述這位極具遠見的拉比所說的話，「赫雪爾說我們已經失去激進反應的能力。」

「祝福是一種激進的反應嗎？」我問。

「當然是，創造力也是。創造力是從成癮釋放、獲得自由的核心。」他告訴我，「奧托·蘭克

（Otto Rank）是我最喜歡的心理學家，他說福音書中的復活故事，是人類有史以來最具革命性的想法。蘭克只與藝術家工作，發現阻礙創造力的第一個障礙，是對死亡的恐懼。耶穌故事的救贖力量，是死亡並非最後結語，因此我們無須害怕死亡。當我們相信復活故事時，我們會重新找到屬於自己的創造力，並且不會害怕將之發揮出來。想像力讓我們陷入邪惡，也能讓我們擺脫邪惡。」

「和金正日說這個吧。」我說。

他迴避了這名北韓暴君的話題。「暴力是宇宙的本質。」福克斯說。「恐怖和美麗相隨。我們不是生活在一個漂亮宇宙，而是一個相當美麗的宇宙中，這不是邪惡，只是在世上生活的一部分。」

「我們都希望有更容易的答案。」我說。

「然而敬畏是讓我們覺醒的關鍵。」

「敬畏也包括黑暗？」

「一直是如此。魔鬼和神聖在創造的行為中結合。」福克斯解釋。祝福與黑暗相抗衡，助人將逆境轉向發揮創造力。「邪惡的解方，也就是面對痛苦的建設性反應，是要重新引導我們的想像力。」他說，「要更意識到我們有想像力。絕對不能把這些想像力交給少數人。如果我們教導人們，說他們的想像力不強大、不重要或不神聖，那麼，屬於本質上的東西就會開始萎縮。」

「藝術、儀式、情慾生活、禱告，所有這些都是祝福的一種形式。」這位神父繼續說，「它們能強化心靈，讓我們開放自己去感受奇妙，像是一座蒸療棚屋。」他呵呵笑了。「我有個經歷，在事件開始的二十分鐘後，我確定自己快要死了！我當時在找火場出口。我說『我要死了』，之後便投降。當一個人降服於過程，就會經歷一個轉化，你的心會變得寬闊。」

「在降服中？」

「在遊戲中。」福克斯正看著一群學步幼兒爬上立體攀登架。「我們在這裡是為了與彼此慶祝。」他提醒我。「這應該是每天都發生的事情。根據艾克哈特大師（Meister Eckhart，十三世紀神祕主義者）的說法，『對於有意識的人來說，突破不是一年發生一次，一個月發生一次，一天發生一次，而是每天都發生很多次。』」

福克斯認為，這就是祝福產生的力量。我們透過聖禮的眼睛看待自己和世界本身，感知每個人生命中的神聖性，而不是譴責的刺痛。

這名激進的神父似乎在說，當我們以生命的本質來看待它，這些本質包括奇蹟、深不可測、震撼、明亮，並透過這扇打開的窗戶看待自己時，祝福會自然而然地發生。在面臨滅絕的情況下，即使是最憤世嫉俗的人也可能變得像小孩一樣，好奇且快樂。脾氣古怪的英國哲學家伯特蘭・羅素

（Bertrand Russell）於一九二〇年冬日，在北京差點死於雙肺炎。有數週的時間，所有醫生都認為他會在清晨來臨前離世。但隨著春天到來，他恢復健康，重拾快樂，如他在自傳中寫道：

躺在床上感覺我不會死掉，這種感覺出乎意料的美好。直到那時，我一直以為我的本質是悲觀，並且並不怎麼珍惜活著，我發現在這一點上我大錯特錯。對我來說，生活無比甘甜。北京的雨很少，但在我病後復原期，下著傾盆大雨，窗戶飄進濕潤泥土的美妙氣味。我曾想過，若再也聞不到那股氣味會有多討厭。對太陽的光和風的聲音，我也有相同感受。窗外有幾棵非常美麗的相思樹，在花朵盛開時，正是我初次恢復到有力氣欣賞它們的時候。從那時起，我打從心底知道，很高興自己能活著。

羅素終於祝福了自己的生命，同時以心和頭腦理解，透過這種方式去感受生命讓他驚訝。他在幾乎失去世界的時候，學到我們應該為這個世界感到驚奇，特別是在困難時期，甚至要為有機會來到這個世上而歡喜。

足夠

知足成為一種藝術形式，意思是知道已經足夠，並意識到一種完滿。認知到何時該停止的智慧，對於「生存的技藝」至關重要。然而，在我們物質富裕的土地上，這不是一個容易學會的課題。我們的文化裡沒有安息日或停頓點，是一個沒有中場休息的劇場；人用一把多多益善的長尺衡量自己，驅使自己超越極限，為了生產力而犧牲生活品質，最後常因感到疲憊不堪，而在極度疲勞的反噬中，無法享受付出勞力的成果。

但如果不以這樣的方式過生活呢？如果我們能練習知足與知道何時停止的技能呢？如果我們在繁忙行程中，每週落實一次休息日，如同猶太教的傳統安息日，從週五的日落開始，處於停止、休息、更新和「無為」狀態，直到週六日落，就像拉比．拉米．夏皮羅（Rabbi Rami Shapiro）所說的「把身處於宇宙當作是在家一樣」呢？夏皮羅建議：「試著有一天這麼過活：不去控制周圍的人或所處的情況，空出一天來接受所發生的一切。並非過沒有渴望的一天——那是不可能的。而是過不為滿足那些渴望而採取行動的一天。」他相信，創造這樣的避難所，可能會讓我們「先嘗到將來世界的滋味。」

不論你是否相信有來世，安息日聽起來的確像是天堂。想像一下，你的社區每週停止運作一次、每次二十四小時，就如同大地之母在經過多日揮汗與辛勞工作後喘口氣。《創世紀》告訴我們，神在六日辛勤地工作後，在第七日休息。「連神都可以坐下來，體會那種祂在創造中無須添加任何東西的滿足。」一名猶太同事解釋，「連祂都可以停下來說：『一切甚好，足矣！』」

人有多少時候感覺某事已經夠了呢？何時是生活在一個非隨機的瞬間裡看起來完全足夠，無須加以編輯、改善、渴望、安排，或以某種方式推進？是不是總有更多的事情要做、更多的工作要完成，或者有資訊要傳達、要探究前途的可能性？我一直認為關於足夠這個課題，不會是我這輩子的個人命運。

但是，過勞是一個不知不覺中發生的過程。直到你開始冒煙，才知道你的內在早已阻塞。在我自己恢復「活著」的日子後，有很長一段時間，休息似乎讓我顯得有些不知感恩，是對生命力這項禮物的冒犯。充實的生活意味著超速。若被迫在精神正常和生產力之間選擇，我寧願選擇瘋狂地多產。但是，我的鼻子已聞到冒煙味。我在許多次晨起後，感覺自己像烤焦般，行程已排滿，連在停機時間仍很高亢，但是生活變成沒有停歇的連寫句，我需要有條理的句法。我需要安息日。我必須知道如何停下來。

對我這樣的人來說，很難。在學時，我是一個充滿不安全感的書呆子，老師要大家交五頁的功課時，我會寫二十頁（而且大多時候，這些作業還寫得不夠好）。我一生的座右銘是付出雙倍努力，以換取一半的自尊。我那如瑞士乳酪般的自我就是無法停止滲漏，這些乳酪孔宣告著我的不足——我做的任何事都不能填滿它們。

我過得像一個餓鬼。餓鬼是佛教神話中的貪婪形象，形容永不滿足的自我的一種隱喻，在滿足感難以捉摸的世界中遭譴而懷著無窮的渴望。對於這些怪物來說，沒有什麼是足夠的。他們對於更多的渴望毫無止境。我們都有自己鬼魂般的孔洞，如果某個地方再多一點，我們就可以成為心目中渴望成為的那個人。但是，若我們留心的話，這種巴洛夫式的流口水與抱怨的把戲會顯露自身的徒勞無益。我們在沮喪驚嚇中意識到，沒有什麼東西帶來永久滿足，能成為人與凶猛飢餓之間暫時的填充物。然而，我們仍不斷試圖填補這個空間。你會同意人永遠不滿足，而不停被那些事實上並不會永久存在的東西驅使，來填補那個無法填滿的空虛。

幸運的是，佛教為如何結束這種餓鬼循環，提供一種合理的策略。這始於理解「苦」的概念，意即在一個不完美、瞬息萬變的世界中，所有過去的事物都「遍布著不滿足」。我們知道，即使那些偶爾能夠完全滿足我們的經驗也將很快結束，佛教認為這層認識，形成了渴望這個如影隨形的陰影，讓我們無法擺脫。佛教徒告訴我們，對事物原本面目的不滿意，一直是痛苦的主要源頭。然而，我們似乎無法控制想消除這種空虛感的衝動。

佛陀教導說，填補內在空虛的驅動力，源於我們對自身存在根本性的懷疑。人們深入內心尋找一個「自我」，始終被一種懷疑所困擾，也就是實際上並無自我的存在。若我們繼續剝開所謂「自我」的各個層次，佛教徒的教導是，無論我們嘗試多久或多麼努力，人都不會找到永恆的主體。由於面對這種空虛感覺非常令人害怕，我們被驅使不斷試圖掩蓋它，將各種東西當成紙糊般來裝飾這個深淵。

然而，正是在這種徒勞邊緣，我們可以開始解放自己。當我們學會如何停止時，渴望的循環會被打斷。「與不舒服的感覺同坐，如朋友般認識你內在真實的空洞，你會發現到，空虛其實不是問題。」佛教老師大衛・羅伊（David Loy）說道，「是我們試圖逃避它的各種方式，讓它成了問題。」當我們學會容忍內心的空虛感，而不是如暴飲暴食般餵食餓鬼，一個十分重要、類似於心意轉化的轉變就會發生，佛教稱之為轉依（paravritti），「我們內心深處的腐爛之洞變成了一個生命治癒的流動，自然地湧出，我們不知道它出自哪裡。」羅伊如此形容，「空虛的核心變成了一個地方，意識到有別於自我的東西，比平常的自我還要偉大，比我理解的自己更大。」

我們現在見到沒有一件事是足夠的，因為無物本就足夠。佛教告訴我們，對以短暫事物（包括他人）為基礎的生活所帶來的不足而感到明智，當中蘊含智慧。渴望看起來才是重點；「苦」是一個內建提醒，告訴我們什麼東西永遠無法填滿（也不該填滿），這並非為了讓我們對自己的欲望有所依戀，而是為了質疑追求和作為容器的當事人本身。一股對即使已是完美生活中的不完美感到憤怒，原就是要成為一支刺棒，用來發現那些無法被奪走的東西、成就與充足的自我相聚，這個自我無所缺、無所求、無所需，以便在世界上感到如在家一樣，那個自我可以在任何時間、任何地方停下來，都知道自己的歸屬。這股渴望並沒有消失，但我們對於渴望的故事則確實消失了；隱藏於欲望中的目標轉變為一個主體，也就是真實的我，這樣的意識沒有減弱，反而豐富了我們的生命。

正如生態學家在過去幾十年來不斷警告，餓鬼在個人層次上具有破壞性，但如今，他們的貪婪範圍大到足以威脅地球的健康。五年前，作家比爾．麥基本（Bill McKibben）站在北京天安門廣場上，抬頭望著天空中的太陽，卻找不著它，當時他對於足夠的真正含義有了一個令人害怕的頓悟。「一旦找到太陽在天空中的位置，就可以直視太陽。」麥基本以無法置信的語氣對我說。與我通話的同時，他望向佛蒙特州鄉下屋子後方的草地，他與作家妻子蘇．哈爾本（Sue Halpern）及女兒同住在此。他承認，「我被嚇到了。」麥基本之後做了些數學運算，並估計到二〇三一年，約有十三億中國人將與相等背景的美國人一樣富有，除非發生自然災害或大規模的避孕。「如果中國人擁有汽車的方式像我們一樣，已經上路的八億輛汽車中將再增加十一億輛車。」他語帶驚恐地說，「如果中國人像我們一樣消耗肉品，他們將吃掉地球上三分之二的食物，地球根本無法承受。」

大多數人已經意識到貪婪正在耗竭地球的各種方式。然而，我們可能尚未將這種過度消費與餓鬼倫理原則連結。麥基本希望更清楚闡釋這一點。「過去五十年來，『更多就是更好』的正統論述，不再與現實相符。」他解釋，「好比我們已經做了一個控制組實驗來看看物質主義（作為通往幸福的道路）是否有效，結果發現答案是否定的。」麥基本擁有哈佛大學經濟學學位，他曾從預警角度報導包括人口過剩與全球變暖等各種議題而聲名大噪。「儘管我們在物質上的進步，以及為了打造這些進步，我們消耗了數十億桶石油和數百萬畝樹木，我們並未讓滿足儀表前進一吋。」他這麼說，呼應了快樂研究者丹尼爾．吉爾伯特的觀點。

事實上，情況正好相反。酗酒、自殺和憂鬱症的比例，與富裕程度呈正比。甚至出現一種我稱之為「獲得性失樂感症候群」，意即擁有太多的人無法享受所擁有的東西。這種疾病的影響已經蔓延至孩子身上。根據研究指出，今日美國一般兒童的焦慮程度，高於一九五〇年代接受精神照護的兒童。

麥基本發現，從太平洋的另一邊看美國夢的陰暗面，甚至更加令人憂心。他在中國遇到一位名叫劉仙的十八歲工廠工人，他稱她為「地球上以統計數字而言，最平常的一個人」。麥基本告訴劉仙，他注意到工廠宿舍裡許多女孩床上都有填充動物玩偶，問她是否也有，女孩聽完哭了起來。「她告訴我，這樣的東西她買不起。」後來，當麥基本送劉仙一個填充狗娃娃時，她非常高興，看起來就像是麥基本「所見過最開心的人」。劉仙的感激與他女兒的不感興趣（她的房間滿是豆豆娃），兩者之間的不一致至今仍影響著他。「一個動物玩偶要如何對她能有相同意義呢？」他想著女兒的情況。這就是劉仙的故事之所以仍在他腦海盤旋的原因。「在地球上的貧困地區，擁有物品仍能帶來滿足感。」他強調，「我們（針對重新分配財富）所考慮的任何解決方案，都必須在某種程度上回應劉仙的眼淚。」

麥基本決定在自己家人身上進行一項實驗，焦點將是食物。他和妻子、女兒決定整整一年只吃所在地種植的食物，看看這對他們的「食慾、預算與社區的聯繫及整體的滿足感」有何影響。研究顯示，美國人吃的每一口食物在到達餐桌前，平均需要經過約二千四百一十公里的路程。然而，吃當地食物僅需十分之一的能量，並增加社交互動的機會，例如以小農市場與沃爾瑪超市（Wal-Mart）相比，而且是增加十倍。麥基本希望透過將平衡拉向家庭、在地與小規模一端，在心愛的夏普倫湖山谷更深地扎根，結識鄰居與找到適合自己的商品，他甚至希望能重拾優先順序的能力，以及了解「足夠」所代表的意義。

這個實驗並非一帆風順。然而，從長遠角度來看，它改變了麥基本的生活。雖然找尋和儲存食物比去A＆P超市購買更耗時，但他和家人享受這樣的挑戰。他們在家烹飪的次數更多、食物品質更好，甚至與當地人變成朋友，包括屠夫、麵包和蠟燭師傅等。過一個沒有柳橙的冬天，並沒有比他的預期來得痛苦。這一年的飲食當地化，「以多重方式永久地改變了我的飲食方式。」他現在這樣告訴我，「它在我嘴中留下一個好口感，那個味道就是滿足。」

畢竟，我們是可以被滿足的。我們開始意識到「足夠」確實存在；實際上，我們已經擁有它了。渴望和飢餓並不是同一回事。當我們認識到心中的餓鬼時，便學會分辨真正飢餓與填滿缺口的本能反應之間的重大區別，後者只會加劇我們的空虛感。慢慢地，我們開始能夠分辨餓鬼的聲音，與真實欲望之間的差異，抵抗對虛空發出吶喊和呼求，遵從讓事情順其自然的召喚，並在無為中找到滿足。

我們會看到，在寂靜中有滿足感，這是從思緒的噪音中獲得休息。我們開始相信，總是「足夠」；空虛正在將自己填滿。這必須是我們可以自安息日中學到的一課。空虛的空間會變成一道泉源。

正視壓力

在麻薩諸塞大學沃斯特分校某個安靜一角，數棟附屬建築物專營減壓診所（Stress Reduction Clinic, SRC）門診。自一九七九年開業以來，該診所已幫助數千名受壓力疾病困擾的患者，找回內心平靜。在這個時間緊迫、多任務導向和注意力不足盛行的時代，壓力疾病的確是現代生活的天敵，對我們的身心健康皆造成嚴重的流行性傷害。大約有百分之六十至九十的醫院病人聲稱，壓力是他們的主訴症狀。幸運的是，這個天敵可以被卸除武裝。

「壓力到此勿入」，診所入口處一張海報如此寫著。的確，近三十年來，SRC創辦人喬．卡巴金和沙奇．山托瑞里（Saki Santorelli）一直使用各種技巧，包括生物反饋、冥想、瑜伽和認知療法，幫助精疲力盡的人們學會「解開」與壓力和痛苦思緒的連結。雖然人類的壓力反應可能是自發，在生理上超出我們的控制，但可以處理其心理觸發器，這就是我來到診所想了解的事。

山托瑞里帶著燦爛微笑、展開雙臂歡迎我。他個頭矮小、鼻子高挺，是一名精力可抵三人的壓力專家。山托瑞里致力於了解心中這位敵人的程度，如同其他科學家對抗癌症或全球暖化一樣。「生活只會變得更加無情。」他帶我走入窄小辦公室後告訴我，「患者來找我們時已經精疲力盡，只能用疲憊不堪形容，彷彿隨時要顧好在空中輪轉的十顆球，卻不知道如何放下。他們無法休息，一旦搭上旋轉木馬後就下不來。」

我在做功課時學到，壓力（stress）這個詞來自法語「被壓迫」（oppressed），真是一點也不意外。

「壓力就是壓迫。」山托瑞里肯定地說。

「那麼壓迫的解藥是什麼？」我想知道。

「選擇。」他告訴我，「簡單明瞭。」山托瑞里解釋，壓力源於我們相信自己受威脅，被困且無法面對的信念。「被困住了。」他說。

這讓我想起某個男人從金門大橋跳下，當他生還時承認：「我立即意識到，我生命中認為無法修復的一切，都可以修復，除了剛剛跳下去的事實。」

「意識到我們在任何時刻都有一整套反應庫可以使用，焦慮會立刻減輕。」山托瑞里告訴我。「當人們感覺到自己無法離開身處的地方時，他們看事情的角度會緊縮。擁有選擇可以解除被困住的感受，使狹窄的地方變寬廣。」

「但我們的生命一開始是如何變得這麼狹隘？」我問。

「為了在危機中生存，我們將世界縮小到一個感覺安全、可知、熟悉，並且安穩的大小。」山托瑞里解釋，「但是，讓我們度過危機的心態，長久下來變得貧瘠。」他說，「我們可能在處理事情，生命卻變得狹隘，病人來到診所時訴說，雖然他們能夠運作，卻覺得自己被困在一個不喜歡的狹窄地方。就算可以向外跨出去，他們也不知道是否能生存下來。」

換句話說，我們安全地躲在設好參數的溝渠內，然後好奇為什麼覺得被困住。「讓我們度過最艱難時期的東西，並不能令人感到滿足或活著。」山托瑞里說。他和診所工作人員與病人一起合作，幫助患者變得「更能夠接受自己的不適」，然後「透過發展出一種能力，去感受、看見並實際經歷正在發生的事，讓自己與焦慮分開。」

「而不是讓他們想像並害怕正在發生的事？」我問。

「是的。人們學會退後一步，並將他們對正在發生之事的想法，與實際發生之事分開。這種正念創造出些微空間。今天是腳趾的大小，明天進展到腿，一步一步慢慢來，一次一點點。當我們不再為努力把事情保持在安全距離而疲憊不堪時，會發現生活及自己都比原本想像的寬廣許多。」

當山托瑞里還是個神經兮兮的大學生時，就發現自己肩負完全放鬆的任務。在與一位受尊崇的同儕對話中，他經歷一次如紅旗般警示的頓悟時刻。「那是三十多年前……」他回憶，「某天，一位我非常尊敬的人突然問，你是會穿山而行還是繞道的人。」

「你如何回答？」我問。

「我記得自己鼓起胸膛說：『穿山而行！』」山托瑞里露出了笑容，「當時這個人問我，是否曾想過遇山時繞道。這些年來，我的生活一直被這個問題包圍，想知道遇山繞道是什麼意思。何時是正確方法浮現之時？何時比嘗試直接穿山而過更有效？如果我們已經盡可能地努力，山脈仍巍峨不動，我們能讓步嗎？」

「這就是控制議題發揮作用的時候。」我說，「不想放棄。」

「但控制有不同種類，」他堅持說道。山托瑞里告訴我，史丹佛大學醫師團隊正在進行一項突破性研究，他們辨識出兩組明顯不同的控制組。「第一組是正向的主動控制。」他解釋，「當我們盡一切努力並完成任務，這並非是一種壓力過大的狀態，除非它最終導致了負面的主動控制。」

「聽起來很糟糕。」我說。

「確實如此。負面的主動控制意味著，不斷推動直到受傷為止。」這絕對是壓力疾病的途徑，山托瑞里如此教導。「我們可能在量化上獲得成功，但在質化上一團糟。」他解釋，「為了保持控制與實現目標，我們費盡哪些心力？為了達成目標，我們犧牲了什麼？」在一個充滿附帶性傷害的世界裡，這確實是一個重要問題，但替代方案是什麼？「有個概念稱為正面的讓步控制。」山托瑞里明確表示，「這與投降、接受，並選擇性地挑選該打的戰役有關。正面的讓步控制，對生活產生極具正面的影響，尤其面對生死一線間的情況時。」

「不用費力推？」

「是知道何時該停止。」他說。「何時看到山該繞道而行，運用選擇的力量。」

換句話說，昨日的堅定不移可能成為明日的阻礙。毫無區分的努力，絕對會導致精疲力盡。壓力緩解來自於更多選擇、更少體力支出；更多耐心、更少壓力；更多伸展、更少爭鬥；更多靜止、更少規定。根據山托瑞里的說法，靜止即義大利人說的無為（**far niente**），主要指我們瘋狂生活中對抗戰鬥疲勞時，仍有待開發的靈丹妙藥。「帕斯卡（Pascal）說，大多數人的煩惱來自於一個事實，即無法長時間與自己獨處。」他提醒我，「停止的行為一開始可能會讓人不舒服，但它往往變得具有啟示性，人們會有不同的小小頓悟。」

我提到，這更加證明了為何需要遵守安息日。

「靜止是讓我們打斷壓力循環的原動力。」他同意說道，「當我們從渴望的思想中抽離時，會被嶄新的可能性、新鮮的想法，以及更具建設性的回應所震撼。」即使是小孩子，也對這種重新連結的方式產生反應。山托瑞里回憶起瑪莉亞・蒙特梭利（Maria Montessori）的故事，這位義大利教育家在學齡前學習領域具有重要創新。顯然地，蒙特梭利在義大利開始著手於貧困兒童的相關工作，她會在一天中提供孩子們數個短暫的寧靜時間。「一開始，孩子們討厭這樣，但蒙特梭利仍持續進行。」山托瑞里說。

他把手掌放在臉旁，比著表示午睡的國際手勢。「當她刻意取消寧靜時間時，孩子們開始渴望這樣的時刻。」山托瑞里說，「他們會問，『我們能不能只是將頭趴著休息，拜託？』」

然後我的東道主望向辦公室窗外遠處的一片樹林，並說出我的心聲。

「我完全知道他們的感受。」

受傷的醫治者

根據一位睿智醫生的說法，醫學經常坐在神祕的首排座椅，兩者是直接面對。雖然有些醫生情感上相當遲鈍，也有些醫生經歷自身苦難過程後，展現的同理心超越我們原有的期待。心理學家榮格說，「唯有受過傷的醫生才能治癒他人。」若醫生自己沒有被考驗過，如同巫師會經歷各個通過儀禮，我們大可以問醫生，他們到底在生存一事上，能幫我們到什麼程度。

瑞秋．萊蒙醫師是俄國移民家庭中的獨生女，家族裡不乏醫生與拉比，在她成長階段，紐約市地鐵票價僅需幾分美元。早在她攻讀康乃爾醫學院、成為兒科醫生之前，便展開專屬於她的醫治工作，當時她十五歲，被診斷出克隆氏症，這是一種腸道遭受攻擊的自體免疫性疾病，當時這種病無法治療，並且疼痛難耐。萊蒙努力過著正常生活，同時勇敢接受數次重大手術，也經歷過某次穿著六〇年代鄉村風短罩衫時，因下方露出的造口收集袋而遭羞辱。

「有很長一段時間，我對這個疾病感到憤怒。」萊蒙與我見面時告訴我，她家位於加州馬林縣海灣旁，如同奧林匹斯山神殿般居高臨下，我們坐在餐桌旁，一隻發出舒服呼嚕聲的貓磨蹭著我的腳踝。萊蒙獨居，屋子裡裝飾著具安定效果的大地色調，亞洲風雕像隨處可見。從落地窗望向外面廣闊整齊的草坪，紅色知更鳥集結成群移動在果樹間。雪白頭髮，聰明睿智的萊蒙穿著奶油色褲裝，與我期待中的她不同。這位寫出《廚房桌上智慧》（*Kitchen Table Wisdom*）的暢銷書作者，在書封照片上看起來就像一位天生脾氣好、會要你多吃點巴布卡蛋糕的猶太奶奶，那種會為你的屁股而驕傲並捏一下的奶奶。然而，親眼見到的她，更像是碧翠絲·亞瑟（Bea Arthur）這位以電視劇《莫德》一角而聞名的情境喜劇演員，不耍嘴皮子且堅毅如鐵，她有著神祕主義者對治療奇蹟的敬畏，以及科學家的堅毅心智。萊蒙機智堅韌，善良的她卻也不會容忍愚蠢。

她對克隆氏病的憤怒醞釀很長時間，最終爆發出來。在她當住院醫師期間年輕有抱負，院方提供一個好名聲的教職，但由於她缺乏足夠體力，被迫拒絕這份工作邀約。她寫道：「這是另一個被偷走的夢。」當時十九歲的她，患有重度憂鬱症，她逃到長島一處人煙稀少的海灘，首度經歷一次主要的治療突破：

我內心翻騰，疲憊地沿著海邊行走，與我同齡的人相比，他們似乎充滿無窮的活力……我記得曾經有種疾病奪走我青春的念頭。我還不知道它又給了我什麼當交換……一股強烈的憤怒湧上心頭，我已經歷過許多次相同的感覺。但藉著某個未知原因，這次我並沒有在當中被淹沒。相反地，我注意到它的存在，心裡有股力量說：「妳沒有活力？這就是妳的活力。」

我震驚地意識到，心中憤怒和生存意志之間的連結。這種我的憤怒即是我生存意志的狀況，從裡到外澈底翻轉。我的生命力和我的憤怒一樣強烈……但我第一次能以不同方式看待它，並直接地感受它……不知為何，（以下出自筆者補充）這種「對生活的熱愛」在我身上變得如此強大，而且這樣的結果是來自原本阻礙它的那些限制。就像一條被堵住河流所蘊藏的力量……我也知道，這股憤怒的力量於現在的形式中被困住了。我的憤怒幫助我生存、抵抗疾病，甚至繼續奮鬥，但在憤怒的形式中，我無法利用自身力量來建立內心渴望的生活。

「我就像希臘的佐巴！」萊蒙笑著回憶起大學時期那個憤怒的她，以及被困在內心的對生命之渴望。「當我意識到可以直接表達這股力量，也就是屬於我的力量時，轉變就發生了。我無須生氣，但我告訴你……」她用那雙猛烈的深色眼睛盯著我說，「如果我是透過心理治療師的協助消除心中憤怒，我永遠不可能到達那個境界。」

萊蒙喝了一口茶。「人會被憤怒困住，這是真的。」她繼續說，「而活在憤怒中會使人受限。但在一個人之所以為人的過程裡，憤怒有其位置。」一位很棒的佛教老師瑞克．菲爾茲（Rick Fields）將他對疾病的憤怒轉化為一系列的詩，其中一首叫做「去你的癌症」，作為在治療的痛苦掙扎中，保持真實的一種方式。「沒有它，你就永遠無法了解某件事。」

萊蒙相信，那件事就是真實性。如此的真實性代表靈魂的深化，而發生點是當我們生活中的不真實之物，被焚燒殆盡時。「許多人不明白的是，僅僅於生理上存活並不夠。」萊蒙堅持地說，「那樣的目標太低了。我們的目標應該是以一個帶著愛的人，從心理層面存活，作為一個靈魂的存活，這是我們開始覺醒的方式。」

「對什麼的覺醒？」我問。

「失去的開始也是慈悲的開始。」她告訴我，「我的經驗讓我能夠幫助許多人自困境解脫，我可以處理那些會嚇壞大多數人的情況。」

我對此一點也不懷疑。

萊蒙成長於一個在科學與靈性間辯論不斷的家庭（她在十二歲前，一直想成為拉比），身兼醫生與患者身分的她，努力協調這兩種世界觀。醫學同行中存在的傲慢、短視和缺乏想像力，使她感到憤怒，於是決定尋找一條介於智力和直覺的中間道路。她於一九七六年在加州的波利納斯，成為康維爾全人癌症中心的共同創辦人，自此成為身心醫學領域的先驅。

萊蒙坦承自己帶著說服他人的企圖。「我人生中許多關鍵性的決定，都是根據醫生給的建議。」她告訴我，「他們說我只能活到四十歲，所以我從未結婚，也沒有孩子。」這確實是一個大問題。「沒有人提供我有機會存活的可能性。」萊蒙如此說，她最近剛過完六十四歲生日。「人很難跳出框架去思考，但生命就是在框架之外。」

治癒是一個神祕過程，其原則往往與理性相矛盾。在與數千名病人會診後，她了解到身體的智力違反原先預期的頻率有多高。「身體有著強烈的生存本能。」萊蒙提醒我，「我若割傷你，你的身體痊癒後將比之前更強壯。沒有內建的生命韌性，即使最先進的治療也無法奏效。」

詩人狄蘭．湯馬斯（Dylan Thomas）稱此為「透過如同保險絲的綠莖成為驅動花朵的力量」。

萊蒙鮮明地回憶起，她第一次注意到這股不可思議力量，以袖珍形式展現出來。「當時是我十四歲的某個春日。」她說，「我走在紐約第五大道上，驚訝地注意到兩片小草從人行道縫中長出來。不是繞道，而是直接穿過去。小草翠綠嬌嫩，就這樣穿過水泥，儘管來往行人匆匆與我擦身而過，我仍駐足，難以置信地盯著小草。」

這段記憶仍帶給她驚奇。「這個影像在我腦海裡停留很長一段時間，可能是因為看起來很神奇。它讓我對動力和力量有了非常不同的看法。真實的動力裡並不存在暴力。」她觀察到，儘管一般人習慣狗咬狗的競爭常態，「有一些更神祕的事情正在發生，我們的文化沒有灌輸這樣的想法。」她堅稱，「面對巨大的變化，諸如失去乳房、國家、孩子，我們面臨一個重要的選擇。我們可以選擇投降，經歷失去，關注自己的反應，聆聽內在聲音；也可以試著忘卻，繼續人生。但是，這真的有效嗎？」

「對我來說，並沒有。」

「我也是。」她說。「這是至關重要的理解。當我們試圖避免失去或忍耐著經歷痛苦，生命實際上是被縮小。另一方面，那些在生命中真正面對痛苦，而不只是紙上談兵的人，有一種非凡的智慧和清晰度。」

「你認為為什麼會這樣?」我問。

萊蒙想了一下。「我們意識到有一個更大力量在運作,並相信這股力量可以支持我們。」她最後說,「任何經歷分娩過程的婦女都知道,當情況變得艱難時,一切都是分分秒秒的體驗。正在發生的力量如此之大,讓婦女不得不降服,這是必須的,通常恰好在小孩出生前一刻。」這個自相矛盾的說法非常美妙。「唯有在降服時,覺醒、啟蒙的整個過程才會開始。婦女們談著這一刻,以及如何從中學習獲益。之後,她們面對生命與自己的關係開始不同。這是信任的開始。」

這股對神祕的信任將我們帶向前方。「意識到有股更高力量帶來突破。」她解釋,「你的核心認知發生變化,不僅是關於你自己的想法,還包括你如何看待整個世界。」多年來與癌症患者的會診經驗,萊蒙經常見到這種認知轉化。「我常看到,當事人身體可能相當虛弱,但另一個自我卻大大地擴張。」她告訴我,「這個個體已經擴張了。」

我想到雙面性。

「受傷的過程實際地使我們意識到自身的力量。」她說。「它讓我們的價值觀重新洗牌。而優先事項絕不是你原先想的,這件事完全不是關乎完美或者力量,而總是關乎愛。」

我們決定到花園散步。我跟隨萊蒙走進鋪著緩坡的庭院，看著她小心翼翼地捏起種子放到餵鳥器裡，謹慎地彎腰撿起一塊破布，這些舉動提醒我，她的身體因疾病有多麼虛弱，而必須精細地衡量自身精力，以完成眾多職責。這讓萊蒙有種堅固卻也脆弱的平衡，一種深刻而特殊的力量。

我們並肩坐在長凳上。白茫茫的霧正緩緩飄進塔馬帕斯山，覆蓋在滿是松樹的山陵裡。萊蒙提醒我，「我們忘記事情是有流動性的，訣竅就是不要擋住路。」

「妳是指不要自己把路擋住，對吧？」

「你若擋住一條河，它會找出另一種方式到它要去的地方。」她語帶溫柔地說，「當身體的存在被改變，你會以其他方式繼續前進。」萊蒙將一把種子撒至鳥群中。「想想那些經歷極端氣候的樹，它們不僅變得更強壯，根也更深入地面。它們不是直挺挺的，而是彎結在原本的樹幹上。每一個我遇過經歷挑戰的個體，無論他們在路上有什麼障礙，都會來到相同的十字路口。他們會放棄，還是會投降？」

「有時這兩者似乎意思相同。」我說。

「但這就是我們自由的所在。」萊蒙告訴我，「我來到一個轉折點，決定生病的事實並不會阻礙我好好地生活。」並承認，「當然，我希望有好視力！」克隆氏症讓她一隻眼睛看不見。「當然，我希望能夠想吃什麼就吃什麼。我非常想去爬山，但這些事我都不能做。」她聳聳肩說，「我能做的是適應。」

萊蒙靠向長凳椅背上。「我們如何穿越各種困境，而非一生沒有任何困境，才能讓一個人在生命結束時說：『這一路走來很精采。』」她告訴我。

萊蒙那雙深色眼睛在抬頭望向霧氣時轉為銀色。「你會看到，即使身體發生改變，但有一部分的你從未受傷過。」她解釋，「我對全人的感受與身體的狀態如何無關。」她的自信確實符合這樣的宣稱。「我不認為我有什麼缺陷。」萊蒙指著頭頂一隻高棲在常青樹上的金鷹說，那隻鷹似乎也在觀察我們。

「我把世界當成一團謎。」她說，「就像小孩一樣。」

真實告解

我也不清楚是什麼緣故，我成了家人告解的對象。包括我的姊妹們、母親、她們情場失意的女友們，還有與我們中間隔一戶鄰居的寡婦耶塔——有著磚紅色頭髮，身著與野牛體型一樣的寬鬆長袍，總在我上成人禮課程的路上，慷慨地為我做好帶有甜味的羅宋湯與猶太風味牛小排當點心。自從我年紀大到能夠傾聽開始，我就是她們的心靈捕手、傾訴對象與信任的人。請坐。

「你知道嗎？」講完她已故丈夫麥克背叛的史詩故事後，耶塔總是開心地用她的肥胖手指捏捏我的下巴。她告訴我，有人傾聽讓耶塔心情好。我說，聽妳說話對我也有好處。

耶塔有個名叫茉莉·格羅斯（Molly Gross）的朋友，她告訴我，這位朋友想找人說話，就如同有人哀求要有氧氣一樣。茱莉就像被關在籠子裡的鳥，盡情唱著悲歌。她嫁給一名可悲的外科醫生席德，他靠切除腦瘤賺進數百萬美元。沒有上診時則盡他所能地折磨茱莉。我在十二歲時第一次聽到她的故事，但是被關在籠裡的她，從未與我見過面。十年後，我在研究所攻讀學位，幾乎無力支付房租。茱莉當時將過八十五歲生日，想找一名助手幫她整理累積數十年如雪崩般的筆記，在她身上找到從未說過的故事，然後將這些資料編成一本可以代表她一生的手稿；現在這些累積五十年點滴、字跡潦草的內省紀錄，如陵墓般被塞進席德衣櫥中的不同箱子裡。

「她是一位傑出卻未受欣賞的女性。」耶塔一邊告訴我，一邊與我吃著一盤煮過頭的家鄉味菜餚。她相信生不逢時的茱莉是一顆貨真價實、未經雕琢的鑽石，可以說是自成一家的哲學家。現在，這位未經表揚的老詩人，害怕將在未曾展翅的情況下死去。有人得去救她，耶塔說。當然，那是我的本能反應。我需要錢，而且更重要的是，需要「被需要」。我與茱莉約好在她和席德共有、俯瞰聖塔莫尼卡海灘的高級頂樓公寓見面。

我永遠不會忘記初次見面她向我奔來的景象。她像鷦鷯一樣嬌小，氣喘吁吁、水汪汪的眼睛、雙臂展開，竹竿腳急忙行走時，頭上髮網露出一縷白髮，寬鬆浴袍並未繫上腰間帶，拖鞋啪啪地打在走廊海軍藍色地毯上。她露出燦爛笑容，手裡緊抓著從不離手的面紙。我立刻看出茱莉距離鬼門闕不遠。茉莉白皙的手臂上布滿紫色針孔痕跡，她握住我的雙手，看著我的眼睛，對著瓜地馬拉女僕瑪欣說，「親愛的，他終於來了。」

我因為兩個明確的理由，被茉莉所誘惑。首先，我從未遇過如此坦率的人，她十分脆弱、傷痕累累，卻仍有朝氣，會對蠢到不行的事情傻笑，而我總是為情感著迷，是親密連結的上癮者。再者，這位老婦人似乎擁有我長久嚮往但尚未遇見的特質：一種大膽、無拘無束的生活精神，一種動力，毫不保留地投入每一個不再返回的時刻。茉莉和我會關起門，在席德裝有窗簾的書房裡，坐在一張堆滿各種資料的桃花心木長桌旁，一聊就是好幾個小時。她的資料像大雜燴一樣，包括法律備忘錄、紙巾、折角標記的書本標著她想引用的段落，以及她幾乎能倒背如流的其他書——《不知之雲》（*The Cloud of Unknowing*）、《我是那》（*I Am That*）、馬可．奧理略（Marcus Aurelius）的《沉思錄》（*Meditations*），不同種類的紙上，刻寫著她扭曲不規則的字跡。有時，茉莉會因這些雜錄所喚起的美好回憶而呵呵笑；其他時候，一個過往折磨人的念頭會如箭般射向她，讓她的淚水在眼眶裡打轉，不得不將眼睛望向他處，用揉皺的面紙摀住嘴。

我們以一種充滿熱忱的默契度過十五個月，茉莉不斷地讓我緊張、著迷與感動。她以驚人的信念講述我原本一無所知的事情，從生活的精神層面開始。儘管她身體虛弱，卻精神奕奕，她吸收、反思、看見並聽見更多；關心許多事，也受苦更多；比我認識的任何人都更深切地品味著自己的存在。我們一起篩選文件，記錄故事，將訪談的錄音帶轉寫成文字。茱莉可能在某日心情愉快，對她受限的世界感到安心，隔天卻因自己被隔離的存在而感到痛苦。「親愛的……」她面露痛苦地告訴我，「生命很寶貴，有人會浪費生命，請你千萬不要。」

「我不會的。」我向她保證。

有些時候，茱莉會抓住我的手，緊閉雙眼，拒絕告訴我發生什麼事。我被一個神祕的段落困住，問她到底想說什麼？

「你知道的！」她邊說邊拍打我的手臂。

「我不知道。」

「哎，你！」她捏了一下我的肋骨處。

「很不清楚。」我告訴她。

「你才不清楚。」茱莉笑了。她一有機會就碰觸我，撫摸每一處可以摸到的表面。某天，我們遇到一則特別像禪宗開示小故事的條目。上面寫著「是我的會認出我的臉」，用大寫字母寫在巴黎榮勳宮的信紙上。

「這是什麼意思？」我問。

茉莉摸摸我的頭髮。「你知道！」

「我真的不知道。」

她望向我肩膀後方看去，雖然那裡沒人。「有一天我在森林裡停下來，所有的路徑都一樣。」

她失序地低語，眼睛睜得特大。

「別這樣！」

「愚行的終結與智慧相當。」她嘲笑道。

「別迴避我的問題。」我會這樣說，但試圖阻止她是沒有用的。如同一個女人從緊身上衣中拉出一串珍珠，茉莉一次拿出一顆明亮的珍珠，揭露她神祕的洞察。最重要的是，我不想阻止她。在那時，我已經愛上茉莉，而她相信我的探訪是唯一讓她生命延續的原因。

「有人欣賞我！」茉莉有一次對瑪欣說，並緊握住我的手。她在那一年裡愈來愈虛弱。有一天，我們坐在她的廚房餐桌吃午餐，先喝一小口伏特加，這已成為我們的小習慣。瑪欣傻笑地看著我們。

「我看見妳了。」我告訴茉莉。

「找到了！」她尖叫，並緊握住桌子。

「宏亮又清楚。」我向她保證。

「你會出版我的書嗎？」她問。

我向她承諾我會試試。我們決定把她那五百頁的手稿命名為《存在的片刻》（*Moments of Being*），當時不知道維吉尼亞．吳爾芙已使用過這個標題。就在我現在寫下這些文字時，茉莉的手稿依然放在藍色活頁夾裡，收納在我的起居室衣櫥頂上。

「美好的一天。」茉莉說，並親吻我的雙手。「現在，你來說祈禱文，瑪欣。」

身材豐滿、個性害羞的女僕閉上雙眼。「喔，神啊，祈求祢的恩寵，天父，將祢的恩手……」

「太美妙了，親愛的！」茉莉興奮地叫著。「是不是很美妙？」茉莉在瑪欣的臉頰上親了一下。

「看看我們三人在這裡，就像一個充滿愛的家，我的孩子們，還有陽光與美食。」

就在那時，茉莉站起來，把她及膝睡衣拉高許多吋，超過腿上有靜脈曲張的女人會拉起的高度。「我想跳舞！」她拜託我，伸出瘦弱的雙臂。「讓我們一起跳舞，喝到醉！」茉莉說著。

瑪欣視線往地上去，露出微笑。我看見茉莉在廚房裡跳華爾滋移動著，抱著一名隱形舞伴，用她顫抖的聲音唱起二〇年代的流行歌。「哦，答應我，有一天你和我會一起把彼此的愛帶向天空。」

她唱著。茱莉拜託我帶她跳搖擺舞。「帥哥，過來，再也不會有這一天了。」

「去吧！」瑪欣用西班牙話催我。

「親愛滴！」茱莉乞求著，把她的睡衣拉高了一、兩吋，在廚房裡雀躍著。「你會讓我心碎。」我笨拙地將她摟入懷中。茱莉將她下垂的乳房緊貼在我身上，用手勾住我的脖子，仰臉對我微笑，然後開始唱歌。「哦，有一天你和我會一起把彼此的愛帶向天空。」她輕聲唱著。我聽到瑪欣跟著哼唱，大廳裡的祖父鐘滴答滴答響，以及窗外大街上的車聲。茱莉將臉頰貼在我的胸口。

◎

伊莎．丹尼森（Isak Dinesen）說，如果把悲傷變成故事，所有悲傷便都可以承受，瑞秋．萊蒙記得小時候躲在廚房桌下，趁著東正教拉比祖父講故事和解讀卡巴拉（kabbalah）[5]時，用手摸著他紫色絲絨拖鞋。萊蒙認為，在電子郵件出現前，人們可以圍在一起講故事以傳遞智慧的傳統，失去講故事這門藝術，導致我們的文化喪失靈魂，以及對生活方式的共享洞察。她相信，透過故事分享，我們可以運用一個被廣為忽視的生活智慧庫。

「當我們不再互相講述自己的故事，就會去找專家來告訴我們如何生活。」萊蒙寫道：「我們花在廚房餐桌旁的時間愈少，店裡就會出現愈多各種指南書籍。因為我們已停止聆聽……停止學習如何從生活的普通事件中認識意義，並且讓自己充實。」講故事也是對友誼的一大助益。我知道一位以色列女士因為呼吸困難去看心理治療師。在他們交談時，心理治療師注意到病人前臂上刺有一串營地號碼。這個女人在講述自己的故事時，咳得很厲害。「你什麼時候開始有呼吸困難的問題？」心理治療師問道。「在我朋友兩年前去世時。」這名倖存者坦承，「她還活著的時候，我們可以談論任何事情。雖然她沒有在集中營裡，但她理解。現在沒有傾訴對象了，我被惡夢纏擾著，無法一個人安心在屋子裡睡覺。我知道如果想活下去，就必須找到另一個朋友。」

我們的故事之所以有意義，是因為它們以有意義的方式，與其他人的故事匯聚一起。某天下午，我與十五位住院醫師、小說家麥可・翁達傑（Michael Ondaatje），以及在紐約哥倫比亞大學醫學院負責敘事醫學課程的麗塔・夏隆（Rita Charon）博士，圍坐在一張散落著多力多滋玉米片的會議桌邊，討論醫生如何透過仔細聆聽病人的故事，了解他們的內在生活。自從敘事醫學於二十年前首次出現以來，夏隆一直是該領域的先驅。身為一名年輕的內科醫生，夏隆意識到她不知如何深入地聆聽病人，也不知如何解讀他們訴說的生活故事。她問自己，有什麼比研究偉大的小說作品，更

5 譯註：古老的猶太神祕哲學。

有助於了解故事呢?於是,她重回大學攻讀比較文學博士學位,並提出一種有趣的理論:醫生可以透過做好讀者所做的事,來成為更好的治療者,當中包括思考角色、情節結構、情感伏筆等,這些都是小說家所使用、也是病人在診所裡讓個人故事更有生命力的方式。

艾瑞克.大衛(Eric David)為三年級醫學生,今天剛從手術室出來,他在一個前列腺澈底切除術中擔任助手,此刻正努力表達一個觀點。「醫生把人拆解開來。」頭髮蓬亂、看起來像高中生的艾瑞克說。「這就是讓我們與世界有區別的地方。你必須抵抗關閉的誘惑。如果你記住每個人都有一個故事,這會有所幫助。」

留著白鬍鬚的翁達傑頂著如獅子般的頭、一雙冰冷綠眼和鮪魚肚,他仔細地聆聽這位穿著綠色手術服的年輕人說話。這位小說家對敘事醫學開始產生興趣,是在一次觀察四重冠狀動脈繞道手術後,他在上課前告訴我,「我站在距離心臟約六十公分的地方。」翁達傑驚奇地說,「就這麼盯著病人身體。還有什麼比這更令人著迷呢?」

那次心臟手術使他上癮了。「打從我還是個男孩開始,就對醫生有一種迷戀。」翁達傑告訴我。「我想和醫生談論書,就像你用X光掃描身體一樣,想看看它是如何運作與構成的。」

這聽起來像是一個與臨床之間存在正相關的動機。我說,「難道沒有更深刻或者更藝術性的原因嗎？」

他想了一下。「我想這可能與拯救和醫治有關。」翁達傑說，「我們的生命都很危險、無常，甚至可以說是被遺棄的，拯救和醫治都很重要。」

被遺棄？我不禁好奇。用這樣的選詞來描述人類困境，似乎很奇怪。在世上被誰或說是被什麼遺棄？在《正午惡魔》中，安德魯．所羅門將憂鬱的被遺棄狀態描述為「彰顯我們內在的孤獨、人類狀態的結晶，我們每個人身處其中，都是在一個自主的身體中獨自承受孤獨。」若說被拋棄的感覺，確實是我們對與人連結共同渴望的核心，那麼似乎更可以理解，為什麼各式宗教使用告解作為醫治手段，以及如麥可．翁達傑等作家以近乎神聖的方式，來看待講故事的藝術。

回到課堂上，他聽著一位看起來對當天選讀威廉．麥斯威爾的小說《再見，明天見》（*So Long, See You Tomorrow*）感到不安的女住院醫師述說。這位年輕醫生露出痛苦的表情，坦承某日早上查房時，曾以冷冰無情的態度對待一位病人。這位病重男子邀請她坐在身邊，聆聽關於自己的一段故事。她告訴我們她編了藉口，說自己實在忙到無法停留，因此催促那名孤獨老人趕快講故事，並在他還沒講完前就打斷他，之後她再也沒見到那位老人家。她現在說，「我應該花些時間的。」

「下次這麼做吧。」作為導師的夏隆安慰這名女醫師。夏隆正試圖培育更好的醫生，而非帶來更多的自我懲罰。

課程結束後，我陪翁達傑走到電梯處，這位小說家思緒似乎飄得很遠。電梯門打開時，他回神過來，眨了眨眼睛。「超乎尋常。」他出聲嘀咕著，卻沒多說正在想什麼。「我得記得把這寫下來。」

接著，電梯門在他身後關上。

普羅米修斯

我最近參加獨立紀念日烤肉派對，坐在一位活潑的深髮女子旁邊，她自我介紹時說她叫艾拉。若要電影選角的話，應該會讓伊娃·朗格莉亞（Eva Longoria）飾演這個角色。艾拉提到她的職業是護士時，煙火正在我們頭頂上方綻放。「我與一群奇蹟的孩子一起工作。」她一邊說、一邊擦去嘴角沾到的玉米上的奶油。

「奇蹟？」我問。

「是一群英雄。」艾拉說。「要是說到獨立紀念日，這群孩子就是自由鬥士。」她這麼說時，海灘上正好有煙火聲作為背景音。艾拉是紐約貝特以色列醫院兒童整形外科的護士長，她的老闆名叫大衛．費德曼（David Feldman），是一位知名外科醫生，除了經營一間私人診所外，還經營月付型診所，專為無處可去的嚴重殘疾孩童服務，費用由政府補助。艾拉說，「他讓這些外表殘缺的孩子能站起來走路。這個人本身就是一位英雄，還沒見過比他更偉大的心腸。」

接下來那週，我跟著費德曼醫生在貝特以色列醫院擁擠的走廊上奔走，快速進行巡房，我們兩側跟了四名住院醫生、一名西班牙語翻譯、一名拐杖製造公司代表，以及艾拉。費德曼是位金髮、精力充沛的正統派猶太人，他穿著時髦，大聲發號施令，步行時會無意中露出兒時因病而致的跛腳。我們匆忙穿過走廊，周圍都是跛腳的孩子，很多人坐在輪椅上，有些是爬行或牽著母親的手，沿著牆壁摸索前行。當他們看到費德曼時，眼睛都亮了起來。雖然費德曼醫生習慣板著臉，但與這些孩子的互動很自然；他會往某個孩子肋骨位置戳一下，搔另一個孩子的癢，叫罵或逗他們笑。

第一個檢查室裡是六歲大的頑皮女孩梅蘭妮，患有脊柱裂。費德曼用尺劃過她的畸形足底時，她笑開了。梅蘭妮的拉丁裔母親體型矮胖，對女兒手術後的大幅進步感到開心（費德曼還計劃進行更多手術，來矯正梅蘭妮的脊椎）。他將梅蘭妮從桌上抱下來並牽著她的手，讓她驕傲地慢慢走在地板上轉圈圈，向他展示大有進展的走路情況。

「男孩們將會為妳著迷。」他一邊逗梅蘭妮開心，一邊仔細測量她腳踝的張開角度，不停將技術資訊告訴艾拉和住院醫生。

梅蘭妮高興地尖叫起來，接著身體向前倒、整個人趴倒在地。費德曼要拉她起來時，梅蘭妮向他吐了吐舌頭。「我可以！」她邊哭邊抓著固定在桌子旁的手把，慢慢地把自己拉起。梅蘭妮站起來後，立即向費德曼報以勝利的微笑。「看吧，我就跟你說。」

「是的，沒錯。」費德曼說道。接著，他輕聲對梅蘭妮的母親說，「我們會把她治好，帕狄拉太太，我保證。」

在隔壁房間裡，一個哈西迪猶太教家庭似乎處於崩潰中。患者是一名皮膚狀況不好的高中生，帶著稀疏八字鬍的他，拒絕乖乖坐在輪椅上。

「他真是讓我抓狂。」母親哭著說。她身材高大，長得並不好看，戴著一眼看穿的假髮，穿著寬鬆連衣裙，走路時漆皮鞋發出磨地聲響。「坐下！猶迪，現在就坐下。」

「你才給我坐下！」兒子對母親大喊，沿著洗手槽朝窗戶方向摸索前進，「我不想再坐了。」

「他就『似』不聽話。」戴著猶太帽、留著側捲髮的父親嘀咕著，他沒刮鬍子，看起來像個無望的傢伙。「聽媽媽的話。」他聳肩向男孩說。

「醫生，我想要走路！」猶迪告訴費德曼。

信奉猶太教的母親似乎正在祈禱，抓住臉的兩側。「你這樣就很好。」她語帶責備地說。

「我想在畢業舞會上跳舞！」猶迪告訴她，他還想去滑雪、騎摩托車，和雪爾帕人在喜馬拉雅山區中長途跋涉。每一項活動的風險性都威脅著她作為母親的管轄權，她的臉變得更加慘白。「你明白我的意思吧？」她向費德曼抱怨。

「H太太，我想他已經準備好動手術了。」醫生說。「但是猶迪，請告訴我，我們該從哪兒開始？腳踝？髖部？背部？」費德曼扶著猶迪的肩膀，引導他朝不同方向轉身。「我想，應該從背部開始。」

母親看著父親，父親看著醫生，醫生看著男孩，男孩似乎比他們三人都不怕。「先告訴我風險。」猶迪的語氣透露出冷靜成熟。費德曼告訴他，手術後他可能會癱瘓，甚至行動比手術前更不便，儘管這種可能性不大，但他虛弱的肺部可能會患上肺炎，甚至死於麻醉。

「你現在這樣就好。」母親溫柔地說，伸手抓住兒子的手。

「媽，我想要動手術。」猶迪說。

費德曼向父母重複，「他想要手術。」母親看起來相當受挫。父親與醫生握手，並請他開始安排時間。我們離開房間時，我回頭看見猶迪在微笑，用大拇指向我比讚。

經過兩個小時、看完三十個孩子後，費德曼倒在他辦公室休閒椅上，雖然筋疲力盡，但顯然很快樂。「我應該要有他們一半的膽量。」他邊說邊揮手，讓一個住院醫生離開。「還有他們一半的幽默和隨遇而安，這些孩子是我的老師，所以求主助我手術順利。老實說，我不知道他們是如何做到的，完全沒有心機。」

「沒有心機？」我說，「這是一個有趣的字。」

「他們沒有隱藏任何東西。」費德曼說，「這些孩子已經走到盡頭，別無選擇，這件事教會你……」醫生找不到適當詞彙，「你會學到，微小的事可以帶來多大的變化。只要一點小事就能讓他們快樂。」

之後艾拉陪我走到電梯。我們在休息室坐了幾分鐘。「起初，我跟著這些孩子工作時，感到非常痛苦。」她坦承，「我以為我犯了一個大錯。這工作實在太令人心碎了。」

「我能理解原因。」

「但事實是，我對自己感到抱歉。」艾拉承認。她倒給我一把彩虹糖。「有一天，一名十二歲痙攣性四肢痲痺的女孩被帶進來。」我剛看過費德曼檢查一名患有嚴重痙攣的痙攣性四肢癱瘓患者，她無法控制自己亂踢腳，父親將她抱在懷中，而她的手臂緊緊貼在胸口。

艾拉回憶起這個小女孩，「她叫麗莎，她的膝蓋已完全失能，走路時是用腳的兩側，像螃蟹在地上拖著一樣。」艾拉停頓下來整理自己的情緒。「突然她看到我，給我一個燦爛的笑容。麗莎說：『艾拉，妳好漂亮。』」

她用紙巾擤鼻子。「從那之後，我的恐懼開始消退，內心有某個東西迸裂開來。我看到的是她作為人的樣子，而不是她的身體。讓我感到困惑的是，這些孩子並不生氣。」艾拉說，「就好像他們的身體沒有任何狀況，你不會看到他們對自己的不完美大驚小怪。他們總是問候你，用靈魂與你交談，你可以從他們的眼中看到這一點。」

「我有看到。」我回應。

「這都取決於他們的視角。」艾拉告訴我，「麗莎的母親那天看見我在看她。我的眼中一定充滿同情。她看著我並微笑，可能猜到我在想什麼，那件我從未真正問過的事。」這段回憶仍讓艾拉感到驚訝。「然後她還是說了。」

「她說了什麼？」

「我愛她。」麗莎的母親告訴我，「她是我的寶貝。」

現成藝術

多年前，我在印度中部浦那附近的小鎮與上百名朝聖者一起排隊，等著拜訪一位早已離世的聖者之墓地。排在我前面是一位德國母親，她的頭髮被頭巾包住，正協助她患有唐氏症的殘疾兒子跪在大理石墳墓邊。小男孩應該不到十二歲，膝蓋彎曲對他而言相當困難，終於跪到地上後，他將臉頰貼在大理石上好長一段時間。他的母親想催他往前移動，但我們其他人並不介意這樣的等待。「朝拜不是一種儀式，而是一種態度與經驗。」這位聖者生前曾這麼說過，這個孩子的朝拜似乎讓排在後面的朝聖者的心昇華了。

之後，在一個擠滿人的大廳裡，我們聽著與該聖人最親近的弟子，追憶他跟隨大師的五十年歲月。這名弟子年事已高，穿著「Rice-A-Roni」[6]T恤，那是信徒從老家帶給他的紀念品。這位偉大聖者祝福過數以萬計尋求他的福德（darshan），或者是得他聖觸的人。「『巴巴』[7]愛所有人。」這位白髮祕書用他混雜式英文向我們解釋。「但最重要的是，他喜歡無賴！像我這樣的壞人！」他臉上淘氣的微笑，讓人很容易就聯想他曾是敗家子，某個孟加拉貴族的後代，喜歡跑車、美酒和容易上手的女人，直到有天，他的導師將他弄得天旋地轉。

「那些頑皮的人……」祕書笑著說，「就是巴巴最喜歡的人。有些人來找他時會裝得很神聖，端正地坐著，告訴巴巴自己好棒、純潔又有所頓悟。巴巴只是微笑著讓他們繼續說。」

那名唐氏症男孩正在地上打滾、呵呵地笑，他的母親終於放棄，任由他去。

「神不需要你的神聖。」這名老人在講到「聖」字時作勢拍掉這個字，並咧嘴一笑。「神也不需要你的美德！」

「那他需要什麼？」一位來自澳洲的女士問道。

「神只需要你的人性，僅此而已。」我們的主人回答。「破碎的家具，他是這樣稱呼那些來到他面前不做作的人。巴巴喜歡破碎的家具，他說這就是巴巴最能帶給人啟發的地方。」

我喜歡將人性視為全球救世軍商店的概念，裡面有許多破舊的家具，像是只剩三支腳的椅子、破舊沙發、搖晃的桌子、半熄的燈、被忽略許久且沒有抽屜的衣櫃，還有過度凹軟而無法讓人做美夢的床。當安德雅．瑪汀（Andrea Martin）五歲時（當時的姓是堡碧〔Bowlby〕），整身纏著石膏，就寢是一天中最痛苦的時刻。「我躺在那裡，身體痛苦地蜷縮，直到早晨來臨。」瑪汀告訴我，我到她位於康涅狄格州哈特福德的聖公會教堂寓所拜訪時，她才剛被按立為牧師。個子嬌小的她走路跛行，留著如小精靈般的短髮，活力充沛，善於自嘲又極其聰明（她畢業於耶魯神學院）。她誠實地分享孩童時期一段痛苦的歲月，她得忍受十五次重大手術，每年有六個月的時間身體被可怕的石膏束縛。

「就如同現成藝術。」瑪汀如今告訴我，她看著花園裡的樹木，「你集結所有壞事，包括痛苦、尷尬、憤怒與渴望，還有奇妙的恩典時刻，將之轉化為原創且獨一無二的狀態，成為你的生命。」

瑪汀出生時患有偏執型人格障礙（PPD），還在學步時，醫師建議截掉她明顯較短的右肢，好險遭父母拒絕。不過，自兩歲至二十一歲，瑪汀經歷不同的腿部增長手術，以及伴隨而來一連串痛苦難耐、刑床般折磨的醫療程序。

6 譯註：一種盒裝麵米調理食品。
7 譯註：梵文裡長者、祖父輩或苦行者之意。

「我所經歷的情緒痛苦比生理疼痛要大許多。」瑪汀一邊告訴我，一邊準備煎蛋捲，在上午的禮拜時間為八個嬰兒施洗後（「一場災難！」）她仍堅持親自下廚。「我當時感到十分失控。」她打著蛋，同時向我坦承。「我完全任由醫生和他們的決定擺布，有種被孤立與放逐的感受，同時自我意識很強烈！」

瑪汀將打好的蛋放入平底鍋中，並倒咖啡給我。「非常痛苦。」她回憶，「我對社交情況感到恐慌，被學校同學無情地嘲笑。」然而，就在那樣幼小年齡時，她開始在信仰中找到慰藉。「基督教的一段故事幫助了我，當時耶穌邀請所有被放逐的人與他同在。」她告訴我，「他主動與痲瘋患者和罪人接觸，對我影響很大。耶穌自己就是一個局外人，這個事實帶給我希望。」

瑪汀也希望有朝一日能透過自身的掙扎，為廣大社群帶來益處。「也許我的心思意念會有所不同。」她端上早餐，「也許上帝會使用我對他人的同理心，來做我目前無法預測的事。」話雖如此，青春期仍是一場關乎存活的惡夢。「學校裡其他女生都在約會。」她告訴我，「我與她們之間有巨大鴻溝，我想著『天啊，我經過多次手術、數年拐杖與復健，現在成了雙重打擊，沒有人會愛我』。」

瑪汀對於說出這些聽起來自憐的話，似乎感到不好意思。「一個跛腳或帶有疤痕的男人，對女孩而言有某種吸引力，這是男子氣概的象徵。」她解釋，「但發生在女性身上，卻是完全孤立。我以為我永遠不會結婚。」（事實上，瑪汀已結婚四年，丈夫克里斯是位自由主義派說客，非常愛她。）

在她大學時到印度當了一學期的交換生後，這樣的困惑開始發生轉變，她找到成為牧者的天職。瑪汀本來想當醫生。「我想要像為我治病的醫生們一樣服事病人。」她說，「不只是醫治我的腿，而是整個人。」很遺憾地，她在科學方面的表現並不傑出。在德里的某天，她找到上帝對自己的呼召。「我們參觀了甘地的出生地。」她邊吃早餐邊說，「我坐在一輛華麗的大型觀光巴士上，有電視、絨布座椅，應有盡有。我望著窗外，兩個街頭流浪兒走過來，抬頭望著我，伸手示意要錢或食物。禮拜時的話語在我耳邊迴盪：『神的羔羊，你除免世人的罪，求祢垂憐我們。』這兩個孩子背後代表世界的各種罪。那是上帝召喚我的痕跡。」她說，「主動接觸並關懷他人，我終於得到許可，走上我真心熱愛的道路。」

這名走非常規路線牧師的事工，之後也成為現成藝術的作品。「我母親以前會說：『瑪汀，你現在的掙扎從外表看來艱難，但是每個人都會面對挑戰、傷痛與掙扎，不見得從外表都看得出來。』」她告訴我，「作為牧師，我現在的困難多半發生在內心。但是，因為我知道自己與他人、或是我與上帝之間的鴻溝，以及盡力將之縮小的渴望，我的同理心加增，我每天都禱告求恩典，幫助人們和解。這樣的渴望因我童年的孤立而更加深刻。」

瑪汀與會眾的接觸使她明白，表面上看來是成功的人，他們的內心普遍存在疏離、孤立，甚至被遺棄的感覺。「人們有種巨大壓力，要讓一切在控制之中，至少要看起來如此。」她告訴我，「即使他們內心崩潰。我的工作是看穿表面，並且進到一個人的心與靈魂，了解這個人的內在可能與外在所呈現的截然不同。」

「有時外在很容易騙人。」我說。

「我知道有位醫師會使用在工作場合找到的丟棄垃圾。」瑪汀邊喝咖啡邊說，「像是舊X光片、點滴管、紗布、打碎的石膏，創造出最美麗的雕塑作品。」她為我們兩人倒滿咖啡。「從疾病中找到現成藝術。」她說，「對我而言，這是對盼望很棒的隱喻，是上帝為我們行事的方式。當一場旋風席捲我們的生活，留下散落的碎片和垃圾，引誘著我們放棄希望時，即便在這樣的時刻，上帝仍在動工，重組生命中的垃圾，使它們一切都變成新的。當我們與這種具創造性和救贖的靈同工時，奇蹟就會發生。」

如今，瑪汀可以騎自行車、游泳，甚至爬山，而幾乎感覺不到疼痛。「上帝很節省。」她笑著說，「我們所有忍受的苦難，短暫的折磨、飢餓，甚或極端虐待，上帝都能使之成為美好。上帝對我們可能成為的那個人懷抱夢想，我們愈能開放地與此恩典同工，就愈能被聖化，並在那樣的螺旋中被向上提升，成為上帝希望我們成為的人。即使是在最無望的情況中。上帝可以將失去的盼望轉為豐盛。」

「破碎的家具？」我說。

「上帝可能愛破碎的人更多些。」瑪汀說。

走過曠野

有史以來，看見宗教異象的能力一直是巫師的天賦。在傳統文化中，唯有走過曠野後存活下來，才會得到這樣的能力。有些人被要求在極端環境中「走一回」，也有人忍受肉體折磨，以求被痛苦「喚醒」。還有些人在藥物和非藥物誘導下，被召喚進入出神狀態，他們的心理會經過可怕的歷程，有「魔鬼」與其他內在的黑暗敵人參與當中。最後，還有一些人，如前述逃離家鄉的蘇丹奴隸弗朗西斯．巴克，雖然不是土著巫師，但在兒童時期就捲入極端的試煉中，個性如刀劍般被鍛造，而使自己成為幫助那些在黑暗中掙扎的解放者。

在以獲得智慧為終點的激烈障礙賽裡，有許多不同的路徑，但沒有一條比得上近親性侵，或是兒童性侵來得更野蠻。受信任照顧者所性侵的兒童，生活會被一分為二。事實上，根據艾瑞爾・喬丹（Ariel Jordan）的說法，「兒童被強暴的那一刻起，童年就結束了。」而近親性侵被他視為「謀殺靈魂」，喬丹是近親性侵倖存者裡的先鋒者。近親性侵的倖存者為了從創傷復原，必須穿越大多數人難以想像的靈性曠野，唯有孩子康復後找回生命之地，迷宮裡的黑暗才有辦法與那道破曉的光明相爭。

若非有文件紀錄，喬丹的故事太難以置信。他時年六十，帥氣又有一頭電影明星般的銀髮，深色眼睛裡盡是情感，宏亮的聲音使人想起前美國國務卿季辛吉。喬丹於以色列建國前幾年，在上加利利的以色列集體農場出生。他的父親是工程師，也是社區裡的支柱。母親負責照顧農場裡的兒童。「小時候，大家都告訴我，我很幸運，有他們當我父母。」我們在他堆滿東西的倫敦切爾西公寓訪談，「我很崇拜我的父母，尤其是父親。」他拿出自己五歲時滿臉天真的照片給我看，一個笑容令人發毛的男性摟著他的腰。

照片中的男孩看來受驚嚇且動彈不得。我將照片還給喬丹。「你希望我說得多詳細？」他問。我知道喬丹已經針對兒童虐待議題，在國會委員會作過兩次證詞，我請他完全敞開分享。他向我保證，他的目的不是要嚇大家，僅僅是為了揭示他所稱「社會上最黑暗的祕密」，將關於近親性侵的黑暗主題帶到明處。他從事該領域的二十年，了解到對於相信孩子這件事，存在著文化上的阻礙。

「但孩子必須被聽到。」他堅持地說。

「當然。」我說。喬丹坐回皮沙發上，開始講述超乎現實的離奇故事。「我父親在我四歲那年強暴我。」他省去開場白，直接切入主題。「他幫我洗澡，我覺得很棒，因為父母很少與我有身體接觸。」他說，「以色列男孩被要求必須剛強。」

他說話就事論事，看不出將故事戲劇化的一絲痕跡。「我父親一邊幫我擦乾身體，一邊搔我癢。」他繼續說，「那個時光很棒！我們兩人在一起，很好玩……」

「你的母親呢？」我問他。

「她也在附近。」他說。「但那是與『把拔』的親子時間，就像我們在玩遊戲，我還記得自己笑著跟他說不要再搔我癢了，接著他就開始吻我。」

喬丹的臉變得陰沉，「我不知道發生什麼事。」他承認，「我只記得他不是在玩，似乎進入一種恍惚狀態，然後……」他停下來深吸一口氣。「他進到我裡面。」

「對一個四歲的孩子？」我無法掩藏自己的難以置信。「身體上的痛是一回事。」喬丹說，「但是我整個身體都陷入震驚，情緒更是萬分糟糕。」

我完全無法言語。

「可怕到一部分的我死掉了，我在那一刻起就不是孩子，突然之間成了孤兒。」我與喬丹見面之後，看了一篇近親性侵的研究報告，驚訝地發現每四個女孩，就有一個在十八歲前曾遭家人或他人性侵（男孩的比例較低一些，每五個男孩裡有一個）。即使是佛洛伊德也很難相信這樣殘酷的事實，以及近親性侵之普遍，這位心理學之父被患者性虐待的記憶，驚嚇到放棄自己聞名於世的初始理論，害怕來自對他存疑同事們的嘲笑，並將這些虐待記憶歸咎於「歇斯底里」與青少年時期的性幻想。從那時起，心理學家就以佛洛伊德的反悔為藉口，忽視近親性侵倖存者的故事。

「這種情形持續多久？」我問他。

「直到我十五歲。」喬丹說。

「你為什麼不告訴別人？或是抵抗他？」

「我想讓他快樂。」他知道這聽起來多麼瘋狂。「我知道這很難理解，但被虐者與侵害者之間存在著一種奇怪關係。這變成兩者之間的祕密，一個我們的祕密世界。你的求生機制告訴你不要抵抗，因為對方無論如何都會做。如果你配合，你們將會像……情人。」

奇蹟似地，喬丹順利從高中畢業並逃離以色列。他移居到倫敦，攻讀電影學位，並開始拍紀錄片。他遠離家鄉，幾乎可以將受虐記憶隱藏起來並自我說服，告訴自己這段黑暗歷史只是想像出的計謀。我不得不承認，虐待倖存者中常見記憶恢復的謎，是我還無法完全理解的神祕之事。一個經歷過嚴重創傷的人，如何在未經過有意識地回憶的情況下運作呢？佛洛伊德的同事費倫齊（Sándor Ferenczi）提出一個理論，他相信所有類型、無法控制的壓力，從戰時戰鬥、嚴重事故到性虐待，會讓一個人帶著記憶中的彈孔，從創傷中浮現出來。「我們的一部分會『死』。」費倫齊寫道：「我存留的部分可能在創傷中倖存下來，但是它在記憶中有一個缺口。」

喬丹在八〇年代初期到達紐約，被過去祕密困擾的他決定填補心理缺口，治療自己的羞恥感、冒牌者症候群和性混亂（過度放蕩與情感缺席的結合）等，這些感覺都使他無法快樂地生活。當時，近親性侵這個詞還不普遍，後來在歐普拉公開自己家裡的近親性侵故事，才變得家喻戶曉；在那之前，喬丹幾乎找不到會相信他的人。最後，他終於鼓起勇氣與治療師交談，醫師的回應讓他感到震驚。「我傾吐一個小時的心聲後，你知道那位精神科醫師說什麼嗎？」

「我不敢問。」

「他將手臂搭在我的肩上，說一切都是我自己的想像。」喬丹笑了。「我在那一刻意識到，我得靠自己。」

喬丹如同一名受訓中的巫師，帶著敏銳神經與決心進入記憶的黑暗森林。他決心對抗心中的惡魔，以藝術作為工具，挖掘過去、揭露怪物般的各種情緒。他的創作量足以放滿一個房間，讓人回想起培根有如撕裂內臟的畫作，那是一個畫作地獄，他的潛意識在當中能夠盡情噴發，是他自身經歷的證明，以藝術方式呈現體內那個被性侵、想要發聲的孩子，而在那之前卻完全噤聲。

慢慢地，喬丹找到穿越森林的路。他發展一套近親性侵治療的技巧，幫助數以百計的倖存者走出自己的迷宮，從靈魂的謀殺中歸來。「我接觸過的每一個倖存者至少都有兩種人格。」他向我解釋，「一種人格極其聰明且正常運作，另一個則是受傷且無言的孩子，有著自發性、連結性與創作力的特質，即便在治療前還無法觸及並發揮。」

「倖存者要如何顯露這些特質？」

「記憶會卡在身體。」喬丹解釋。雖然他有許多個案已經累積數十年的談話療法，但重複已知的敘事似乎很少能直指創傷根源。「許多治療師偏好理性對話。」喬丹說，「但是病人的內在小孩，無法將發生的事情用言語表達出來。我們必須像一個破解保險箱的人，進入潛意識的劇場，並破解在當中孩子所給的密碼。許多時候，他們必須尖叫。為了在創傷中存活，這些孩子已經學會如騙子或冒牌者的方式運作。這種分離感對一個人的存在而言，產生巨大痛苦。」

喬丹指出近親性侵的倖存者，如同許多經歷災難後的人，往往具有「不尋常的超凡能力」。他解釋，「倖存者被迫成為追尋者。我們學會從任何事物中吸取所能得到的滋養，無論多麼微小，就像沙漠中的仙人掌一樣。」

他記得自己小時候就這樣做過，當時他尋求不到來自同為人類的安慰。「我還小的時候，會看到大自然如何在經過冬季創傷考驗後甦醒過來。」喬丹告訴我在加利利的幼時生活。「開花、綻放，充滿甜美氣味。我記得離開父親後的某個下午，我走出父母的屋子，頭髮因汗水濕透，一陣風從山上吹過來，吹到我臉上。突然間，即使什麼都沒有改變，我又開心起來了。」

「你會如何解釋這個情況？」

「那陣風告訴我，我並不孤單。」喬丹簡單地回覆。「就像有人或某種東西和我說話，伸出手來摸我的前額。」

我們在房裡安靜了一會兒。喬丹似乎沉浸在那段記憶中。「一個受創傷的人成為自己宇宙的中心。」他接著解釋，「這就是為什麼許多人停滯不前，憂鬱不已。與超越自我之外的力量連接，可以幫助一個人意識到自己的故事，儘管可能很痛苦，但到最後不是那麼重要。當你意識到自己是更大環境的一部分，是一個更大生物體的細胞，這會為你帶來極大的安慰。」

超然的連結也讓我們能夠檢視傷口，而不被消耗。「我們所有人得要找回真相，方能實現人生。」喬丹對那些來找他的人這樣說，「你無法治癒你無法感覺到的事情。無論是什麼最讓你感到羞愧、最侮辱你的事情，就是你的療癒之門。」

然而，這並不意味著必須面對虐待者。喬丹在父親去世前，從未和他討論過往發生的事，也沒有和年邁的母親談過，但這一切未曾阻止他找到某種寬恕。

「你如何寬恕這種事情呢？」我忍不住想知道。

他提醒我，寬恕是「內在工作」，與虐待者無關。寬恕是一種自我祝福的行為。這讓我想起伊娃・愛格兒（Eva Eiger），她是名德國芭蕾舞者，被迫為她的納粹俘虜者表演以保住性命。愛格兒在她的回憶錄中，描述自己如何花四十年才開始寬恕那幾名擒獲她的人。「你必須要強大，才能寬恕。」她提醒我們。「寬恕關乎的不是容忍或原諒，也與正義無關。寬恕是一種自私的行為，讓自己從被控制的過去得到釋放。」

訪談結束時，喬丹帶我到存放他最新藝術作品的隔壁房間。過去歲月的痛苦影像，已經被來自全球的薩滿巫師和巫醫的照片所替代，這些在厄瓜多、印度、波利尼西亞外表狂野的人物，經歷地獄般的痛苦，成為帶有力量的治療師。喬丹告訴我，他感覺這些薩滿巫師像是與他志同道合的人，和他一樣已經殺死心中的人頭牛身怪物——這些吃人的怪物曾經居住在他們黑暗迷宮深處。

「黑暗會告訴你祕密。」喬丹告訴我。我們往往忘記在希臘神話中，野獸也是天使。在關於迷宮的故事中，人頭牛身怪物的名字是阿斯特里翁（Asterion），有「星星」之意。再說一次，我們的敵人在隱藏面孔被揭露後，會被看作是一座帶來靈感的燈塔。喬丹與個案工作時，經常看到這種反轉。他說就像看到人重生一樣，他們找回一部分失去的天真。他幫助個案利用這些創傷深化——阿斯特里翁引導他們回到世界，就像那幾片在紐約人行道穿出地面的綠色嫩芽，信任慢慢出現，生命重新開始。

愛的碎片

「創傷」（trauma）一詞源自德語的「夢」。創傷有如重複出現的夢境，帶著一種纏繞人心的可怕力量，還會改變形式，並如鬼魅般存在於當下。事實上，我們的身體都帶著過去，這樣的說法不僅是種比喻，真實情況也是如此（生物學家現在了解到，記憶會以胜肽鏈的形式印記在細胞上）。每個人都是一個如假包換的容器，承載過去生命經驗累積的總和，以近親性侵倖存者的狀況而言，即使倖存者無法有意識地回憶發生的事，但身體會記住。

因此，「結束」是一個誤導人們的詞。究竟結束了什麼？危機可能已經結束，但記憶仍在。即使最糟糕的事已過去，失去的殘餘依舊存在，愛的陰影籠罩記憶，心中留下愛的碎片。舉個例子，我的母親於十二年前離世，但我對她的記憶仍相當鮮明。我們共同的生活輪廓依舊如同過往伴隨著我，只是深藏於數層回憶之下。若按對開關，我們仍會是個十歲孩子，依偎在父母和兄弟姐妹身旁。人們可能會問自己，是否希望結束那些記憶？沒有他們，我們是否也能一樣了解自己？就算那些記憶包含令人痛苦的細節，卻也是構成完整自我的影子，以及成為我們所描繪的獨特肖像？

在此處，結束和握住過去之間的分裂，就是心與靈魂分歧的地方。頭腦想要完整的結束、鎖上門，用縫線將傷口完美縫合，有一個嶄新開始，不留混亂的痕跡。靈魂卻在破碎、記憶和混亂中興盛，希望像你在小學用麵粉和水做出的立體地圖，能有地貌、質地與廢墟，生動而凌亂，同時充滿坑洞（頭腦則更偏好空中拍攝的黑白色地景）。理性的頭腦想要切割和逃避，人的靈魂追求一個不同的目標，它想停留在愛的地方，即使那份愛已經消逝，它想要成熟開放；在理智已經遠離時，成為神聖記憶的守護者。

一九七三年十月十九日早晨，五名效忠於智利新獨裁者奧古斯托．皮諾契（Augusto Pinochet）的士兵，降落在卡拉馬，這個小鎮位於亞他加馬沙漠更遠處的前哨，像極美國西部荒原。這些由政府支援的恐怖分子，以其殘暴行徑在智利全境聞名，被稱為「死亡蓬車隊」。現在，蓬車隊的五名成員從美洲獅直升機跳下來，開始在卡拉馬挨門逐戶地從家中帶走那些毫無防備的丈夫、父親、兄弟和兒子，將他們裝上軍用車輛。一旁的婦女害怕地看著這群男人被戴上手銬帶走，追逐揚塵而去的車子、拍打車身。讓毫無戒心且通常是無辜公民「消失」，已經是新政權常用手法。婦女向政府當局抗議，理所當然地被忽視。後來再也沒人聽聞過這二十九名男人的下落，其年齡層從青少年到老年人皆有，也從未有人證實他們是否已遭謀殺，更從來沒有人將遺體交還給家屬埋葬。

卡拉馬婦女們感到心碎又憤怒，決定採取行動。她們帶著鏟子、十字鍬和廚房用具，組織搜索隊伍，定期進入月亮谷尋找親人遺骸，持續數十年之久。她們追尋謠言、直覺與夢想，一次次地失望，回到亞他加馬想挖掘骨頭和牙齒，只因無法生活在沒有答案的情況下。「雖然這群男人可能已經喪命，就是沒人知道他們是生是死。」寶拉．艾倫（Paula Allen）告訴我。我們走在巴貝多一處海灘。寶拉和我從上世紀九〇年代初以來就是好友。她是位紀錄片攝影師，在三十年職業生涯中行遍全球，拍攝她稱為「看不見的女性故事」之主題。甚至花費長達二十年的時間，完成某一件創作作品，包括從澤西城無家可歸的女人變成街頭妓女，到古巴同性戀者及生活在貝爾法斯特的愛爾蘭吉普賽女孩。

一九八九年聖誕節那天，這群男子已失蹤十六年，寶拉與卡拉馬的婦女在酷熱一天結束前，帶著相機和鏟子來到月亮谷，對於她可能會找到的東西感到害怕。「那天風很大。」寶拉回憶，「由於是沙漠，光線柔和而焰烈。大多數婦女都穿著花朵圖案的連身裙。我記得裙擺在風中飄揚與她們臉上所表現的決心，以及這股決心如何轉化為行動，那是我以前從未見過的。她們可能因為做這件事而被逮捕，但她們拒絕被噤聲，拒絕放棄那份愛。」

我看過寶拉帶回的影像，這些滿臉風霜的婦女背著棍子和鏟子，肩上掛著籃子，進入到一片灰白色的廣闊之地，如同探險者到了外星球，找尋原是家人的失蹤者。卡拉馬婦女的困境既英勇又難以理解。我無法完全理解她們對觸摸遺骸的著迷（我現在知道自己是用頭腦在說話）。她們需要能觸摸到的真實物件，來治癒自己。

「連屍體都沒有時，就沒有一件可以確定的事。」寶拉安排與數位遺孀訪談，維琪是其中之一。「如果我們知道真相，痛苦會比較容易忍受。」另一個婦女提醒寶拉，「兒子在母親心目中的地位，永遠沒人可以取代。我走到哪兒都聽到曼奴的聲音，我看見他走在街上。」另一名婦女說，「總有一種感覺，我們必須尋找某個東西。」最後，當中最年長的婦女，黎歐女士用一句揪心的話總結，「他們將我們活埋。」

最後這句話似乎觸及重點，這群卡拉馬婦女除了想向失蹤的親人致敬，並在這樣的追尋中得到意義，她們似乎是在沙漠裡找尋自己的生命，那個被偷走的部分自我，在那片廣袤的荒野中被切斷的過去。若是找不到這些骨骸，她們就無法哀悼；如果不哀悼，就永遠無法感到完整。這種困境在理智人的眼中看起來可能無法實現，但對於靈魂來說卻非常合理。靈魂尋求找回和歸還；在靈魂的眼中，人所有的部分都很珍貴，尤其是那些破碎的部分。當我將這些想法與寶拉分享時，她表示同意，「他們正在尋找某種完整性。我追蹤報導的所有女性都在尋找同一件事。」

「這就是你稱她們為『看不見的故事』的原因嗎？」我問。寶拉沒有理解我的意思。「因為她們看不見自己？」

「她們對世界而言是隱形的。」她糾正我，「對自己而言，有一部分也看不見。」卡拉馬的婦女並未參與某種流行的心理學教室遊戲。她們在灰塵飄揚中尋覓遺骸，是名符其實地充滿血味、真實又困難。而她們並非在挖掘摸不著的比喻，經過近二十年的尋找後，政府團隊於一九九〇年發現約一半男性的遺骸，就在婦女曾走過數百趟的路上發現。寶拉無法參加葬禮，這群婦女向她描述安葬的情況，以及將頭骨、骨片、有時只是一件衣服埋入地下，這種苦甜參半的過程。她們因著團結，繼續幫助那些尚未找到親人遺骸的人。這群婦女一起找到一股新力量，以及彼此互為家人的新式組合。「我們分享許多親密的事情。」維多利亞・莎維德拉（Victoria Saavedra）解釋，「填滿生命的東西。」希兒達・穆紐斯（Hilda Muñoz）同意地說，「這些成員都是我的家人，因相同痛苦而合一。」

另一個人說，「我們仍夢想要找到他們。」「搜索還沒有結束。」在發現亂葬崗的附近，人們立了一塊紀念所有失蹤者的墓碑。墓碑上寫著：「不知道他們在哪裡，他們有太陽作伴，沉浸在寂靜的憐憫中。」

在一部名為《希望之舞》（*Dance of Hope*）的壯麗電影中，你可以看到卡拉馬婦女在「死亡蓬車隊」悲劇週年紀念日，一起走進沙漠，將花朵拋向空中，用數百朵紅色康乃馨覆蓋沙地。她們並未逃避自己的記憶。這群婦女的投入似乎提醒著所有人，生命可能被埋在腳下，就如同記憶被埋在皮膚下一般，靈魂在揭露生命時得以復活。那些骸骨包括有如鬼魅般令人害怕的部分、碎片、失敗、失去的自我、情人、祕密，以及石化的夢想，都是屬於我們重要的一部分。有時候記住這一點可能很難，但忘記只會更糟。記憶如同創傷一樣，只有被埋藏時，才會纏繞不放；一旦揭露後，它會透過心靈對靈魂說話，靈魂因珍愛失去的東西變得興盛，包括那些不再被看見的層層回憶、我們內在的歷史沉積物，以及我們一直愛著的那份完整又複雜的美麗。

赤裸

我們必須接受，心碎全然符合人性。沒嘗過鮮血的味道，就無法去愛，不勇敢面對盔甲下的裂縫，就無法建立連結。那些在靈命上赤裸透明的人，也看得最全然。「請讓心的傷痕被看見。」一先知穆罕默德如此說，「因為唯有透過傷疤，我們才能認出走在愛的路上的人。」不同的聖書鼓勵我們若想獲得全然，就得剝光自己，來被熱情的探索澈底燃燒。逃避生命的陰影，會使心變得膚淺。

田納西．威廉斯（Tennessee Williams）在戲劇作品《奧菲斯下冥府》（*Orpheus Descending*）中，描述這種投降的相反面：透過創作出一隻神祕白鳥，其一生潔白、無影地在空中翱翔，唯一一次到地面是在死亡時。雖然避免痛苦的渴望純屬正常，但長期以否認的策略過活，卻是冰冷且狹隘的生活方式。我們可能透過極端的自我保護來躲避子彈，卻仍發現自己在遙遠的高地上也在枯萎，雖然安全，卻只有一半的投入程度，保護著我們未受傷的心，暗中因缺乏愛、刀槍不入而乾枯。如此看似安全的生活，從表面看可能很迷人，內心卻是死胎，將激情和喜悅的混亂，以及總伴隨著愛情而來的痛苦拒於千里之外。然而，戀人和詩人都知曉，喜悅的奧祕包含當中的痛苦。詩人萊納．瑪莉亞．里爾克（Rainer Maria Rilke）為自己原始且熱切的生活方式感到自豪，他是這麼說的：

這一切的神祕確實很可怕，人們總是選擇遠離這些神祕。但是，我們在哪裡可以找到甜美光榮的事物，而那是不戴上這副（痛苦之下的）面具？任何人若無法在某個時刻全然快樂地接納生命痛苦之處，就無法完全獲得人之所以存在那難以言喻的豐富與力量，而在某天，當審判來臨時，將是未活過亦未死過。

雖然人因虛榮，傾向對蒙受羞辱與坦承創傷嗤之以鼻，我們的心卻是在毫無保留地摘下面具時成長茁壯。人的自我嚮往欽慕、讚揚和保持距離（作為其保護脆弱謊言的方式），但靈魂需要建立連結和真實。這些對立的人性需求，有助於解釋轉化經驗，也就是人在災難後經歷價值系統的轉變。我們無法隱藏人性，在放下表面偽裝後彷彿感到再次重生。無論人如何費盡力氣抗拒，最終都會感激能有這樣的自我暴露。少了些隱藏，也就少了些防衛，讓赤裸的自我能夠毫無恐懼地去愛，無須擔心流露出不完美。

談到公開揭露和勇氣，我已故的朋友露西．格雷利（Lucy Grealy）的勇敢與韌性，是至今最令我印象深刻的人。她童年罹癌回憶錄《一張臉的自傳》（*Autobiography of a Face*）讓數千名讀者看到一位女性在臉部殘缺中的生命掙扎。格雷利九歲時被診斷出尤文氏肉瘤，緊急手術中失去半邊下巴，接下來三十年裡，她得學習接納自己的外貌。多年來，她公開談論癌症讓她對自尊所花上的代價，以及疾病讓她在身心俱疲中學到的功課。

雖然眾所皆知，格雷利在二〇〇二年因藥物過量而離世，在她喪禮後一週，《紐約》雜誌的封面故事宣布這場悲劇。當時，她已使用兩年海洛因，無法戒掉此習慣並未減弱她給予指引和啟示的力量。醫師曾告知格雷利只能活到二十歲，結果她多活了一倍的時間，寫了一本經典書籍，過著多采多姿的生活，有時甚至過於豐富。她還在寫作方面教導過數千名學生，也為罹癌受害者提供諮詢，並成為許多人（包括我自己）的好朋友。她悲哀的結局並不會折損這些成就，正如普利摩．李維（Primo Levi）決定結束生命的事實，並未對他在世時於猶太人大屠殺著作的卓越表現產生影響。

格雷利出生在一個愛爾蘭家庭（生於都柏林，四歲時隨家人來到美國），家族有酗酒史。她曾多次嘗試康復治療，也從未停止改善自己的生活，悲劇性的缺陷並沒有阻礙格雷利成為英雄。

她看起來像一個破碎的瓷娃娃，疤痕從右耳下方延伸至她短小的下巴，原本美麗的臉龐有如一塊美麗瓷器，下巴的一部分彷彿隨著瓷器碎裂後被移走。格雷利討厭自己的臉，也認為它很醜，從某些角度看，它確實令人有些不舒服。然而，她並未因此就不參加電視脫口秀、公開演講，又或者尋找白馬王子，後者是當中最難達成的。格雷利對於男性的尋求，如同許多三十多歲的未婚女性，原始且不鬆懈。我們每個月會在最喜歡的咖啡館見幾次面，一起惋惜彼此的浪漫、生存與迷戀。格雷利大多時候對戀愛一事感到絕望。

「你覺得我醜嗎？」她會不停地問，將她的臉轉向更好看的那一側，對我微笑眨眼。她會穿著超大號的北極羊毛高領毛衣、緊身牛仔褲，以及性感的及膝真皮長靴（她真的可以把自己打扮得很誘人）。

「不醜啊。」我說，「但妳真的很愛現，令人難以置信。」這句話會讓她打我，然後點杯飲料。

格雷利知道她具備某些特質，愛爾蘭裔的美麗藍眼睛、金髮、白裡透紅的膚色、一雙美腿，淘氣如小男孩般的輕盈身材，但這些資訊會改變。童年時期她在學校裡被稱為狗女孩，從九歲開始就被無情地嘲笑，當時她被球打到臉後，便被送去診所，醫師發現她的下頷骨罹患第四期惡性腫瘤。格雷利隨後接受手術，她的下巴被切成兩半。等她出院從五年級念起時，苦難教育正式開始。撇開身體的痛苦不談，周圍的正常人怎麼可能不知道自己有多幸運呢？格雷利自問。在她的書《電視上所見》（*As Seen on TV*）中，她描述了罹癌後的第一個萬聖節：

我在面具後深吸了一口氣，那股濃濃的塑膠味讓我以為吸入的是一個叫正常的東西，世界的構成元素就是那種快樂和失重狀態，只因我的臉使我與正常之間有了距離，我的臉就是我的面具，阻隔在我與快樂之間，而我很確信，那快樂親密地與其他人共存。其他人怎麼可能不知道呢？不知道一個人一心所求的，只是免於被嘲笑的恐懼，以及心中那股重擔，知道沒有人會愛你。

自憐從來不在選項當中。格雷利的母親拜託她不要哭。也許這聽起來很殘酷，也的確如此，但格雷利相信母親的嚴厲對她是一股助力。童年創傷往往會製造出高功能、極其理性的人，他們對他人有一種不成比例、強烈的責任感，但對於應有的自我感覺卻是一片空白。儘管如此不成比例的狀況，最終會出現問題，但在倖存者勉強度日時，卻有所幫助。「我很幸運，事情一發生，我就沒有對自己的遭遇心存苦楚。」格雷利如此告訴我，話語中並無自以為是。「我從來沒問過為什麼是我？從一開始，我總是問，為什麼不是我？」她用一種這是什麼傻問題的語氣說。「要意識到對自己的遭遇感到不幸只是自戀的另一種形式，需要高情商。」格雷利說，「人真的很容易將痛苦看作是另一種建立自我為中心的藉口，想著可憐的我！」

這位在公眾場合很難吃飯與喝水（因為擔心從嘴角滴下來）卻拒絕自憐的女性，實在使人倍感謙卑。「此時就是以哲學角度看待。」格雷利說，「在苦難的不同階層中，有很多更糟糕的情況。人們會想你是多麼強大與偉大，才能度過這樣的事情。但是，承認自己有多渺小需要很大的勇氣。還有，你的各種問題真的不算什麼。」這呼應了近親性侵倖存者艾瑞爾・喬丹的話。「不將這變成一種懲罰性的沮喪行為，而是作為憐憫的橋梁。」格雷利說，「我知道受苦是什麼感覺。」

她描述一九七〇年罹癌的感覺，當時的化療水準比現在更粗糙，目標是「將病人毒到瀕死的邊緣」。對天主教有虔誠信仰的小女孩格雷利，起初嘗試「聖化」痛苦，讓自己的痛苦變得神聖。當時十歲的她會在一連串可怕治療後，祈求聖潔的淨化。格雷利曾經告訴我，「我會坐在醫院廁所馬桶上，反反覆覆地讀兩則塗鴉，一則寫著『天主在這裡』，另一則寫著『現在就在』，這讓我的內心想發問，尋找意義會帶來力量。」

格雷利最終成為一位痛苦專家，一名癌症武術的黑帶。她學到痛苦也有一張隱藏的臉孔。「在困難中，你開始看到其他可能性。」她向我解釋。我們正開車前往康乃狄克州，格雷利剛出院，已完成接下來大手術前必要的檢查。醫生向她承諾，這次手術會讓她的下巴恢復正常，並達成她期待已久的整復，讓臉能夠對稱。格雷利迫不及待要動手術，但得先在鄉下康復。就在她談論學到的功課時，卡斯卡布的牧場從車窗外快速地飛逝。「我嘗試不同的思考和感受事物的方式。」她談到手術後的最初幾年，「從喜樂開始，人們認為喜樂是獲得而來的。」她點起一根菸，「我學到的是，喜樂就是在痛苦缺席時，有時是在生理層面，有時是心理折磨停止時。」

「這不是很驚人的事嗎？」

「你必須長期經歷痛苦才能有這些體驗。」她強調。「我學到，當痛苦稍微減輕些時，會有一股強烈快感。我不知道經常性有種深刻的喜樂時光並不尋常，因為痛苦總是會在某些片刻消退。」格雷利說，「這就是為什麼酷刑如此有效。酷刑者不會給囚犯任何片刻來對此有所領悟。」

格雷利看著我，「我一生中有過這些強烈的快感時刻，但那喜樂是因為我感覺到自己稍微好一些。」她說，「喜樂並非透過獲得外在的任何東西，它早已存在。我只需讓痛苦稍微讓步，就找到了，這是一個深奧且奇蹟般的事。」

格雷利外表明顯的缺陷常常吸引人靠近她，特別是那些已經知道她故事的人。對她愛戴不已的人數能坐滿禮堂，被她赤裸的疤痕吸引。她想要改變的，正是讓其他人最感到受激勵的疤痕，這種脆弱吸引並教導他們，對自己的短處更無所畏懼。

「開放、誠實、脆弱，赤裸是一切的關鍵。」格雷利曾對我說。「你必須對自己誠實，面對自己痛苦的深處。否則就會變成憂鬱。」格雷利將憂鬱描述為「避免更大的痛苦」。

榮格曾說，「神經官能病總是合法痛苦的替代品。」格雷利非常同意，並強調，「人們會避免被事情耗盡。相反地，他們為自己的情感創造了這些拘留所，為了避免反覆無常且極端的情感，這就是憂鬱讓人感到無助的方式，它會使人封閉並停止運作。但是，當人們真正讓自己感受這些事情時，情緒燃燒得更烈，也更快過去。」

「要是那麼容易就好了。」我說。

「容易？」格雷利問。「我談論的是真實生活。」

「哦，那個啊。」

「你在九一一後就看到了。人們立即想藉著為其他人製造痛苦，來減輕自己的痛苦。」格雷利告訴我。「對於不知道該做什麼，沒有人知道如何感受這種矛盾心態。報復、行動，比處於痛苦中更令人感到舒服。」

的確，格雷利自身忍受痛苦的能力，眼神流露出的天真浪漫，令人不得不投以關注。她可以像一隻從高樓窗口被拋出的貓一樣輕鬆著地。即便事態變嚴重，她也以冷靜的優雅態度來應對。當醫師一直向她保證會改善臉部的手術不如預期（當時她的下巴已過度接受放射線治療），她也投以熱情重新振作起來。手術後她的臉腫得無法辨別，一根活體移植充氣管掛在脖子上，狀似輪胎，格雷利臥床，忍受極度疼痛，但仍然維持她一貫難以打敗的黑色幽默風格。我坐上她旁邊的床，她握住我的手，友人安・帕切特（Ann Patchett）從椅子上看著我們。格雷利試圖想就她當時變形的外貌講笑話。

「媚比琳氨氣。」泡泡臉隨著她的陣陣大笑前後移動。她說真的非常幸運能有我們這群好朋友，否則她肯定會永遠孤獨一人。

「我難道不是幸運的女孩？」格雷利嘟嘴，摸著她異乎常人的脖子，無法眨一下手術後黑藍色狹長雙眼。

帕切特用痛苦的表情看著我。

「我是認真的。」她說，「我超愛你們。」

「閉嘴啦妳。」帕切特回應，她聽懂格雷利的幽默。

「婊子。」格雷利說。

「蕩婦。」帕切特說，接著兩人笑成一團。

三個月後，就在格雷利離世那一夜，她在我留言機上留話，謝謝我是她的好朋友，並告訴我她有多愛我。我不知道那是我最後一次聽到她的聲音。她手術恢復後，又開始約會，讀著她期待已久的小說，甚至考慮去念醫學院。就在那則道別訊息的前幾天，我們還在常去的咖啡館裡，邊喝著咖啡邊大笑。格雷利再次提醒我戀愛有多瘋狂，男人面對堅強女性有多麼執著不安，以及為什麼繼牙齒整復後，約會成為另一件現代人要付錢，卻又最殘忍與可怕的事情。那天下午，格雷利看來還不錯，比以前好了一些。她的眼睛特別清澈湛藍。她知道即將要發生的事嗎？我問自己。又或者，她的死是一個意外？當然，我不會知道答案；我也會永遠想念她。

這塊愛的碎片永遠不會消失。我經過以前同坐的那張桌子時，眼角彷彿出現幻影。我似乎能看見格雷利還坐在那裡，問我覺不覺得她會找到一個愛她的男人。而我會再次告訴她，會的，若她能不再與那些長不大的渣男約會，會找到的。我會看著她的臉，她撒嬌地笑著，接著再點一杯飲料。格雷利身體向前，如舒服的貓咪發出咕嚕聲，一如既往地準備談論她對愛情的看法。她的決心再次使我感到驚奇。

殺死彼得潘

從柏拉圖、齊克果到葛吉夫的哲學家們都教導，靈魂的道路上是一連串漸進式的幻滅。我們若想進化，鏡子必須破碎。在世上所面臨的衰老、幻滅與美麗不再的教訓，都必須使面具破裂，讓靈魂得以呼吸。格雷利是在身不由己的狀況下學到這一課，儘管她希望有一張更美的臉，虛榮仍抵抗著前往這條讓美麗更持久的道路，沒有人想自棄於一個著迷於外表與青春的世界之外。

在一個歌頌自戀的文化中，靈魂可能會成為一名逃亡者。宗教作家湯瑪斯·摩爾（Thomas Moore）寫道：「在二十世紀，與我們所有麻煩相關，且影響個人與社會層面的最大疾病，就是『靈魂的失喪』。」自戀就如同魚看不見水一樣，如此無所不在，以至於我們很難看見自己正悠游其中。在有意識之前，我們就被引導進入這種幻覺性的自我理解。曾經有一位學者向我解釋自戀的誕生，是在孩子第一次照鏡子看到鏡中的「東西」，並意識到這就是其他人眼中的自己時。這樣的認知將我們自伊甸園中放逐；完整的純真至此嘎然而止。我們將自己視為其他「東西」世界中的「東西」，而不是透過這些面具，將之看作是靈魂。心理學家說，這種錯誤身分的恍神狀態帶給我們很大的麻煩，從與他人的疏離和過度依附這個「映射」開始。隨著年齡增長，這種迷戀只會變得更糟，我們對生理上的失去與外表變化的恐懼，掩飾一種自我毀滅、否認死亡的行為，就如同彼得潘一樣。

榮格學派先驅詹姆斯．希爾曼（James Hillman）在八十四歲前，已花費數十年歌頌靈魂並警告過度的自戀。「記得安娜．麥蘭妮（Anna Magnani）在《玫瑰夢》（*The Rose Tattoo*）中，當有人試圖讓她看起來更年輕時，她說了什麼嗎？」希爾曼和我在一家位於紐約翠貝卡的餐館喝咖啡時問我，他提到的是一名自然樸實的義大利電影明星。「不要除去任何一條皺紋。每一條都是我付出代價換來！」這位美國原型心理學教父在包括《靈魂密碼》等數十本著作裡主張，自戀文化完全搞錯方向，他呼籲對自我提升著迷的人，欣賞自己所稱的弱點，並擁抱長久以來的怪異之處、困難點、美德的缺席、身體的特異性，那些不足和永遠比不上他人之處，以作為他們多樣化存在的一部分，並賦予他們個性的紋理結構。

希爾曼看起來比實際年齡年輕，曬得如烤吐司般黝黑，非常健壯，穿著李維牛仔褲，戴著一副飛行員眼鏡。「當我們看到一座舊牆、一個老茶杯、一棵老樹，會因為它們的陳舊感而油然興起欣賞之意。」他告訴我，「物件隨著歲月而加添的美及內含的記憶，似乎隨著年歲而增值，但在面對人時，我們卻失去同樣的尊重。」

他說的沒錯。「然而，使你與眾不同的古怪之處和缺陷只會隨著時間的推移而增加，並成為你作為人最有趣的一部分。」希爾曼強調，「這些變化形塑我們的品格。」他提醒我「品格」這個詞源自希臘文，為「蝕刻、切割或雕刻」之意。

「誰想被雕刻？」我半帶認真地問，「我們都想要瞞騙時間，想要外表不受歲月影響。」

「但是，人類生活有很大一部分不能用時間來衡量。」希爾曼說，「諸如個人視野的加深和細緻化，我們如何欣賞世界，我們對美的感知增加。」對他來說，長壽本身並不那麼有趣；我們如何使用歲月會決定歲月的價值。希爾曼說，「長壽本身很少和你過去與未來發生什麼事有關。」

「老人可能相當自私。」我同意。

「對活著的執著，可能導致一種老年英雄主義。」他指的是我們定睛於鏡子裡的東西。「克服極大的困難、降低膽固醇，比統計數字活得更長。但生命有三個方向。」
「三個方向？」我問。
「向後、向前和向外。」希爾曼說。
「抱歉，我不太明白。」
「有一種長壽，是透過記憶把生命延伸到過去。」他解釋時讓我想起卡拉馬婦女們如何透過在沙漠中挖掘找尋心愛的人，來「延伸」生命。「還有一種長壽，是關心未來世代。」希爾曼繼續說著，「不僅是你的孫子和曾孫，而是到第七代，如同《聖經》裡的記載，隨著你前進的步伐，將你的生命延伸至未來。最後一種長壽，則是透過對你生活的地方和周圍的社會負責，從而將你的生活向外延伸。」

換句話說，我們的生命從來不只是個人之事，儘管鏡子可能如此告訴我們。我們文化傾向進行計畫性報廢，而衍生出永恆青春的神話，扭曲了我們可能從靈魂中獲得的智慧。「每個生命階段都有其自身的意義。」他解釋，「能活到老年的特別之處與年輕無關。羅馬男人在六十歲時穿上『老年托加長袍（toga senilis）』，但是我們的文化如此在意迅速和速度，使得人們對緩慢沒有耐心。」

「我們將緩慢視同淘汰。」我提醒他。

「但緩慢是另一種冒險。」他強調，「人老的時候，甚至不知道自己洗完澡能否從浴缸中起身！但那也是一種冒險。試想一下，這就像登山一樣有挑戰和成就。你抓住某物，看著你的腳移動，整場冒險以微型化方式發生。這就是緩慢的冒險。」

希爾曼學到這同樣是愛的冒險。隨著品格的深化，他認為一種比欲望更為滋養且持久的愛情也在加深。正如俗語所說，用餘燼烹飪比用火焰好。「對世界懷抱的某種愛會加深對其美的認識。」他說，「有些人在老年時，反而對於經歷過的悲慘生活的一切心存感激。」我告訴他，我經常觀察到這點。他繼續說，「關係可以變得更豐富，只要人們不試圖去重溫他們年輕時的經驗。在老年人之間的愛裡有更多接納，對他人和個性上的小缺點有更多尊重。」

「鏡子不再是最後定論？」

「我們學會欣賞伴侶的古怪之處。」希爾曼強調，「並意識到仍能活著在一起，就是奇蹟。」他望著窗外哈德森街的車流。「我們對彼此更感興趣。不是我們吃什麼藥，或者脈搏多少，而是我們正在閱讀的內容和夢想哪些事，什麼記憶回到我們心中，腦袋裡剛剛出現什麼特別的反思，也許是多年未曾想過的事情。我們對彼此的靈魂更感興趣，那才是真正有趣的部分。」

「我以為只有膚淺的人才不相信外表。」我引用王爾德的一句笑話對他開玩笑。

「在最後分析裡，我們單單因表現出本質而有所價值。」希爾曼回答，並以榮格的一句話回敬我。「如果我們不活出本質，就浪費了生命。」他笑了起來，背靠向椅子。「試著從中逃脫看看。」

是水還是浪？

時間是一名殘忍的壞女神。我們用咖啡匙度量生活，然後不明白為什麼我們在被埋藏的歲月裡，面對分分秒秒、滴答作響地累積時，又感到強烈壓迫感。我們將存在這件事切割成奈秒，並努力填滿每一奈秒、害怕浪費閒暇時刻，把時間當金錢一樣囤積。我們在一切以衡量為主的世界裡快速行進，忘卻當今世界是歷史上第一個沉迷於時間，並為之所擾的文明。而將上帝描繪成天上時鐘的管理者，以秒表模式從上俯瞰並監視地上每一個動作的無益形象，仍未（在我們注意力缺乏之時）露出任何減退的跡象。

然而，哲學家數個世紀來堅稱，世界上其實有兩種時間運行，分別是人造時間與靈魂時間，若我們希望保持理智，記住兩者的區分至關重要。他們稱「流動的現在」（nunc fluens）為沙漏時間，這種無情的節拍器會讓神經老化、頭髮變灰白，並在樹幹內部形成年輪。另一方面，「永恆的現在」（nunc stans）表示從永恆之眼看到的時間，在大自然中感到不受時間影響，諸如閱讀一本好書、創作藝術品、做愛或祈禱時——高峰與底谷時刻——當「流動的現在」似乎停頓下來，我們便會從日常心靈與偉大沉默的心理紗幕穿越而下。對壓力過大的心理狀態而言，如此的陳述聽起來可能相當瘋癲，實際而言，在「永恆的現在」時刻，我們比平常更清醒，看事情也更清楚，比我們緊抱著一個時鐘能更有效地運作。清教徒的信念是掌握時間可以讓我們保持專注（並讓偉大的組裝線繼續運轉），然而事實似乎正好相反。「流動的現在」背後若無「永恆的現在」，則創造了一條朝向瘋狂的生產線。

第一支成功登上聖母峰的登山隊，其中一位隊員描述發現靈魂時間後，他的生命如何發生變化。從峰頂返回時，這位登山者在一處高山口暫停，欣賞美不勝收的景色。就在他轉身之際，看見皓皓白雪中一朵小藍花。「我不知該如何描述發生的事情。」他後來說，「一切明朗起來並匯流，奇妙地有了意義，我處於完全的平安中。我不知自己站在那裡多長時間，也許是幾分鐘或幾小時——時間融化了。但在我下山時，生命變得不一樣。」

這些藍花時刻一直在發生，但很少有人停下來予以注意力。平時工作日的頭腦需要一個重擊，或說是高潮，讓它在習慣的軌道上暫停。當這種情況發生時，我們可能會發現自己掉入這個不受時間影響的永恆空間。有了如此寬廣的背景相襯，問題似乎突然變得渺小。技藝家、追尋者、戀人、冒險家，像RD這樣喜歡旅行的人，都意識到這種時刻的自由，此時心靈安定下來，使我們品嘗到那種暢快的寬廣。

然而，我們仍傾向懼怕「永恆的現在」及其帶來的各種自由，為了生存下去，緊緊守住腕上的手錶。除非因著某種原因，迫使我們打破習慣的模式，否則還是對永恆時間的存在抱持懷疑態度。不過，與永恆時間有了驚鴻一瞥的相遇後，我們就開始以不同的方式看待生命，如同雙面的羅馬神雅努斯站在兩個空間的門檻上，同時面朝兩個方向，以立體鏡的方式感知世界，包括物質和看不見的世界。現實有時似乎變得幾近半透明，彷彿永恆正透過這層停止時間的薄面紗向外偷看。

在印尼的安達曼海區，住著一群游牧部落的人，生活幾乎完全沒有被我們所知的時間影響。每年長達八個月，他們往返於各島嶼之間，居住在原始風味的船上，這群莫肯人是世界上最沒有被現代文明影響的族群之一，從出生、生活到死去都在海上，對大海心情的理解超過任何一位海洋生物學家。他們不斷從一座島移動到另一座島，在學會走路之前就學會游泳，基本上堪稱是兩棲類。莫肯人的視力比我們好兩倍，能夠自動降低心率，以便在水下停留雙倍時間。他們在低潮時捕捉海參和鰻魚，水位高時潛水捕獲貝類，並在這個迷戀時間的世界中，享受著近乎伊甸園的生活。

對他們而言，「流動的現在」並不存在。若是問及一名莫肯人的年紀，他可能答不出來。他們的語言中明顯缺少諸如「何時」、「想要」和「擔憂」等詞語。如果你在相隔二十年後再次出現在某個莫肯村莊，當地人會像昨天一樣問候你。他們沒有「你好」或「再見」的詞語。「永恆的現在」是他們的日常狀態。這讓他們能夠與所處環境，達成大多數人難以想像的合一。他們的時間觀念中沒有向後或向前，也沒有渴望、預測、匆忙或回憶，來破壞他們的日常。

由此，我們便能理解莫肯人在二〇〇三年奪去三十萬人生命的海嘯中，是印尼唯一無人喪命的族群，多麼得不足為奇。這要感謝一名叫薩塔·卡塔樂維（Satha Kathaleway）的六十七歲漁夫。海嘯最初跡象出現時，他正在海灘上修補魚網。在島上一年中有九個月因腹部震動發出嘈雜聲的蟬，突然間安靜下來。髮色灰白、身體敏捷的卡塔樂維，一生中從未聽聞過這樣的情況。當潮水退到異常地遠時，海豚潛進更深的水域，家畜驚逃至更高之處，卡塔樂維警告他的莫肯同胞，家喻戶曉神話中描述的吞人大浪（lumbi）即將到來，他的部落同胞跟著耆老上山，因此得以保住生命，這全是因為這名「原始」漁夫觀察周遭世界的變化，而不是盯著時鐘。

在一個乾爽的秋日下午，我前往紐約的萊茵貝克，與德國精神導師艾克哈特．托勒（Eckhart Tolle）談話，他的著作《當下的力量》將「永恆的現在」的概念，介紹給數百萬被迷戀時間的大腦所困住的讀者。根據托勒的說法：

> 心靈為了確保一切都在掌控中，會不斷地用過去和未來掩蓋現在的時刻……存在的活力和無限創造潛力，與「當下」是不可分割的。當一個人被時間完全蓋住時，真實的本性就被心靈所模糊。

我很喜歡上述這段說法。他總結，「在集體和個人層次的人類心靈中所積累的時間，也保留了大量過去殘存的痛苦。」

托勒在他的平房門廊上等我，個頭不高的他留著一道類似小精靈的鬍子，使人想起《哈比人》中的角色。他穿著阿爾卑斯風格背心和印度風立領襯衫，聲音帶著頑皮與低沉。握手時我感到他的手如羽毛般輕盈。我們在他稱為家的昏暗小屋裡坐下，他倒茶迎接，當時他正在帶領為期一週的禁語閉關。

「在很大程度上，人類歷史是一部瘋狂史……」托勒以愉悅的語調開場，「是一種集體精神疾病的表現。」他堅定的目光讓我意識到自己的疲憊，我往北開車兩個小時才到他家。為什麼呢？我自忖。「每個人或多或少都帶著這個疾病的根源。」托勒確信地說，「但為了理解這一點，我們要先花時間看看人類的心靈如何運作。」

他喝著茶開始解釋。「心靈會找標籤和概念，來描述並解釋事物和人。」托勒告訴我，「被標籤和概念蒙蔽的心智變得毫無意識。耶穌在世的最後一句話帶著最真實的意義：『他們不知道自己在做什麼。』」

「好的。」我說，但這與時間有什麼關係呢？

「心智本質上是一部生存機器。」他繼續說，從另一個方向切入我的問題。「從最原始的意義上來說，戰鬥、防禦、儲存訊息與分析，這就是傳統心智最擅長的事。」托勒曾寫道：「但這一點都不創新。所有真正的技藝家都是從無我、內在的平靜中創作，無論他們是否意識到這一點。」

我想到藍花時刻。「即使是最偉大的科學家也承認，他們創新性的突破發生在心靈平靜之時。」

托勒說，「當我們將心安靜下來，就可以活在當下。就是現在，此時此刻。」他看著窗外松鼠在草坪上啃食樹葉。「當我們能夠放手、接受，對生命開放，一個嶄新的意識面向就會打開。」托勒說，「如果行動是可能或必要的，你的行動將和宇宙的一切對齊，並由創造性智力支持。所處的情況和周遭人們也會變得有助益且願意合作，巧合就會發生。若有可能不採取行動，你就會在降服所帶來的平安與內在安靜中休息。你在上帝懷中休息。」

「如果不這樣呢？」我問。

「你會感受到抵抗、內心收縮，外殼會硬化。」他告訴我，「你將自己與現實隔離開來，採取的任何行動都只會帶來更多抵抗。」我在自己生命中經常注意到這一點。托勒說，「若關閉百葉窗，陽光就無法進來。宇宙不會站在你這邊；生命不會對你有所助益。」

縱然「流動的現在」對於管理日常生活是必要的，比方說，你的手錶提醒你準時前往牙醫診所，但生活不僅是一次與牙醫的門診之約。托勒教導，如果不去接觸「永恆的現在」，我們會與大局脫節。「我們並非透過心智或思考，才創造出地球上的生命奇蹟，又或你的身體被創造與維持。」他曾寫道：

我們（裡面）顯然存在一種比心智更偉大的智慧。一個直徑為千分之一吋的單一人類細胞，如何能在其DNA中包含足以填滿來自一千本書、每本六百頁的指令呢？……當心靈與此重新連接時，它就變成一個最美妙的工具，然後就為遠大於自己的事情服務。

「是的，我們需要心智去運作。」他說，「但是有一個點，它會開始接管我們的生命，就是被功能失調、痛苦與悲哀滲透的地方。」當我們平衡「流動的現在」的專制與靈魂時間的寬裕性時，我們會從過去和未來解放出來，意識到我們不斷地將心智時間往前往後跳躍時，製造了多少不快樂，且經常忽略眼前的事物。這種習慣可以比喻為開車時盯著後視鏡（同時看著位於遠處的交通標誌），我們獲得的是交通事故與燃燒膠質輪胎的氣味，卻沒有意識到緊急剎車仍在運作中。托勒告訴我，在危機時刻，這種時間的扭曲更具危險性。「每當失去發生時，人不是抵抗，就是讓步。」他說，「有些人變得心懷苦毒或深深怨恨。其他人變得充滿同情心、智慧與愛。痛苦的強度取決於抵抗當下時刻的程度。」他解釋，「對抗已經發生的事情，還有什麼比這更徒勞與瘋狂的呢？這意味著你正在反抗生命本身，那就是當下和永遠的當下。對生命說『好』，看看事情的狀態如何開始為你效力，而不是抵抗你。」

鈴聲響起，召喚著閉關者進入冥想教室，我意識到自己超過半小時沒有看錶。

「當我們被計時的心智困住時，」托勒說，「我們想著生命，而不是活著。我們與對人抱持的想法建立關係，而不是與真實的對方建立關係。」

他是指我們對時間的理解，影響看待他人的方式嗎？

「當然。一旦你對另一個人貼上心理標籤，你就再也不能真實地與那個人產生連結。」

「了解……」

「你對其他人，或者相異於你所認同群體的人所貼的心理標籤愈多，就愈讓自己對這些人真實的活著與現實感變得麻木。」他告訴我，「然後，任何暴力行為就有可能發生。」

換句話說，心智使人盲目的概念，即針對時間、他人或是自己，在在阻礙我們得以清晰看見。

我寫下這段話是在二〇〇七年八月十五日，但這串數字與高濕度的紐約下午、陽光著實溫暖我的窗戶，以及雨水洗滌夏末天空的事實有什麼關係呢？是靈魂眼中的八月嗎？我們可能會問。或者，只有今天呢？

托勒先行告退，想在晚間演講前休息。開車回家的路上，我在九號公路上聆聽他具催眠效果的錄音帶。在波啟普夕附近，我被從正後方傳來的喇叭聲嚇一跳後才意識到，我在每小時限速九十公里的路上，以五十公里的速度悠哉地行駛。這可能是進步的跡象嗎？錄音帶上托勒用著柔和的聲音繼續講話。

想像一下，地球上沒有人類生命，只有植物和動物，它還會有過去和未來嗎？我們還能以有意義的方式談論時間嗎？現在幾點？橡樹或老鷹對這種問題會感到困惑。「什麼時間？」牠們會這樣問。「哦，當然是當下，時間就是當下，不然還會在哪呢？」

何時方便？

儘管我們對「流動的現在」的迷戀，可能會形成如束衣般的桎梏，但歷史（時間的外套）有助於減輕痛苦，並在嚴酷天氣中為靈魂帶來溫暖。在感到受威脅的時刻，知道有人經歷過比我們更大的困難，可以帶來安慰和勇氣。「我掉眼淚是因為沒鞋子穿，但看到那個沒有腳的男孩後就不一樣了。」以前當我們抱怨領福利金過日子時，母親會這樣說。雖然我從未真正見過沒有腳的人，但經她這麼一說，對我還是有幫助。別再抱怨了，母親會這樣告訴我們，你們沒經歷過大風大浪，我們居住在一個自由的國度，你們的奶奶當初是靠著猶太香腸逃出波蘭。

九一一事件使得美國人以類似的方式看待歷史，也就是少一點自憐感。提醒大眾種族滅絕並非從九月那天早晨才開始，乍聽之下，可能會令人感到冷酷無情。然而，我們仍須記住，悲劇事件有其向心力，能吸引所有注意力，而遠離其他受難的人。給予自己特權是一個可怕的陷阱，特別是在我們試圖療癒之時。正如性侵倖存者艾瑞爾．喬丹說，一直將自己視為殘酷宇宙的中心，鐵定會讓人陷於困境。任何形式的連結，都會使我們得到自由。在歷史性悲劇的時刻，只有歷史本身強大到足以撬開受害者的心態，並鬆開偽裝的藉口。

歷史學家桃莉絲．基恩斯．古德溫（Doris Kearns Goodwin）在九一一災難過後這麼說，「歷史是美妙的平衡器。」她告訴我，「歷史幫助我們生存，若他們辦到了，我們會說，那我們也可以。」

「我們忘記更糟的事情已經發生……」

「聽著……」古德溫打斷我，「我們傾向從勝利角度回頭看過去的戰爭。」她說，「第二次世界大戰平安落幕，但在一開始，我們極度不確定能否比得上德國的武器裝備。一九四〇年，德國擁有地球史上最強大的軍隊，而我們的武裝部隊排名世界第十八強。珍珠港事件發生時，我們準備得更充分，只是情況開始好轉之前，我們經歷數個月的損失。」

「需要會促進發明。」我說。

「歷史告訴我們是這樣沒錯。美國人在九一一事件後仍處於震驚。」古德溫說，「但若想起倫敦大轟炸，可能會有所幫助。當時倫敦連續五十七個夜晚被炸彈轟炸，居民在極大的不確定性中過日子，共計兩萬三千人喪命。正如同希特勒未能摧毀英國人民的意志，這個國家的公民也已經證明他們的意志未被打敗。」

「恰恰相反。」我說。

「是的，你還記得邱吉爾堅持要倫敦西區的劇院繼續營業嗎？」古德溫提醒我，「每當空襲警報響起時，人們就會戴上防毒面具、唱歌，直到『解除警報』訊號響起。地鐵站改為有圖書館的地下庇護所。商店在破窗上掛出標語寫著『比平常還要開放』（MORE OPEN THAN USUAL）——人們繼續過日子！」她強調，「邱吉爾說：『如果大英帝國和大英聯邦持續千年，人們仍會說這是他們最輝煌的時刻。』了解到人們有能力在猛烈轟炸中存活，並以某種方式忍受它，應該讓人有自己也能做到的希望。」

「我們原先幻想的安全感遭到破壞。」

「沒錯。但你看到我們如何應變嗎？」古德溫問，「當人們團結起來對抗敵人時，你看到的是戰鬥精神，不讓恐怖分子打擊我們來取得勝利，這並不是說不再恐懼，但這種不被打擊的熱忱更勝於恐懼。作為群體的一分子，給人一種單打獨鬥時沒有的勇氣。這就是為什麼在此時，大規模地展示國旗和國家團結一氣的感受如此重要。」

我承認揮舞國旗一事，讓我有點害怕。

「許多時候，國家是一種抽象概念。」她解釋，「但當危機發生時，你心中記起作為這個國家的人民之意義。成為比自己更大團體的一分子，使人感到格外有力量。在二戰期間，幾乎每個人都參與某種程度的協助行動，諸如種植勝利花園、送出狗狗的橡膠玩具和收集鋁製品。這就是為什麼人們對戰爭存有正面記憶的原因。對美國人來說，自九一一事件中倖存是一個重大的轉捩點。」她承認，「這些都不是近年才形成的文化。越戰後幾十年裡，我們變得更重視隱私、更注重個人。這場災難正在喚醒人的另一面，在未來領導者心中注入更深的公共意識。」

「我希望你是對的。」我說。

「在這些時刻中，人會感到自己被放大。」古德溫告訴我。

○●

我到馬林郡拜訪智利小說家伊莎貝・阿言德（Isabel Allende），與她在家中露臺會面時，她表示歷史是對受害者心態和傲慢的最佳解方。

「我們有幸生在這個國家，相信生活是安全的，以及包括追求幸福等權利是神聖的。」阿言德在電話中告訴我。「但是，世界上許多地區的人民，已經與不確定性共處數千年。我曾在智利生活，智利是拉丁美洲民主歷史最悠久的國家之一。」她說，「人們從未想過會發生軍事政變，這事只會發生在香蕉共和國[8]！沒想到有一天卻在智利發生，暴行持續了十七年之久。」

皮諾切特的政變發生於一九七三年九月十一日，與九一一事件同日。「那是一場由美國中央情報局策劃的軍事政變。」阿言德帶著憤怒的語氣說，「這是對民主的恐怖攻擊！」我想起了死亡蓬車隊乘著美洲獅直升機降落的場景。「最奇特的是，二十四小時內，人就學會適應。」

「怎麼適應？」我問。

「繼續生活，因為生活依然繼續。」阿言德說。「你可以在任何經歷創傷的人身上看到這點，比如說我女兒的死。」她唯一的女兒寶拉・弗里亞絲（Paula Frias）在一九九二年死於紫質症，時年二十七歲。「一開始你會覺得無法接受。」這位剛滿六十五歲的作家說，「打擊實在太大，但生活開始掌管，某天早晨醒來，你會想吃巧克力、在森林中散步，或者開一瓶酒，人會重新站起來。」

「在你可以的時候，對吧？」

「我別無選擇！」阿言德強調，「人不能讓霸凌者將你打倒在地上！我已經被擊倒一千次，但還是會站起來。我們必須向孩子們傳遞這樣的訊息。你必須從地上站起來！每個人遲早都會受苦。

悲傷和黑暗是生活的一部分。」

「這就是九一一教給我們的功課。」

「美國人。」她呵呵笑著。「我二十年前搬到這個國家時，曾愛上一名律師，那種會因為客戶踩到香蕉皮滑倒，就控告市政府的律師。我簡直不敢相信！事故就是事故，如果有人滑倒，那是自己的不對。」

「應該要將這個觀點，跟那些控告麥當勞讓他們變胖的人說。」

「保單選項裡沒有快樂或安全！那是不可能的。」阿言德大聲說，「生活困難、痛苦，也美好。但我們所處的社會，期待時時刻刻都要快樂又好玩，這個社會被寵壞了。我們一直在其他國家促成戰爭發生，但過去一百多年裡，自己的領土上從未有過戰爭。全世界有許多最令人髮指的獨裁政權，都由美國在背後支持，塔利班政權的成立就是其一。」

「那有可能是事實，但我們現在應該如何以不同的方式生活？」我問。

「我們可以成為世界公民。美國人不能再抱著大門深鎖的心態，或者看著世界上有如此多的不

8 譯註：中美洲許多以香蕉出口為大宗、經濟與政治受美國掌控的小國。

平等和貧窮時，仍相信可以自保安全。這個地球上有超過八億人挨餓，財富分配完全不公平，也帶來憎恨和暴力。我們如何能讓這種情況永遠持續下去，而不付出代價呢？」

阿言德發表完意見後言歸正傳。「我在智利恐怖時期學到了一些事情。我們往往專注於負面的事情，因為那些事成了新聞。但是，只要有一名恐怖分子、施虐者或犯罪歹徒，就有一千個人願意冒著生命危險去助人與做好事。」她繼續說，「我們忘記這一點。如果這不是真的，我們應該還活在石器時代。為什麼人類會進化？因為好人比壞人多，即使壞人更容易被聽見。」

這就是為什麼這些災後時期，充滿使人轉念的極大潛力。「我們可以團結起來。」阿言德同意我的說法，「做出改變，開始反思。現在我們有機會成長、帶來和平，變得更有意識，並更新我們的靈魂。」

「否則我們就被打倒在地上？」

「沒錯。」阿言德回答。「而地上的生活很糟糕。」

在過去五十年裡，猶太大屠殺倖存者埃利・維瑟爾（Elie Wiesel）一直呼籲我們要記得過去，以免重蹈覆轍。這名諾貝爾和平獎得主警告，遺忘是最大的公共危險，因為暴君就是靠民眾的無知進行掠奪。雖然記憶有時是個沉重的負擔，卻是我們為了得到智慧所付出的代價。

「這是我們作為人類必須做出的選擇。」維瑟爾在位於波士頓大學的辦公室告訴我。「對知的追求使人類得以生存，即便這樣的追求會帶來痛苦。」我很難想像這位在幕後掌控一切的人物，是個曾被關在滅絕營的十六歲匈牙利男孩。「關於這一點，傳道書上有一節惱人的經文。」他告訴我，「它說知道得愈多，就愈痛苦。但因為我們是人類，事情必須如此，否則我們就變成了客體，而不是主體。」

他暫停片刻讓這些話語沉澱，「當然，我們看到有人從窗戶跳下，或是孤兒和寡婦照片時會傷心。」維瑟爾說，「但是我們無法迴避已經看到的一切。」

「我們如何與所知的共存？」我問他。

「我們如何能在不知道的狀況下活著呢？」他說這句話時，有種這才是唯一真正問題的語氣。

「我們現在責任更大。」

「也有更多的恐懼。」我說。

「但恐懼是生活中的一種自然成分。如果一個孩子怕火，那是件好事。恐懼只有在過度時才不健康，勇氣在我們如何應對所知的事情上，扮演重要角色。」維瑟爾強調，「勇氣，意味著在可能起初，我有點難以理解這句話。「從九一一事件中，我們學到許多關於讓人類得以展現高尚情操的事情。」他說。「當人們有需要時，你必須給予支持。當人們受苦時，你要讓他們知道你與他們同受苦。」

「意思是壞事的美好一面？」我說。

「我不會說從暴行結出良善，那樣的話，就給予暴行過多的功勞。但良善還是會戰勝暴行。」

「這件事本身就很令人驚奇。」我說。

「最後，我們必須懷抱希望。」他告訴我。

「你在奧斯威辛時有希望嗎？」我問。

「即使沒有，如卡繆所言，我們也必須創造希望。」

迷航

一九九四年一月至一九九六年四月期間，我經歷人生第一次的憂鬱症。雖然外表看來健康，T細胞已消失殆盡，但我感到筋疲力盡，相關治療未見曙光。某天，在每月例行檢查中，當時的醫生告訴我，必須立即開始預防性治療，否則將導致伺機性感染。因為照顧過幾位處於生命末期的友人，我了解醫師說的感染型態。我同意接受醫生昂貴、無益且沒有一項被證明有療效的用藥建議，並在一夜之間從抗拒服用阿斯匹靈，到每天服用十五顆有毒藥丸。在這位醫生的死亡治療室中，我每週兩次經手臂靜脈注射維生素C點滴，身旁盡是裹著毯子的垂死患者。我在那個令人毛骨悚然之地度過的日子，至今仍是生命中的最低點。

每天都是一場磨難。微小的努力需要付出洪荒之力；一圈陰沉的無望感似乎環繞著每一刻，帶著魔鬼般的冷笑，嘲諷每一個改進的可能性。最後，我有種癱瘓感，連走出窄小公寓的門都感到困難。這讓我想起一名飛機失事生還者，描述墜機前的時刻。當飛機第一次故障時，乘客們慌張失措、哭泣和失去控制，接著他們平靜下來、祈禱，與身旁陌生乘客緊握著手，當飛機向地面螺旋式下降時哭泣。最後，生還者說，連這些動作也停止了，乘客們牢牢地坐在座位上，發冷麻木到連叫都叫不出來。這正是我當時的感覺，我彷彿被綁在一輛急馳的車內，凍結、窒息，並且急速下降。

那是我人生中第一次無法正常運作。我求助精神科醫生，他開了克憂果（Paxil）給我，這種藥唯一可見的效果，就是讓我無法哭泣。我把它扔進垃圾桶，順便一提，我在用藥期間，炒了G醫生魷魚，並放棄那些如煉獄般的治療。不知怎地，拒絕接受麻醉藥（和我醫生的無可救藥）麻痺的抑制效果，讓我的精神獲得些許提振。多道希望的光束脆弱又真實，開始驅散沮喪的烏雲。這次的清醒帶給我足夠的動力，轉而尋求其他醫生的建議，並在更佳的治療方法出現前，營造出類似正常生活的狀態。

然而，一旦走過這條路，便永遠不會忘記。憂鬱再也不只是一個字詞而已，它是一種內在深處的缺席、靈魂的否定，正如作家安德魯．所羅門在他的憂鬱地圖《走出憂鬱》中所說，它是「愛中的瑕疵」。

所羅門在不知不覺中陷入煉獄般的生活，沒有任何確實原因。他是製藥公司的富二代（諷刺的是，他的父親因生產抗憂鬱藥喜普妙而致富），所羅門是在優渥環境下受寵長大的孩子，於耶魯和劍橋大學受教育後，正要開展前途無限的寫作生涯，周圍有一群好朋友，身體處於最佳狀態。我們見面時，他再三向我強調，這些情況「讓我與痛苦扯不上關係」。所羅門看似笑容滿面，天生的好個性，穿著牛津襯衫和人字紋西裝外套，溫文儒雅的態度在當今社會顯得有些過時，反而像伊迪絲．華頓（Edith Wharton）筆下，那種你期待在花園派對上遇到的「好人」。他的髮際線往上移，有著一雙藍眼睛。據一位記者所述，似乎永遠凝視著大海。

「事情開始得很慢……大約在我母親去世後不久。」所羅門在一間咖啡廳裡告訴我，該店位於我們住的紐約區。他的母親卡羅琳（Carolyn Solomon）當時與子宮癌苦戰，在六十四歲生日後的幾週，為自己熱了一些茶和馬芬鬆餅，請心裡已有準備的丈夫和兩名兒子到床邊，吞下四十顆速可眠（Seconal）膠囊，在他們面前離世。她對小兒子說的最後一句話是「享受你所擁有的」。這個忠告在所羅門的憂鬱症發作後，成了一種反控。當時他出版第一本小說《石船》（書名本身似乎帶著不祥預兆），內容是關於母親和兒子之間存在強烈情感的故事，這位首次出書的作者即將展開新書發表之旅，而憂鬱症的嚴重程度已經符合臨床診斷標準。

「對於那些沒有類似經歷的人來說，幾乎無法想像。」他告訴我。「我一直處於極度害怕的狀態，很焦慮也感到僵滯，有種隨時都可能爆炸的感覺。」

「你害怕什麼？」我問。

「你知道人在快要摔倒或類似情況下，會想伸出手以防跌倒的那一刻嗎？」所羅門說，「當你感覺快速朝向地面接近，卻無法止住自己時，那種瞬間湧上的恐慌。」

我告訴他，我非常清楚這種感覺。

「我時時刻刻都有這種感覺。」他告訴我，「僅僅是醒著、活著，就極度痛苦，我不知道該如何應對。人們會說，『哦，這不過是人生中的一個階段，你會安然度過的。』我會想，不，我無法再多花十五分鐘忍受這種狀態，更不用說一天了。」

他的治療師根本沒有任何幫助。「我跟著一名能力有問題的精神分析師做治療，他沒有認知到正在發生的事情。」這段記憶仍然使他感到生氣，「他說我不服用藥物非常勇敢，像個真英雄。事實是，如果我六個月前就開始服藥，便不會搞到當時的狀態。」

所羅門於一九九四年夏天到達人生低點，當時他已經無法離開臥室。「有一天我起不了床，我害怕到無法起床，醒來後躺在床上數小時，想著我要如何才能穿上襪子。我盯著電話長達七個小時，直到它響起，我向打來的人說，『我現在真的很糟糕，必須接受幫助。』」

他將這種壓抑的黑暗比作藤蔓纏繞在樹上，一種不停止壓迫直到宿主死亡的寄生力量。他在《走出憂鬱》中寫著「被壓縮且如胎兒般」，他發現自己「被這種無法承接我，卻想壓垮我的東西耗盡。它的觸角威脅著我，要粉碎我的心靈、勇氣和胃，壓碎我的骨頭、榨乾我的身體，它不停地取用，即使我身上已經幾乎沒有什麼可供吞噬。」

幸運的是，他身邊有一群愛他的人，助他對抗這名殺手。關心的朋友圍繞在身邊；他不擅長表達關愛的大亨父親，堅持要為已是成人的兒子準備食物。慢慢地，所羅門的狀況開始改善。他甩掉對他無用的精神分析師，找到一位精神藥理學家，終於能夠以雞尾酒式藥物療法來穩定情緒。他鮮明地回憶起，二〇〇一年暫時恢復生命力的那一刻。「我和父親在一起，望向窗外。」他微笑著說，「突然我看到一片灰色的天幕拉開，露出太陽閃耀的光芒，接著雲層又合在一起。我知道這個景象聽起來是個老哏，但對當時的我來說，卻非常貼切，約有五分鐘的時間，我感到自己沒問題，那種可能會再次好起來的感覺，讓我歡欣鼓舞。」

所羅門是個不信神亦不行宗教禮儀的猶太人，他小心翼翼地不以超自然力量解釋自己的康復，但也承認在經歷恐懼後，帶給他某種精神上的裨益。他借用艾蜜莉·狄金生的一句話，「就是在我痛苦盒子底部有根羽毛的那樣東西。」

「重度憂鬱症是一種出生和死亡。」他說，「在這件事發生之前，我腦海中的自己是非常堅強的人。總是想像在集中營裡，我會是在工作時仍能唱著歌的囚犯。」這種英勇的自我形象現在讓所羅門笑了出來。「一想到我可能真的屬於崩潰、消散並很快死去的那種人，當中需要重新調整對自我的認識。我曾經以為自己是駕馭一艘船的船長、個人生活的大師，這種想法已蕩然無存。現在的我更加寬容，更不會輕易地論斷，內心存在一股流動性，一種我以前沒有的脆弱。我以為自己是一塊石頭。」他笑道，「原來我是一條河，或者說與河相似的傻東西。」

的確，這名談笑風生的男性對於勇氣的定義，以及什麼樣是勇敢的人，已經澈底改變。「我想探索兩種關於勇敢的想法。」他說，「勇敢的人是那種冒然上前，走到最前線，只因他不覺得害怕？抑或是，勇敢的人是那種即便滿懷恐懼，仍然做了一些事情的人……可能不如第一個人做得多，卻是在恐懼壓力下完成？」

「第一個人可能只是衝動行事。」我說。

「我現在比以前的恐懼感更深，但也對推動自己超越那種恐懼更加嚴格，這使我意識到自己有多依賴別人。」他明確表示，「但是，我也變得更加謹慎挑選依賴的對象，因為我意識到自己的脆弱，那種深藏於所有人心中都有的脆弱。」所羅門斟酌自己的用詞，擔心聽起來會過於感傷或不夠誠懇。「我發現有一種幸福，只有那些經歷極度痛苦的人才能體會得到。」他這麼告訴我，與露西·格雷利說的話有共鳴。

「你的意思是什麼？」

「當事情進展順利時，有一種欣喜的快樂，若沒有經歷過如此深層的憂鬱，永遠也無法理解。」所羅門還提到在自己身上發現類似靈魂的東西。「一種我從來沒有想像存在於我裡面的一部分，直到七年前某一天，地獄意外地造訪我。」如同他在書中寫道「這是一個珍貴的發現」。

正如保加利亞心理分析學家茱莉亞·克莉斯蒂娃（Julia Kristeva），在她關於走出黑暗的回憶錄中寫道：「我將一種最高、形而上的清澈歸因於我的憂鬱。走過悲痛或哀悼所產生的精煉，是一種人類的印記，這樣的印記不會是得意洋洋，而是微妙、隨時備戰且富有創造力。」

我在訪談後陪所羅門走路回家。在他極富標誌性的棕色石屋附近，就是詩人艾瑪·拉撒路（Emma Lazarus）的舊居，她最有名的詩句（「將你們當中疲乏、窮困、擠在狹小空間的群眾交給我……」）被刻在自由女神像上。這位鄰居所傳達訊息背後的嘲諷，並沒有逃過所羅門這個聰明人的法眼，拉撒路傳達的主題涉及流亡、復活和啟航，卻出現在一個以自由為標準的國度。「我們面前展開的世界就是如此。」正如所羅門在他充滿睿智的書中所描述：

我們以如此的步伐獨自踏上旅程，倖存者如我們必須具備愈來愈貧瘠的無價知識。我們帶著勇氣和過多的智慧前進，決心發現美好之物。杜思妥也夫斯基曾說：「但是，美將拯救世界。」從悲傷信念的境域返回的那一刻總是如奇蹟般，呈現令人驚奇的美麗，絕望的旅程幾乎變得值得前往。

母親

一名猶太知識分子前往夏威夷，與當地家庭一起生活。數月之後，主人告訴訪客，家族已準備好要向他介紹家裡的鯨魚。他告訴那名猶太人，他們養了一隻備受家人崇敬的鯨魚。牠會回應家人的呼喊，在島上一個祕密地方與大家玩耍。他們稱這頭鯨魚為「母親」。

我可以直接想到這名猶太人的反應，阿羅哈歐伊（Aloha oy!）[9]！謝謝，再聯絡。我的猶太族人不會到用魚叉的外邦之地打獵或冒險。這名猶太人一定認為他的東道主瘋了，但既然這一家子的

9 譯註：阿羅哈是夏威夷人打招呼語，歐伊為猶太人表達不同意時的驚呼語氣。

善良人接待他，他就假裝考慮一下，畢竟他也很好奇。一隻聽到命令就會出現的鯨魚？這位神經質男人的生活中，沒有一件事是應命令召喚而來的。

「我不會游泳。」他告訴家中的夏威夷長者，希望事情就此結束。

不必擔心，東道主向他保證。「只要抓著石頭，『母親』會搞定一切。」

猶太人感覺自己開始顫抖。他將一生的時間花在害怕，尤其是死亡，用止血帶壓制住所有激情。這就是他到夏威夷的原因：喚醒自己，讓自己自由。猶太人決定去見這隻鯨魚。

那天到來，這家人前往一個被黑色火山石環繞的隱密海灣，這群夏威夷人看著訪客脫下衣服，換上泳褲。看著他一臉驚恐、抓著岩石往下爬，像極猴子的模樣把他們都逗笑了。全家人慢慢地齊聲吟唱（想像歌手恩雅穿著夏威夷草裙），他們的歌聲傳至水面另一端，猶太人則全身發抖，等待命運到來。

接著，令人驚訝的事情發生了。約四百五十公尺遠，他所見過最大尾的黑色鯨魚鎮定地出現於水面上。他驚嚇到幾乎跳出海面。儘管猶太人理性的頭腦提出抗議，他卻仍留在原處。他心中的感受，似乎與在那一刻之前所相信的一切背道而馳。猶太人感覺鯨魚意識到他的恐懼，並傳送出一波波包圍住他的溫暖大浪，一種強烈、巨大又無私的溫暖，這種他勉強以愛來形容的感覺，竟然讓他開始平靜下來。他確定鯨魚不僅能感受到他的恐懼，而且還知道他不會游泳，儘管似乎不可能。「母親」彷彿告訴他，他唯一的任務，就是留在水中感受那股強烈的溫暖，予以信任並繼續下去。

慢慢地，鯨魚向他游去，從噴水孔噴出一道道小型噴泉，好像在自我介紹。猶太人不知如何消化這一切，大鯨魚朝他的方向前進時，他一動也不動。接著夏威夷長者說：「摸摸『母親』。」

他伸出顫抖的雙手，摸著鯨魚烏檀色的滑溜皮膚。就在接觸的一瞬間，「母親」向一旁傾斜，好讓他的手能沿著身體一側繼續摸著她。奇蹟似地，他並沒有感到害怕。驚奇將他的恐懼燃燒至無影無蹤。就這樣，他停頓好幾分鐘，那一群當地朋友在背後低聲吟唱。最後，鯨魚潛進水裡游走了。就在那一刻，他鬆手不再抓著石頭，涉水進入海中，為自己的浮力感到驚奇。

為何他會懷疑這一切呢？猶太人問自己，他在感受水時彷彿是第一次接觸到水，連身體也像是第一次接觸到水。之後，世界似乎變了，內心曾有的恐懼被敬畏取代，猶豫被自信的肯定取代，小心翼翼與懷疑被勇氣取代，原本冷峻的心被信任取代，想游泳的欲望，取代原以為放手就會像石頭下沉的想法。

他再也沒有見過「母親」。但在他眼中，世界變得更加明亮。他潛在的心智已達另一個境界，不再知道何為可能，世上似乎沒有什麼是他做不到的。

摩擦灼傷

母親離世前幾天，我們陪伴在她床邊，她的頭倚在我的大腿上，牆上的鐘滴答滴答地走，突然間，她睜開嗎啡藥效下的迷濛雙眼，對我眨眨眼。

「怎麼了？」我問她。她又眨了眨眼，彷彿在夢中般喉嚨低吼，呢喃地重複過去幾天一直重複的話。「放輕鬆……」她說，「你放手後，會輕鬆些。」

她這樣說嚇到我。母親是個固執、脾氣差，喜歡爭辯的老太婆，內省不在她的字典裡。不過，我仍然注意到與她身體狀況無關的些微變化，但無法以正確詞語形容，她的痛苦似乎減少，變得比較安詳。她內在似乎有東西在鋪路，讓她放鬆。我決定當我的時候到了，要記得這件事。

聖奧古斯丁說，我們只能知道自己所愛的。而知道某事，是明白那事並不屬於你。畢竟，我們是這人世間旅館的房客，連菸灰缸也帶不走。然而，依附仍無法避免。我們將生命想像成是一種積累，所增加的層次更鞏固了自己的身分，並使我們立足於上。

但也許相反情況更真實？那就是我們隨著風吹而被去蕪存菁，隨著時間耗損而被推向透明。若我們在經歷風浪後能謙卑，但仍未完全斷開與他人的連結，以求在人生道路能少些摩擦與遺憾，而是更多渴望；少些保護，而是更多愛。

嬰孩是隨著時間推進學習到這點。一開始必須抓著某樣東西，才能生存下來。嬰孩在沒有人觸摸的情況下，會不停地擺頭搖晃直至入睡，一名孤兒院志工告訴我，「他們會在床上用手抱自己，然後搖啊搖的。」有些孤兒（包括無父無母或自認為沒有父母），會因為被困在嬰兒的心理狀態，而在一生中渴望以這種方式被擁抱。你有多少次聽到人說，如果某某人不愛他們，他們就會去死？聽起來很悲傷，也顯然是因幼時被母親親密呵護的渴望未被滿足。

巴克夏山脈某個下雪天裡，佛教老師約瑟夫・葛斯汀（Joseph Goldstein）與我談到愛與窒息。他的房子鄰近內觀禪修社（Insight Meditation Society），這間禪修社是他於三十年前與同為美國人的傑克・康菲爾德（Jack Kornfield）及雪倫・薩爾茲堡（Sharon Salzburg）共同創辦。「我們假設緊抓住某物與照顧是兩者並行。」葛斯汀一邊告訴我，一邊將他穿十四號鞋的雙腳交叉放在我們之間的桌上。葛斯汀當時六十歲，是名高大男子，雖然單身，但對於人與人之間的糾葛，並沒有因為他是僧侶，而有不食人間煙火的陌生感。他談論痛苦、執著和情感吸血鬼時，就像是任何一個曾經在愛中受傷的人。

葛斯汀說，「我們認為依附等於愛，但只要近距離察看這些力量，你就會意識到它們有多麼不同，當人感到最有愛時，也是心最開放的時候。依附並不是一種給予的能量。當人有依附對象時，這是一種微妙的收縮，心會抓緊地說：『請不要離開我。』」他將這種痛苦比喻為摩擦灼傷。

「但我們是人，就是會產生依附。」我說。

作為老師的他提醒我，摩擦灼傷的替代方案，並非某種冷淡的假依附、偽裝成覺悟後的冷漠，而是委身其中。「依附是希望事情保持不變，特別是與我們相關之事。」他說，「由於人與事一直在變，顯然是注定如此。而從另一方面看，委身其中並不代表事情一定要維持不變，以使人感到快樂，而是我們會親密地居住在這些變化中。」

「居住？」我問。

「否則我們只會製造痛苦，依附與委身其中不一樣。」葛斯汀說。

然後他不說話了。房裡安靜下來。我想，僧侶的生活一定很奇特，要切斷關係而不是加強關係，要放棄而不是集結起來。葛斯汀一度是名猶太知識分子，四處尋找靈感，某種能讓他驚奇萬分的事物。當佛陀帶著大大的肚子與佛法出現時，他放下各種石頭，摸著佛陀滑溜溜的背，四聖諦成為他的愛人。獨處使他保持年輕。

「不完美的生活。」我呆呆地說，忽略葛斯汀喜歡的寂靜。

他再次微笑，察覺我的緊張。「愛你扭曲的鄰居，用你那扭曲的心。」葛斯汀說，假裝以W．H．奧登（W. H. Auden）[10]的話教導我。

「盡力而為。」我說。

母親最後還是愛我們的，依達的龍蝦殼脫落了。她讓我們用過往她會感到不舒服的方式觸摸她，如同柯希納的以色列麵包師傅父親，在人生旅程的最後祝福兒子。我讓母親的頭倚在我的大腿上，她小小的腦袋瓜，留著一綹被壓扁的灰白髮，我用手劃過她的頭，小心地不傷到她。我一輩子

10 譯註：二十世紀的文學家。

渴望從她身上得到關注，如今她謙卑至最終的投降。沒有一處摩擦而灼傷的跡象。

「我要死了嗎？」媽媽在她離世的前一天問。她跪靠在浴缸旁，抽著最後一根菸，把灰燼撥到排水口。

「看來不妙。」姊姊貝爾說。

母親看起來很困惑，倒沒那麼害怕。接著說：「沒有那麼糟。」

是什麼讓引擎運轉？

我第一次與他相遇是在他百歲離世前幾年，詩人史坦利．庫尼茲以他的生命示範綠色生命力如何運作，綠色生命力是一種光合作用的現象，對生命的欲望與獨特精神，每年都以更高的張力展現活力。庫尼茲在見面時告訴我，「每日晨起我不是抱著一名九十幾歲長者的心態，而是以詩人之姿醒來！只有身體老去，想像力如同往常一般強烈且發光。」

庫尼茲在他紐約公寓應門迎接我，雙眼明亮，揮手歡迎。他穿著一雙逗趣的藍色網球鞋與一件破舊的粗花呢夾克。「歡迎，請進，請進！」他歡唱著，身體呈六十度駝背，踩著健康的步伐，快快帶我穿過一條長廊，長廊兩側掛著他的名人朋友弗朗茲．克萊恩（Franz Kline）和羅伯特．馬瑟韋爾（Robert Motherwell）的帆布畫作，以及他的畫家妻子伊莉絲・阿舍（Elise Asher）的抽象畫作，地上堆放一落落的書籍，還有一座他的青銅胸像，不愧是曾獲桂冠詩人的稱號。我們選了客廳兩張高背椅坐下，寬敞的空間裡灑進滿室的陽光。阿舍與一名助理在鄰近辦公室，忙著接聽不斷打進來的電話。

「長壽有其代價，但我很樂意償付！」庫尼茲笑著嘆息。他坐在寬大椅子上，人顯得矮小，流著閃族人血液的他老當益壯，雙手指尖互頂撐著下巴。儘管出自工人階級的猶太背景，他那高尚的波士頓布萊明望族說話語調，每一次開口都是精心修飾過的句子。

「我的人生觀就是不斷打掉重練，如果可以用這個詞形容。」他看著窗外說，「想像力是使生命持續經歷被更新的關鍵。」庫尼茲將目光轉向我。「每個人都是不斷地轉化。」他表示，「每經歷一次十年，我們都會變得不一樣。智慧不僅起於面對自己的欲望和能力，還包含個人限度。」

〈層次〉（The Layers）是庫尼茲最受喜愛的詩作之一，也是他智慧的結晶。

我走過無數生命，
有些屬於我，

而今日的我已非昔日的我，
儘管遵守著某個存在原則，
努力不偏離。
當我回頭看，
在我整裝待發
繼續旅程前
必須回頭看，
我看著里程碑朝著
地平線逐漸縮小，
慢慢燃盡的火
在被棄的營地留下痕跡，
食腐天使於上方
揮動沉重翅膀盤旋。
噢，我以真實情感

建立一個部落，
我的部落散落了！
心怎樣能與它各種失落的盛宴
和解？
在風漸起時，
我的朋友們在路上掉落，
他們狂躁的塵埃，
刺痛地打在我臉上。
然而，我轉身，再轉身，
卻仍感到某種狂喜，
意志完整，無論得去哪兒，
都能去，
路上每顆石頭對我而言都很寶貴，
在最黑暗的夜晚，

月娘被遮掩
而我在廢墟中遊蕩，
聽見雨雲聲
指引我：
「不要生活在垃圾堆裡，要在層次裡。」
儘管我沒有解讀
這句話的藝術，
毫無疑問，
我轉化之書中的
下一章
已然寫出。
我的萬變尚未結束。

在我們「各種失落的盛宴」中形成的動力、廢墟中的變形、不斷變化故事中的自我創造，與認知到危險的和解，縱然已不再是曾經的自己，卻「遵守著某個存在原則」，那真實且不變的內在聲音，我們努力不偏離它，如同詩人作者。有了這樣的方向，庫尼茲為面對時間、變化和悲傷形成一個策略，同時保持生命活力。好奇心激發這樣的胃口，無論命運是否在微笑，生命是否被塑造成我們希望的樣子，未來是否可以前行，我們對自身不可預測的變化，以及所有尚未被揭露的事物，保持強烈的好奇心。好奇心是與這個綠色源頭的連結，勇氣亦然，使我們保持創造力，且不屈服於讓我們尖叫的惡魔。選擇更新而非放棄，選擇真實而非現狀，都將日常生活轉化為演變。

我們渴望刺破事物的內在，接觸到生命跳動的原始感，特別是在困難之時。九一一事件後，全美國上下都為詩著迷，例如奧登的〈一九三九年九月一日〉（September 1, 1939），這情況並非偶然。詩是生存的語言，將我們與綠色源頭連接起來，跨越文化和時間鴻溝。在危機中，我們渴望簡單事物，因為只有最簡單、最真實的事物才夠寬廣，帶領我們超越。

「是什麼讓引擎運轉？」庫尼茲在八十歲生日時寫給妻子的詩中寫道「欲望、欲望、欲望」。

庫尼茲一路至今的道路，曾以災難性的歧路標記。在他出生之前，父親在所居城鎮麻州伍斯特的主要廣場服毒身亡，留下病弱的他與母親。儘管他在學校表現相當出色，甚至被哈佛大學聘用（他於一九二四年畢業），但該大學突然反悔，擔心「盎格魯撒克遜學生可能會對被猶太人教導一事感到不滿」。不久之後，他愛上一名詩人海倫・皮爾斯（Helen Pearce），當時兩人是紐約沙拉托加斯普陵的雅多（Yaddo）藝術村的伙伴，婚後他們搬至康乃狄克州約四十甲的農場。四月某天，皮爾斯毫無預警地從農場消失得無影無蹤。直至今日，庫尼茲仍不知原因。

「心碎了又碎，靠著碎裂存活。」庫尼茲在〈試驗樹〉（The Testing Tree）中寫道。他願意被打碎、被重塑，他堅信這種破壞是天然且具成效，導致他一輩子不斷地經歷自我重塑。「我們所創造的一切，都是由生活中的素材而來。」庫尼茲在極度悲慟的期間如此解釋，「我們永遠不應該將生活，或者說我們的生活，視為渴望創造出任何事物的敵手。」

才華橫溢的詩人瑪麗・豪爾（Marie Howe）是庫尼茲的得意門徒，她在經歷人生中極大失去的時期，接受了導師的智慧教導。豪爾告訴我，「當弟弟處於垂死邊緣時，我與庫尼茲聯繫。我告訴他，有個東西似乎把我咬在嘴中咀嚼著。庫尼茲說，『的確如此，妳必須等待，直到事情結束後，看看妳會變成什麼樣子。』」

在第一任妻子消失、少年得志的職業生涯陷入停滯後，庫尼茲被推入生命中最深的黑暗時期，長達近十年。一九三六年某一天，他打開門，發現著名詩人迪奧多・羅賽克站在門廊上，手裡拿著庫尼茲甫出版卻失利的作品，羅賽克邀請他至任教的學校教書。「我一直不知道他是如何找到我的。」庫尼茲說，「但我永遠難忘那一刻，羅賽克給我繼續活下去的可能性。」

「人在經歷黑暗時期，眼睛才開始看見。」羅賽克寫道。自此之後，庫尼茲不但成為桂冠詩人，還出版數十冊書籍，並獲得全美幾乎所有主要的文學榮譽。即使在最艱難的時期，他的靈感從未斷過。「詩詞創作有如呼吸般。」他喜歡這樣說，將每次與詩的相遇比喻為遇見一位新娘。「人永遠不會從藝術中退休，正如人永遠不會停止呼吸一樣。我在一首詩中說『也許該是我練習變老的時候』，我只是在說笑。」

庫尼茲睜大他下垂的眼皮，望向我身後，牆上掛著妻子的大膽畫作，他留著青髯的下巴撐在胸前，有如小鳥將頭埋進胸前。有那麼一刻，我不確定這位老人家在哪裡，然後他又俯衝回到世上。「濟慈在一封信中寫過一句美妙的話，描述他最看重的事情是『心所投注情感的神聖性』。」他說，「我記得第一次讀到這些字時，認識到這種神聖性對我來說，會是具有永恆意義的東西，是我生活的基石，爾後一直如此。」

在強調不斷打掉重練的過程中，庫尼茲將重點從忍受失落，轉移到更真實地成為自己。他告訴我，「我所認識的每一位藝術家，幾乎從出生就與眾不同，他們認知到需要成為一個自我，而非只是活著。」

「不是每個人都如此嗎？」

「是的。」庫尼茲微笑道，「我想確實是這樣。」

「活到近百歲的感覺如何呢？」

他看起來對這個問題感到高興，「我覺得找到了自己。」在另一次訪談中，他對此進一步說明。「我覺得自己掌握命運，而不是它的受害者。」他看著一棵陽光照射的樹微笑說道，「看看這美麗的一天，比如說，這幾年我經歷了很多，但我並未感到無能為力。有一種感覺，一種存在的狀態，既是你的，又不是你的。」

「世界是否變得更危險了？」我問。

「有時候，人真的會為未來感到恐懼。」庫尼茲說。「人們害怕失去對神聖、美麗與真實的追求。人們恐懼現代社會的動態是指向實際面，而非精神面。但我認為總會有些人將傳承偉大的先知和詩人傳統。我對於存在的價值和生命的重要性有如此強烈的信念，以至於我知道一定有相當多的人，與我有相同感受，而地球上永遠會有這群人。想到此，讓我充滿希望。」

我最後一次見到庫尼茲，是在首次訪談的兩年後，他躺在一張醫療用床上，就在我們初次交談的客廳中，意識時而清醒、時而模糊，臉上流露的茫然比不舒服來得多。對話對他而言，已不再是件容易的事。庫尼茲聽我說話，並微笑、聳聳肩，可以明顯感受到他還活著的喜悅。當我起身要走時，他緊握我的手久久不放。穿過綠色拼花地板，我看到桌上一本庫尼茲詩集的初版。自從第一次讀到〈回合〉（The Round）這首詩的最後幾行後，我就一直沒有忘記：

我幾乎等不及明天，
那新的生活為我展開，
每一天都是如此，
每一天都是如此。

致謝

每本書都有一個幕後故事，某些幕後故事與其他相比，走過史詩般更加漫長的歷程。這本書緣起於五年前，歷經三家出版社、五名編輯，行經兩個海岸、走過一個猶如地獄的季節，參與兩場喪禮、一場婚禮，以及其後數個版本的草稿，這當中我要向許許多多的靈魂致謝。

謝謝我的經紀人喬伊・哈利絲（Joy Harris），她是每位作家的夢想搭檔；芭芭拉・葛萊姆（Barbara Graham）是我商量的好對象；V（伊芙・恩斯勒）是我最佳的靈感來源與心靈至寶；弗羅倫絲・福克（Florence Falk）是我命中注定的美麗摯友；塞萊斯特・萊塞森（Celeste Lecesne）是我敬愛的智者與諮詢對象；我的姊妹貝兒・海爾（Belle Heil）一直以來的周到體貼；保羅・克提斯・

貝爾曼（Paul Curtis Bellman）醫師的信念與光亮，支持我度過數個最黑暗的時光。

我也向慷慨分享人生故事的諸位人士致謝，包括瓊・蒂蒂安、埃利・維瑟爾、艾克哈特・托勒、詹姆斯・希爾曼、拉姆・達斯、瑪莉亞・郝斯登、安德魯・所羅門、約翰・達格戴爾、威利斯夫婦、安德雅・瑪汀、艾拉・巴絲卡耶羅（Ella Pasqueriello）、大衛・費德曼醫師、迪隆・湯普森（Tyrone Thompson）、撒母耳・柯希納，以及其他所有人，請接受我深深一鞠躬。

感謝我的出版人凱倫・里納迪（Karen Rinaldi），她具備無人能出其右的才華，讓這本書得以問世；我優秀的編輯凱西・貝爾登（Kathy Belden），她的品味、幽默和無比的耐心，都是我這些年來引頸期盼的特質；也謝謝團隊裡的其他成員，包括莎賓娜・法伯（Sabrina Farber）、安妮克・拉法姬（Annik LaFarge）、瑪雅・巴蘭（Maya Baran）與莎拉・默谷莉奧（Sara Mercurio）。特別感謝吉兒・秀絲（Jill Hughes）與克雷格・維雷皮克（Greg Villepique），在最終版手稿中對細節嚴謹精確地處理。同時也感謝琵琶魚圖書出版社（暫譯，Monkfish Book Publishing Company）的朋友，包括保羅・柯恩（Paul Cohen）和蘇珊・皮佩拉托（Susan Piperato）在此新版本中的協助。

最後，謝謝我的伴侶大衛・摩爾（David Moore）：你總是一再地讓我感到驚奇。

注釋與來源

奇想

有關美式悲傷，請參閱瓊・蒂蒂安《奇想之年》（*The Year of Magical Thinking*, New York: Alfred A. Knopf, 2005）。對蒂蒂安的文化形象（脫序的典型女孩）之精采介紹，請見John Leonard的著作*We Tell Ourselves Stories in Order to Live* (New York: Alfred A. Knopf, 2006)。

吼出自由之聲

更多相關資訊請參閱安德魯・哈維和馬克・馬圖賽克合著的*Dialogues with a Modern Mystic* (Chicago: Quest Books, 1994)。

歡笑之日

對佛教生活方式無行話的精采介紹，請見Stephen Batchelor的著作*Buddhism Without Beliefs* (New York: Riverhead Books, 1997)。

六字真言

索甲仁波切《西藏生死書》（*The Tibetan Book of Living and Dying*, San Francisco: HarperSanFrancisco, 1992），為理解無常作為修行的要素及菩薩道，提供了有力的框架。

門邊的巨龍

了解更多威利斯夫婦的故事，請參閱其回憶錄*But There Are Always Miracles* (New York: Viking, 1974)。瑪莉・威利斯的自傳小說*Papa's Cord* (New York: Alfred A. Knopf, 1999)，提供了她與丈夫這段旅程的背景。

超人的鬼魂

有關吉姆・馬克拉倫的更多訊息，請見http://JimMacLaren.com。深深感謝伊莉莎白・吉兒伯特的文章Lucky Jim (GQ, May 2002)，讓我把注意力轉向吉姆，並在我到達那裡之前，問了他兩個令我感興趣的問題（關於形而上的痛苦）。

世上的家

關於無家可歸作為隱喻的討論，請參考我的文章The Crucible of Homelessness (Common Boundary, Spring 1992)。喬納森・科佐爾的著作*Rachel and Her Children: Homeless Families in America* (New York: Fawcett Books, 1988)，以及伊芙・恩斯勒的戲劇*Ladies* (New York: Central Park Locations, 1989)，提供有關無家可歸者富有啟發性的案例研究。

失去的藝術

維克多・弗蘭克的著作*Man's Search for Meaning* (New York: Pocket Books, 1984)，是希望了解生存、尊嚴，以及如何在極端生活中汲取意義的必讀之作。

距離天堂四分之一吋

我所知道關於禪宗修行的最佳介紹，請見鈴木俊隆《禪者的初心》（*Zen Mind, Beginner's Mind,* Boston: Shambhala, 2006）。

來去大溪地

拉姆・達斯提及有意識的老化，想了解更多相關想法，請參閱他的著作*Still Here: Embracing Aging, Changing, and Dying* (New York: Riverhead, 2000)，以及Mickey Lemle的紀錄片*Fierce Grace* (Zeitgeist Films Ltd., 2002)。

因陀羅之網

丹尼爾・高爾曼的著作*Social Intelligence: The New Science of Human Relationships* (New York: Bantam Books, 2006)，在神經可塑性和關係科學方面令人大開眼界。Ken Wilber的著作*No Boundary* (Boston: Shambhala, 2001)，為理解日常生活中的互相依賴（因陀羅之網）提供了哲學基礎。

重塑愛妻

有關亨利・格雷森的更多資訊，請參閱他的著作*The New Physics of Love* (New York: Gotham Books, 2004)。

禱告

有關祈禱的傑出資料，請參閱*Story of a Soul: The Autobiography of St. Therese of Lisieux* (New York:

Tan, 1997)、Kathleen Norris的著作*The Cloister Walk* (New York: Riverhead, 1996)，以及Sharon Salzberg的著作*Faith* (New York: Riverhead, 2002)。

魔鬼情人

有關麥可・克萊因的更多資訊，請參閱他的著作*Track Conditions* (New York: Persea, 1997)，以及*The End of Being Known* (Madison: University of Wisconsin Press, 2003)。為了保護其匿名化，有關凱薩琳故事的身分細節已被修改。

探問

拜倫・凱蒂的著作*Loving What Is* (New York: Three Rivers Press, 2002)，對「轉念作業」有全面的介紹。

內在的恐怖分子

有關心意轉化的更多資訊，請參閱Sam Keen的著作*The Passionate Life* (San Francisco: HarperSanFrancisco, 1984)。C・H・沃丁頓的著作*The Ethical Animal* (London: Allen & Unwin, 1960)，

為恐怖行動作為歷史進化元素提供了堅實的科學背景。

地球天使

想了解更多有關人類適應中的變形與騙子原型，請參閱Robert Jay Lifton的著作*The Protean Self: Human Resiliency in the Age of Fragmentation* (Chicago: University of Chicago Press, 1993)。

還有另一種真相存在

瑪莉亞．郝斯登的回憶錄《有翅膀的小紅鞋》（*Hannah's Gift: Lessons from a Life Fully Lived*, New York: Bantam, 2002）及*Unraveled* (New York: Harmony, 2004)，對兒童智慧和哀慟是自我發現的前奏，提供了深刻且鼓舞人心的見解。

痛苦將消逝，但美麗會存留

故事改編自Bo Lozoff的短篇小說The Saddest Buddha，衷心感謝這位作者。

享樂主義

有關幸福科學的更多資訊，請參閱丹尼爾．吉爾伯特《哈佛最受歡迎的幸福練習課》（*Stumbling*

on Happiness, New York: Alfred A. Knopf, 2006），以及喬．卡巴金《正念療癒力》（*Full Catastrophe Living*, New York: Dell, 1990）。有關柯蕾特的更多資訊，請參考Judith Thurman的著作*Secrets of the Flesh* (New York: Alfred A. Knopf, 1999)。

原始的祝福

更深入了解祝福的重要性，請參閱馬太．福克斯的著作*Original Blessing* (Santa Fe, NM: Bear and Co., 1983)，以及安德魯．哈維和馬克．馬圖賽克合著的*Dialogues with a Modern Mystic* (Chicago: Quest Books, 1994)。

足夠

拉比．拉米．夏皮羅在*Minyan: Ten Principles for a Life Worth Living* (New York: Bell Tower, 1997)，對安息日的討論值得一讀。大衛．羅伊的著作*The Great Awakening: A Buddhist Social Theory* (Boston: Wisdom, 2003)，對於理解餓鬼困境有幫助。比爾．麥基本的著作*Deep Economy* (New York: Henry Holt and Co., 2007)，闡明了東西方消費危機和在地消費的優點。

正視壓力

沙奇・山托瑞里《自我療癒正念書》（*Heal Thy Self*, New York: Bell Tower, 1999），對壓力、壓力的不滿及治療方法有很好的概述。

受傷的醫治者

有關瑞秋・萊蒙的更多資訊，請參閱她的著作*Kitchen Table Wisdom* (New York: Riverhead, 1996)和*My Grandfather's Blessings* (New York: Riverhead, 2000)，以及www.commonweal.org。

真實告解

有關敘事醫學的更多資訊，請參閱麗塔・夏隆博士的著作*Narrative Medicine: Honoring the Stories of Illness* (New York: Oxford University Press, 2006)。

愛的碎片

寶拉・艾倫的著作*Flowers in the Desert* (Santiago: Cuarta Propio, 1999)，可了解有關卡拉馬婦女的照片及更多故事。也可觀看Deborah Shaffer的精采紀錄片*Dance of Hope*。

赤裸

露西．格雷利的著作*Autobiography of a Face* (Boston: Houghton Mifflin, 1994)，深入探討了她的故事。另可參閱安．帕切特的著作*Truth and Beauty* (New York: HarperCollins, 2004)。

殺死彼得潘

有關現代生活中靈魂喪失的更多資訊，請參閱湯瑪斯．摩爾的著作*Care of the Soul* (New York: HarperCollins, 1992)，以及詹姆斯．希爾曼《靈魂密碼》（*The Soul's Code*, New York: Random House, 1996）。

是水還是浪？

更深入地理解永恆的現在，以及衝突與心理標籤之間的關係，請參閱艾克哈特．托勒的著作*The Power of Now* (Novato, CA: New World Library, 1999)。

迷航

有關安德魯．所羅門的更多資訊，請參閱《正午惡魔》（*The Noonday Demon: An Atlas of*

Depression, New York: Scribner, 2001）。另可參考茱莉亞・克莉斯蒂娃的回憶錄*Black Sun* (New York: Columbia University Press, 1992)。

摩擦灼傷

約瑟夫・葛斯汀的著作*One Dharma* (San Francisco: HarperSanFrancisco, 2002)和*Seeking the Heart of Wisdom* (with Jack Kornfield; Boston: Shambhala, 1987)，是理解佛教智慧的寶藏。

是什麼讓引擎運轉？

想了解更多史坦利・庫尼茲的生活與工作，請參閱*The Collected Poems* (New York: Norton, 2000)。特別感謝Genine Lentine的著作*The Wild Braid* (New York: Norton, 2005)，以及安排我最後一次拜訪庫尼茲。

當生命墜落時，沉潛吧！

生不如死又別無選擇，倖存者如何活下去？

作　　者　馬克·馬圖塞克（Mark Matousek）
譯　　者　謝佩璇
特約編輯　盧心潔
封面設計　丸同連合
內頁排版　菩薩蠻電腦科技有限公司
行銷企劃　黃羿潔
業務發行　王綬晨、邱紹溢、劉文雅
資深主編　曾曉玲
總 編 輯　蘇拾平
發 行 人　蘇拾平
出　　版　啟動文化
Email：onbooks@andbooks.com.tw
發　　行　大雁出版基地
新北市新店區北新路三段207-3號5樓
電話：(02)8913-1005　傳真：(02)8913-1056
Email：andbooks@andbooks.com.tw
劃撥帳號：19983379
戶名：大雁文化事業股份有限公司
初版一刷　2024年01月
定　　價　580元
I S B N　978-986-493-164-4
EISBN　978-986-493-163-7 (EPUB)

國家圖書館出版品預行編目(CIP)資料

當生命墜落時,沉潛吧!：生不如死又別無選擇,倖存者如何活下去?/馬克.馬圖塞克(Mark Matousek)著；謝佩璇譯. -- 初版. -- 新北市：啟動文化出版：大雁出版基地發行, 2024.01
面；　公分
ISBN 978-986-493-164-4（平裝）)

1. 心理創傷　2. 自我肯定

177.2　　112021028